es 1946
edition suhrkamp
Neue Folge Band 946

Ort der Handlung: Weiss'sche Universitätsbuchhandlung in Heidelberg. Zeit: Frühjahr 1965. Zwei beteiligte Personen: Der eine, ältere, auf Krükken gestützte Mann ist dabei, einen riesigen Stapel Bücher, den er umgeworfen hat, wieder zu ordnen. Der andere, jüngere, hilft ihm dabei. Nachdem wieder Ordnung geschaffen ist, stellt sich der ältere auf deutsch vor, mit einem Wiener Akzent: Paul Feyerabend aus Berkeley. Der andere antwortet: Hans Peter Duerr aus Heidelberg. Aus dieser zufälligen Begegnung erwuchs ein Briefwechsel, der sich bis zum Tod Feyerabends im Jahr 1993 hinzieht. Ganz Unterschiedliches wird in diesem Briefwechsel verhandelt: Wissenschaftstheorie, Gesellschaftstheorie, Politik; es wird aber auch der Wissenschaftsbetrieb verhöhnt; ernst nehmen sich die Briefpartner, sie verfügen aber zugleich über den notwendigen Humor, sich und die Kollegen und den Wissenschaftsbetrieb auch in seinen selbstparodistischen Elementen wahrzunehmen.

Foto: Anna Weise

Paul Feyerabend
Briefe an einen Freund

Herausgegeben von
Hans Peter Duerr

Suhrkamp

edition suhrkamp 1946
Neue Folge Band 946
Erste Auflage 1995
© Suhrkamp Verlag Frankfurt am Main 1995
Erstausgabe
Alle Rechte vorbehalten, insbesondere das der Übersetzung,
des öffentlichen Vortrags
sowie der Übertragung durch Rundfunk und Fernsehen,
auch einzelner Teile.
Satz: Hümmer GmbH, Waldbüttelbrunn
Druck: Nomos Verlagsgesellschaft, Baden-Baden
Umschlagentwurf: Willy Fleckhaus
Printed in Germany

2 3 4 5 6 – ∞ 99 98 97 96 95

Vorwort

Ich lernte Paul Feyerabend durch Zufall im Frühling 1965 in der Weiss'schen Universitätsbuchhandlung in Heidelberg kennen. Als ich das Geschäft betrat, stolperte ich über einen riesigen Stapel von Büchern, den ein auf eine Krücke gestützter Mann auf dem Boden aufgeschichtet hatte. Ich half diesem Mann, die Bücher wieder aufeinanderzutürmen, wobei er sich mit Wiener Akzent als Paul Feyerabend aus Berkeley vorstellte. Zwar war ich eigentlich Ethnologe, doch studierte ich zu der Zeit Wissenschaftstheorie bei Bela Juhos in Wien und hatte auch engen Kontakt zu Victor Kraft, von dem mir Feyerabend im Laufe des Gesprächs erzählte, daß er auch sein eigener Lehrer gewesen sei.

Aus dieser zufälligen Begegnung ergab sich nun eine Brieffreundschaft, die fast dreißig Jahre bis zu Pauls Tod dauerte. Die Briefe, die er mir in den ersten vier Jahren unserer Korrespondenz schickte, sind verschollen, da ich damals noch nicht die Gewohnheit entwickelt hatte, Briefe systematisch aufzubewahren. Aus den später geschriebenen Briefen habe ich indessen eine Auswahl getroffen, die hier abgedruckt ist.

Meine eigenen Briefe sind in dieser Sammlung relativ spärlich vertreten, da ich früher nur sehr selten Kopien von Geschriebenem herstellte und diese Praxis seit einigen Jahren völlig aufgegeben habe. Und bei Paul selber hatte ein Brief ohnehin bestenfalls die Chance, eine kurze Zeit als Buchzeiger oder Einkaufszettel zu überleben.

Danken möchte ich Grazia Borrini für die Erlaubnis, Pauls Briefe hier abdrucken zu dürfen.

Bremen, im September 1994   *Hans Peter Duerr*

[London], 29. Mai 1969

Lieber Herr Duerr,

Ihren Wunsch kann ich im Augenblick leider nicht erfüllen, habe keine MSS und Sonderdrucke bei mir, werde Ihnen aber eine Kopie senden, sobald ich wieder in Berkeley bin (in etwa drei Wochen). Für die Buchangaben bin ich sehr dankbar, gerade diese Dinge interessieren mich. Geister, anthropologische und andere, interessieren mich immer brennend, nur finde ich die von den Anthropologen beschwörten Geister etwas zu sehr von des Gedankens Blässe angekränkelt. Schon gar nicht von des Gedankens Blässe angekränkelt, oder auch nur berührt sind viele Revolutionäre die, leider, leider weit hinter ihren großen Vorfahren (Lenin, Trotzki, Luxemburg, Jogiches etc.) zurückstehen, sowohl was Intelligenz als auch was Geduld, klaren Blick und einfache Menschlichkeit betrifft.

Mit besten Grüßen

Paul Feyerabend

[Heidelberg], 9. Juli 1969

Lieber Herr Feyerabend,

Herr Bartley und ich haben uns verabredet, im August für einige Tage nach Mörbisch an den Neusiedler See zu gehen. Als ich noch in Wien studierte (1965) habe ich im dortigen Weinstüberl (das Sie vielleicht kennen) mehrere Wochenenden verbracht. Ich hoffe, daß noch Herr Evans-Pritchard aus Oxford, Herr Tugendhat aus Heidelberg und einige weibliche Bekannte mitfahren. Ich werde noch Lord Russell nach Wales schreiben und ihn fragen, ob er Lust hat für ein Wochenende nach Mörbisch zu fliegen (falls es ihm gesundheitlich möglich ist), was natürlich sehr unsicher ist. Russell hat mir vor ein paar Jahren in Wales gesagt, daß er mich in Heidelberg besuchen wolle – vielleicht kommt er noch lieber nach Mörbisch. Wie ich erfahren habe, sind Sie derzeit in Wien (deshalb habe ich Sie nicht angerufen, als ich vor kurzem in London war). Haben Sie Zeit und Lust, für zwei, drei Tage nach Mörbisch zu kommen? Die genauere Zeit könnten wir ja noch festlegen. Ich glaube, wir würden uns alle freuen Sie kennenzulernen.

Was übrigens die Geister anbetrifft: Ich freue mich, daß Sie auch an Gespenster glauben. Ich stehe gerade in Verbindung mit Prof. Bender aus Freiburg. Der kennt sogar welche persönlich (bayrische!).

Mit den besten Grüßen

Ihr *Hans Peter Duerr*

[Berkeley], 15. Juli [1969]

Lieber Herr Duerr –

Moerbisch kenne ich gut, und ich beneide Sie um den Ort und die Gesellschaft. Ich aber kann nicht kommen, ich unterrichte augenblicks hier in Berkeley, trotz Steinwurf und Tränengas (gestern gab es wieder einen kleinen Krieg, als Andenken an die Erstürmung der Bastille), im August reise ich nach Yale weiter, wo ich im September unterrichte. London habe ich vor mehr als einem Monat verlassen. Nichtsdestoweniger aber viele Glückwünsche für einen guten Sommeraufenthalt. Grüße unbekannterweise auch an *Herrn Evans-Pritchard*, den alle meine Studenten kennen, denn sein Buch über die Azande ist einer der Grundtexte in meiner Einführung in die Philosophie. Wir haben uns auch eine kleine Imitation des rubbing-board oracles gebaut, und wenn ich faul bin befrage ich in aller Öffentlichkeit, vor meiner Klasse, das Orakel, ob ich eine Vorlesung halten soll, und wenn das Orakel nein sagt, so gehen wir alle nachhause. (Ein anderer Autor, der in meinen Vorlesungen eine große Rolle spielt, ist Géza Roheim, aber ich höre, daß die »Experten« an diesem Herrn viel auszusetzen haben.) Grüßen Sie auch bitte Herrn Bartley und teilen Sie ihm mit, daß ich inzwischen den Rationalismus aufgegeben habe und ein erkenntnistheoretischer Anarchist geworden bin (habe ich Ihnen eigentlich mein neustes Machwerk, »Against Method« geschickt?). Oder, in einer Phraseologie, die er wohl kennen wird, die aber in Deutschland nicht so geläufig ist: I am against law and order, not only in society, but also in the philosophy of science. Nochmals anders gesagt: was der Cohn-Bendit (mit guten Vorbildern) für die Gesellschaft tun will, will ich für die Wissenschaftstheorie tun. Herr Bartley ist natürlich ein Rationalist – leider, denn in der Geisterwelt gibt es Persönlichkeiten, deren Bekanntschaft er sehr schätzen würde, hätte er sich nur nicht entschieden, ihnen den Eintritt zu verwehren. Wie dem auch sei – die allerherzlichsten Grüße an Sie alle, und Wünsche für einen guten Sommer, während ich mich hier mit Polizisten und anderen Vertretern des Status quo (wie etwa Rationalisten) herumschlage.

Paul Feyerabend

P. S. Haben Sie meinen Aufsatz über Galileo erhalten?

[Berkeley], 16. August [1969]

Lieber Herr Dürr,
nach Heidelberg käme ich natürlich sehr gerne, aber das nächste Jahr ist bereits voll (Herbst: Yale; Winter: Berkeley; Spring: Atlanta; Summer: Berkeley). Aber wenn sich *später* ein part-time arrangement ausarbeiten ließe – ich würde es sofort annehmen.

Was den Anarchismus betrifft: ich glaube, ich sollte mich eher einen Dadaisten nennen. Dadaismus und Anarchismus sind fast identisch mit der Ausnahme, daß der Dadaist nie einer Fliege was zuleide tun würde (außer die Fliege bittet ihn). Daher suche ich im Augenblick nach dem der Duchampschen Klosettmuschel in der Wissenschaft entsprechenden Gegenstand. Haben Sie Vorschläge? Hat Bill Bartley Vorschläge?

Alles Gute

Ihr *Paul Feyerabend*

PS. [...] Natürlich will ich den Anarchismus – verzeih, den Dadaismus – nicht auf die Erkenntnistheorie einschränken! Das hieße ja, ihn zu *nichte* zu machen (dadaistische Erkenntnistheorie = *keine* Erkenntnistheorie). Auch wird man aufhören müssen ernsthaft zu argumentieren – da verwendet man ja schon das Arsenal des Gegners. Nein, der Spott ist viel effektiver und unterhaltsamer.

[Heidelberg], 22. September 1969

Lieber Herr Feyerabend,
 leider antworte ich Ihnen erst heute, da ich erst jetzt von Griechenland zurückgekehrt bin. Wir haben noch auf Kreta einige Kulthöhlen besucht, in denen früher minoische Jünglinge und Jungfrauen wiedergeboren wurden. Ich habe als Kind mit meinen Freunden manchmal eine ähnliche »rite de passage« unternommen. Wir haben uns auf eine Burg, auf Kriegsruinen oder in den Wald gesetzt, etwas Alkohol getrunken und uns dann vorgestellt, von einer Fee in eine vergangene Zeit zurückversetzt worden zu sein (vornehmlich in die mittlere Steinzeit). Dann haben wir stundenlang beratschlagt, wie wir uns den herumschweifenden Jägern und Sammlern nähern sollten. Ähnlich von einer Fee zurückversetzt, diesmal etwa ins Deutsche Reich so um 1938, fühlten wir uns jetzt in Griechenland. Man denkt nur immer, daß die Dämonen glühende Augen haben und in Flöten blasen, um dabei zu vergessen, daß die mythischen Epiphanien noch nie an Raum, Zeit und Aussehen gebunden waren.
 Ich glaube sicher, daß sich übernächstes Jahr irgendein parttime arrangement ausarbeiten läßt. Nach den Ferien werde ich mit der Vollversammlung darüber sprechen. Topitsch ist übrigens anscheinend sang- und klanglos nach Graz verschwunden, d. h. seinen ideologiekritischen Fellen nachgeschwommen.
 Bei der Suche nach einem Äquivalent zur Duchampschen Klosettmuschel würde ich Ihnen sehr gern helfen, aber leider weiß ich nicht, was das sein könnte, und unser Installateur weiß es auch nicht.
 Ich denke, daß ich jetzt in Kürze meine Arbeit über »anthropological understanding« fertigschreiben werde. (Sie geht hauptsächlich über Wittgenstein, Quine, Strukturalismus, und Sie). Deshalb freue ich mich, wenn Sie mir Manuskripte für künftige Artikel schicken.

Mit den besten Grüßen

Ihr *Hans Peter Duerr*

[Berkeley], 25. [September 1969]

Lieber Herr Duerr,

die Berichte von Ihren Reisen, ob gedacht oder wirklich, empfange ich immer sehr gerne, denn es kommen darin Figuren vor, an die ich mich nur sehr vage erinnere, oder, vielmehr, an die ich mich bis vor kurzem nur sehr vage erinnert *habe*, denn ich bin jetzt in der glücklichen Lage eine wirkliche *Hexe* als Freundin zu besitzen, und die macht die Dinge schon wieder viel deutlicher (siehe die Fußnoten des beiliegenden Aufsatzes). Ich hoffe, daß das Elaborat, das ich beilege, mein allerletztes sein wird, aber man kann es nicht wissen. Ich hab's dem Suhrkamp geschickt für ein sogenanntes Wissenschaftsheft, und auch dem Herrn Kiesewetter (falls Sie ihn kennen) für eine Anthologie. Mit dem Popper ist es jetzt vorbei, lange lebe die blumenliebende Generation.

Langsam überlege ich mir auch, ob ich nicht ganz nach Europa zurückkehren sollte. London (1964) war zu früh, Berlin (1966) war noch immer zu früh, aber 1970 dürfte vielleicht ein richtiger Augenblick sein *falls* sich ein Wohnsitz findet, entfernt von der Großstadt, in einem Walde mit richtigen Gespenstern (leider, leider werden die immer mehr vertrieben und nicht einmal auf dem Monde haben sie mehr Ruhe). Im Oktober komme ich vielleicht auf eine Woche nach Frankfurt/Heidelberg, um den Hans zu besuchen und auch um zu untersuchen, ob es wahr ist, daß deutsche Mädchen attraktiver sind, als amerikanische Hexen. Well, wir werden sehen.

Schreiben Sie bald wieder,
und alles Gute

Paul Feyerabend

[Yale University], 12. Dezember [1969]

Lieber Herr Dürr,

Ihren Brief vom Oktober habe ich erhalten, und er hat mir große Freude bereitet. Nachher war ich aber viel auf Reisen, zuerst nach Yale, dann zurück nach Berkeley, dann wieder nach Yale, dann nach Kanada um den erkenntnistheoretischen Anarchismus auch in dieses friedfertige Land zu verpflanzen, dann Häuser*kauf* in Yale, weil ich dachte, ich würde länger dort bleiben, dann Häuser*ver*kauf, weil ich meine Meinung wieder änderte, dann Studium der Hexenkunst und Vorträge zur Begründung derselben (15th–17th century, *nicht* außereuropäisch. These: das *richtige* Verbrennen fing an, nachdem St. Thomas mit Hilfe der Aristotelischen Philosophie vorher isolierte Phänomene in ein zusammenhängendes Ganzes einbaute, so theoretical unification was the cause of madness, as it was in the case of Marxism). Beim Henrich singe ich gerne eine subversive Arie, werde noch genauer schreiben, wann ich in Europa bin (etwa zwischen Ende März und Mitte April).

Alles Gute

Paul Feyerabend

[Berkeley], 20. [Januar 1970]

Lieber Herr Dürr

ob Sie es glauben oder nicht – die Loyola Universität in Chicago hat mir ein *Ehrendoktorat* verliehen. Aus diesem Anlaß (welcher Anlaß anläßlich der Hundertjahrfeier besagter Universität stattfand) hielt ich beiliegenden Vortrag und die Garderobefrau, die *allen* Vorträgen beiwohnte, sagte mir, er sei der beste aller Vorträge gewesen. Die anwesenden Nonnen waren über den sexualen Teil entzückt.

Alles Gute

Ihr

Paul Feyerabend

[21. Januar 1970]

Lieber Herr Dürr –

eben erhalte ich Ihren Brief. Eine soziologische Analyse des Anarchismus interessiert mich sehr, denn ich glaube nicht, daß die Erkenntnistheorie ohne die Soziologie auskommen kann. Lassen Sie mich also bitte lesen, was Sie in dieser Hinsicht schreiben. EP (Nuer, Azande) kenne ich gut, verwende das Azandebuch auch ständig in meiner Einführung in die Philosophie, und möchte gerne sehen, was Ihr Freund über Gesellschaften dieser Art verfaßt hat. Am besten wär' es wohl, darüber persönlich zu plaudern, aber diese Möglichkeit scheint in der nahen Zukunft nicht zu bestehen.

Beiliegend eine kleine philosophische Lausbüberei von mir.

Herzliche Grüße

Paul Feyerabend

[Mannheim], 8. Februar 1971

Lieber Herr Feyerabend,
  es tut mir leid, daß ich so lange Zeit nichts von mir hören ließ, aber ich mußte meine Dissertation fertigschreiben, die ich letztes Jahr völlig umkonzipierte. Ich komme gerade aus England zurück, wo mich Prof. Evans-Pritchard, dessen Gast ich in Oxford war, unter Androhung von Polizeigewalt aus seinem Haus herauswarf, nachdem ich ihm versucht habe klarzumachen, was ich unter ›Anarchismus‹ verstehe. Da man mich wegen ›staatsgefährdender Propaganda‹ abschieben wollte, habe ich das Land vorzeitig verlassen, da ich sonst wohl nie mehr nach Großbritannien könnte (Solange ich noch über ›epistemology‹ sprach, durfte ich im All Soul's Collage zu Mittag essen. Als ich anfing über verständlichere Dinge wie Politik zu sprechen, waren E.-P. und andere der Meinung man müßte mich am besten erschießen. Führt das nicht die reine Philosophie ad absurdum?) Ich habe einen Artikel geschrieben mit dem Titel ›Anarchism: Si! Voluntarism: No!‹, den ich aber erst veröffentlichen will, nachdem Ihr ›Against Method‹ publiziert ist, d. h. nachdem ich vergleichen konnte, daß der gedruckte Artikel identisch ist mit dem MS, das mir Herr Spinner von der Wirtschaftshochschule in Mhm. geliehen hatte. Ich bin an allen Ihren Artikeln sehr interessiert, und freue mich jedesmal, wenn mehr über Gesellschaftskritik und weniger über Physik drinsteht.

Mit den besten Grüßen Ihr

Hans Peter Duerr

[Berkeley], 20. [März 1971]

Lieber Herr Dürr,
daß der Anarchismus Ihnen solche Unannehmlichkeiten bereitet, tut mir leid. Aber ein richtiger Anarchist hält sich an *keine* Regel und er ist bereit, einen Frack zu tragen, oder den Ring eines Erzbischofs zu küssen, wenn das seine Sache fördert. Mitunter wird er sogar ein Mitglied des CIA. Außerdem gewinnt er Anhänger durch Schlauheit und Lügen und legt seine Karten nicht gleich auf den Tisch. Denn die Parole ist *anything goes*. Die Parole ist *nicht*: Kampf dem System! Was nun meine literarischen Verbrechen betrifft, so ist ein Aufsatz über den Anarchismus [Against Method] von mir in der Tat schon herausgekommen, ich halte ihn aber nicht für sehr gut, [too longwinded, footnotes more interesting than text] habe ihn also zusammen mit anderen Aufsätzen umgeschrieben und zu einem *Buch* umgearbeitet, das nun in der Tat viel besser ist. Das MS ist eben fertiggeworden, das Buch wird zuerst von New Left Books (hardcover), dann von Penguin und Harper (paperback) publiziert. Beiliegend sende ich Ihnen den schlechten Aufsatz (das ist alles was ich im Augenblick habe), das MS einer Rede, die ich vor einem Jahr in Chicago gehalten habe, sowie das analytische Inhaltsverzeichnis des Buches. Mehr Gesellschaftskritik und weniger Physik, sagen Sie?

Gesellschaftskritik ist leicht, Kritik der Physik ist schwerer und interessiert mich daher viel mehr. Im Herbst, glaube ich, bin ich in Europa außer daß eine kleine Möglichkeit besteht, daß ich Direktor der US-Universität in Beirut werde (für ein Jahr). Nach Alpbach komme ich aber auf jeden Fall (d. h. 60%).

Herzliche Grüße

Paul Feyerabend

[Auckland], 18. Juli [1971]

Genosse Hans-Peter,
leider (oder Gott sei Dank) – den Titel »Genosse« verdiene ich nicht. Den Anschluß an Bewegungen vermeide ich, und harmlose Ideen, die mir gefallen, die aber plötzlich beginnen, eine bewegende Kraft zu entfalten, verlasse ich auf der Stelle. Darum bin ich kein Popperianer, darum bin ich auch kein Anarchist mehr, außer privat, in der Führung meines Lebens. Möchte lieber so auf meine eigene Weise ungeleitet und unbeschwert durch die Welt stolpern.

Außerdem hab' ich in den letzten drei Jahren gleich drei anarchistische Dinge geschrieben, den Aufsatz in den Minnesota Studies, den Aufsatz in den Neuen Heften für Philosophie, und augenblicklich bringe ich die letzten Verschönerungsmaßnahmen an meinem Buch »Against Method« an (New Left Books) in dem ich den Anarchismus den Wissenschaften predige, an der Astronomie illustriere, Imre Lakatos dann mich vernichtet, worauf ich dann in einem Schlußwort triumphierend wieder erstehe. Das, glaub' ich, ist genug. Und außerdem, siehe oben, erster Absatz.

Das ist also auch schon meine Antwort auf Deine Frage. Oder zumindest *eine* Antwort. Eine zweite Antwort ist, daß ich des Schreibens satt bin. Kurzgeschichten, ja, aber dazu hab' ich kein Talent, muß also üben. Aber Aufsätze? Brrrr.

»Vorgeschichte der Menschheit« klingt da schon viel interessanter. Habe die Arbeiten von Marshack gelesen und hoffe, daß er Recht hat. Steinzeitastronomie interessiert mich mehr als alle wissenschaftlichen Entdeckungen der Gegenwart. Aber das nur privat. Das Ideengewerbe – das ist es ja, selbst bei den Anarchisten – liegt mir weniger und weniger. Sehe mich um eine Stellung als Administrator oder Lektor bei einem Verlag um. Dann brauch' ich wenigstens nicht Vorlesungen zu halten.

Das also ist meine gegenwärtige Laune. Sie kann sich natürlich ändern. Laß mich wissen wo Du im September bist. Bin den ganzen September in Europa, bald in London, wohin mich der weiche Leib einer Schauspielerin zieht, oder Wien, dto. Komme höchstwahrscheinlich auch nach Berlin, um Maxim Vallentin vom Gorki Theater, meinen alten Lehrer, zu besuchen, falls er noch lebt. Hier in Neuseeland bin ich bis etwa August 5. Und Grüße an Taubes. Der so gar nichts von sich hören läßt. Und an seine reizende Gemahlin, die sich, wie ich höre, mit dem Spinner im Interesse von law and order herumschlägt. Meine Weisung: man nehme diese Dinge nicht zu ernst. Sonst, alles Gute vom Ungenossen *Paul*

PS: eben erinnere ich mich, daß ich im letzten Jahr einen Aufsatz geschrieben habe, der in Deine anarchistische Nummer passen könnte, einen Angriff auf das Begriffsdenken (mit kleiner Geschichte derselben) und Befürwortung des Bilderdenkens, das heute aus der Diskussion sozialer Fragen etc. etc. schon fast ganz verschwunden ist. Titel »Let's Make More Movies«. Der Aufsatz ist auf englisch, und ich hoffe, das ist kein Hindernis. Im Notfall könnt' man's ja noch übersetzen. Ich selbst habe keine Kopie, habe einen Freund in Sussex gebeten, Dir eine Kopie zu schicken, die also in den nächsten Wochen bei Dir eintreffen sollte. Let's Make More Movies heißt nicht Filme der Art, wie man sie heute von den »jungen« Filmmachern sieht. Hier in Auckland geht eben ein Filmfestival vor sich, jeden Tag sehe ich zwischen drei und fünf Filme und einer ist düsterer wie der andere. Warum zum Teufel ist diese Generation von Filmmachern so langweilig todernst? Gloom merchants – that's what they are, langweilig, endlos, was mich erinnert an die Griechen im 6. Jahrhundert, die darüber protestierten, daß es auf den Dionysischen Festspielen bloß eine Tragödie nach der anderen gebe, und so wurde eben das Satyrspiel erfunden. Haben wir Talente zur Heiterkeit unter den gegenwärtigen ernsthaften Sozialkritikern? Mir scheint es nicht. So also ist der Titel zu verstehen mit der Einschränkung: »provided you can find good directors«. Nnsajnuse nju okukullosaku

Paul

[ca. Mitte Juni 1971]

Lieber Hans Peter,

Dank für Brief, Beilage, Buchversprechen, Glücksbericht. »Against Method« hat eine lange Geschichte hinter sich, ist noch nicht fertig. Vor drei Jahren gab ich meinen Freunden von den *New Left Books* in London ein MS. Vor zwei Jahren sah ich die druckfertige Fassung, und mich traf der Schlag. Ich schreibe oft im Berkeley Straßenstil. Die Neue Linke aber scheint auf Respektabilität aus zu sein, so verwandelten sie meinen Stil in ein respektables akademisches Englisch. A bunch of bourgeois sissies, that's what they are (und das hab' ich ihnen auch geschrieben). Vor zwei Jahren begann ich also mit der Wiederherstellung der Urfassung (Kopien hab' ich nie, und auch die New Left behielt die Urfassung nicht). Letzten Sommer, in Neuseeland, war die Urfassung wiederhergestellt. Ich schicke sie nach London zum tippen, an ein von Imre Lakatos empfohlenes Tippfräulein. Das Tippfräulein tippt, und tippt, und verschwindet. Keine Spur von ihr, oder vom MS. Imre Lakatos, der in diesen Dingen entschieden zu Werke geht, verständigt Interpol: »Wertvolles Manuskript von weltberühmtem Gelehrten zu Gewinnzwecken gestohlen«. Das Tippfräulein wird in Manchester kurz gesehen, unter fragwürdigen Umständen, verschwindet dann wieder. Zum zweitenmale setze ich mich ans Pult und schreibe die ganze Soße wieder. Diese, dritte Fassung, habe ich vor einem Monat beendet. Nun soll Imre Lakatos sie vernichten (das Buch enthält meinen Beitrag, die Vernichtung durch Imre, und meine Schlußantwort). Imre Lakatos ist häufig krank, und wenn er gesund ist, hat er eine Menge zu tun. Er hat seinen Beitrag für März 1974 versprochen, dann schreibe ich meine Schlußantwort und im Sommer ist das Buch *vielleicht* heraus. Habent sua fata libelli. Im März sollten Imre und ich unsere Differenzen in Boston öffentlich austragen. Tage vorher bewegten sich lange Schlangen von Automobilen aus New York, Princeton, selbst aus North Carolina nach Boston. Am Tage selbst waren sowohl Imre als auch ich krank. Ich hatte so etwas vorausgesehen, besprach also ein Tonband mit Argumenten, Hundegebell und etwas Sati und schickte auch eine Reihe von Thesen über den Anarchismus an die Diskussionsleitung. Die Thesen wurden ausgeteilt, das Tonband wurde gespielt, aber von uns beiden keine Spur (eine Kopie der Thesen lege ich bei). Den Titel des Aufsatzes wähle, wie Du willst, vielleicht ziehst Du sogar den beiliegenden Aufsatz über die Lage der Philosophie heute vor (der in irgendeiner amerikanischen Aufsatzsammlung irgendwann einmal erscheinen wird). Im September bin ich vielleicht in Mannheim, werde Dich dann persönlich in Augenschein nehmen.

Alles Gute *Paul*

[o. D., 1974]

Lieber Hans-Peter,
erstens vielen Dank für die Verteidigung.[1] Hannay hat mir die ganze Nummer von *Inquiry* geschickt, und darin nimmt sich Deine Seite sehr gut aus. Ich habe sie der Reihe nach allen meinen Kollegen gezeigt und die Reaktion war in allen Fällen dieselbe. Nummer eins: Überraschung. Nummer zwei: Gefühl der Genugtuung (»S's geschieht ihm Recht – warum macht er nicht ordentlich Philosophie, wie auch wir«); Nummer drei: *Neid*. Einen *Artikel* kann man ja leicht über sich geschrieben bekommen. Aber eine Kollage!

Lakatos, ja das ging sehr plötzlich. Er bekam einen Herzanfall, wurde ins Spital eingeliefert, tyrannisierte dort Doktoren und Schwestern, die ersten mit einer kritisch-rationalistischen Zerlegung ihrer Methoden, die zweiten, na, wie man eben Schwestern tyrannisiert, er schrieb mir auch einen fast dadaistischen Brief aus dem Spital, am Tage darauf entläßt er sich selbst, wandert nach Hause, hat einen zweiten Anfall, und stirbt auf der Stelle. Und jetzt fühle ich mich etwas vereinsamt, denn charmante Verrückte wie ihn gibt es auf der Welt nur *sehr, sehr* wenige. Evans-Pritchard, übrigens, starb in der Badewanne, mit einem Glas Gin in der Hand, er trank einfach zu viel und sank unter.

›Against Method‹ – nicht einmal im Traume sollst Du dieses Meisterwerk mit dem Popperschen Machwerk ›Postscript‹ vergleichen: S' dauert zwar lange Zeit bis es herauskommt, aber aus *ganz anderen* Gründen. Zum Beispiel habe ich Lakatos eingeladen, das ganze Buch mit mir zusammen zu schreiben, ich gegen den Rationalismus, er für ihn. Imre sagte zu, begann auch schon mit der Abfassung seines Beitrags, wurde aber immer wieder von wichtigen Problemen der Politik der Philosophie aufgehalten und ich habe einfach auf ihn gewartet. [...]

Auf die Anarchismus-Anthologie warte ich schon gespannt, vor allem um mich selbst zu lesen. Ich glaube, mein allerletzter ›Standpunkt‹, bei dem ich dann auch verbleiben werde, wird der Dadaismus sein: *Sinn* hat dieses verrückte Leben *keinen* und *scheinbar* einen konstruieren kann man nur dann, wenn man eine Unmenge neuen Unsinns dem alten Unsinn hinzufügt. Alles was man tun kann, ist Märchen erzählen und sich und andere so vorübergehend unterhalten. Manchmal glaubt man die Märchen dann für einen

Tag oder zwei Tage, wie ein Schauspieler sich in seiner Rolle vergißt, aber nie sosehr, daß man nun glaubt die »Wirklichkeit« gefunden zu haben. Geglaubt hab' ich sowas schon immer, aber ein Film von Bertolucci, *Partner*, hat die Sache in meinem sogenannten Gehirn zum Abschluß gebracht. Und welches Elend hat doch eine ernstere Auffassung auf diese Welt gebracht! Humanitarian philosophies included! So, mein nächstes Buch ist eine Ode an die Absurdität.

Beiliegend ein kleines Elaborat von mir, von dem Du nur die Überschrift und die angekreidete Stelle auf Seite 103 lesen sollst. Im Herbst bin ich in Brighton/Sussex und London und werde dann wohl auch nach Heidelberg kommen. Da hab' ich mich übrigens für einen freigewordenen Lehrstuhl beworben aber der jüngste Film des Maximilian Schell, den ich eben gestern gesehen habe, hat mich fast um die Lust gebracht. Lieber Himmel – ist die deutsche Behandlung des Ernstes doch ernst und vor allem *lang*. Na, wir werden sehen.

Alles Gute und, vielleicht doch auf Sehen *Paul*

[Heidelberg], 4. Mai 1974

Lieber Paul,
   gerade aus Berlin zurückkommend finde ich Deinen Brief vor. Herzlichen Dank dafür. Lakatos habe ich nie kennengelernt. Er war, glaube ich, einmal kurz in Heidelberg und zusammen mit Albert bei Gadamers Geburtstagsvorlesung, bei der auch Heidegger zum – wie ich hörte – sichtlichen amusement der Kritischen Rationalisten eine Rede hielt. Daß Evans-Pritchard mit einem Glas Gin in der Hand unterging mußte wohl so kommen. Zu der Zeit, als ich bei ihm wohnte, war er jeden Abend total besoffen, und für meine Angebote, ihm einen Joint statt dessen zu drehen hatte er immer nur ein müdes Lächeln übrig. Ich hatte ihn irgendwie sehr gern, auch als er mich samt Garderobe aus seinem Haus rausschmiß.
   Heute nacht hatte ich übrigens einen ganz seltsamen Traum. Irgendein Dämon, der sich auf die verschiedensten Weisen manifestieren konnte, erschien immer wieder und drohte noch einem anderen Knaben, zwei Mädchen und mir, uns zu einer einzigen Person zu verschmelzen und das danach mit allen anderen Menschen zu tun. Ich fragte ihn, ob er der Teufel sei, denn ich hoffte das insgeheim, weil ich mir stets gedacht habe, daß der Teufel einer der wenigen Typen unter der Sonne ist, die keine Fanatiker sind und mit denen es sich reden läßt. Aber er meinte, ich solle kein Vertrauen in ihn haben, weil er mich doch belügen würde. Dann sind wir vor ihm geflohen, über eine Geröllhalde, durch ein surreales Zimmer und auf ein Schiff. Er ist aber immer wieder gekommen und obwohl wir vor ihm flohen hatte ich recht wenig Angst vor ihm. Dann sagte er plötzlich zu mir, ich könne nie etwas von ihm verstehen, und er habe auch gar keine direkte Macht, die Menschen zu verschmelzen – vielmehr würden die Menschen das selber tun aus Angst davor, daß er es könne. Kannst Du mir sagen, was der Traum bedeuten mag?
   Was Du über die bourgeois sissies schreibst – vor ein paar Tagen war ich auf einem Treffen linker Verlage und konnte mich nur noch wundern. Die hetzen sich mittlerweile wegen Lächerlichkeiten wie gegenseitiger Mißachtung des Copyrights die Polizei auf den Hals. Bald werden Amtsrichter darüber entscheiden, ob die Bezeichnung ›konterrevolutionär‹ eine Beleidigung ist oder nicht. Ich habe von all diesen Arschlöchern wirklich langsam die Nase voll.

Mein ›Ni dieu-ni Mètre‹ kommt zur Buchmesse raus. Es wird mein letztes schlechtes Buch sein. Ich glaub, daß ich jetzt soweit bin, aus dem akademischen Betrieb auszusteigen. Es ist einfach würdelos, länger auf ernsthafte Weise sich da rumzuprostituieren. Ich habe für Suhrkamp eine Ankündigung des Buches für den Verlagsprospekt geschrieben, mit beifälligen Zitaten Papst Pauls und Arps. Heute haben sie mir den Text postwendend zurückgeschickt, er sei unseriös, nicht marktgerecht und sie wollten die Ankündigung lieber selber schreiben. Ich glaube, Sankt Unseld bedauert es bereits, den Vertrag schon unterschrieben zu haben. Ich würde übrigens an deiner Stelle nicht die Stelle in Heidelberg annehmen. Die Universität und alles drum herum von links bis rechts ist sterbenslangweilig – geh lieber nach Berlin, das ist wohl die einzige Stadt in Deutschland, in der man leben kann. Taubes wird zwar Feuer schreien, wenn Du Dich bewirbst, aber vielleicht könnte es klappen. Lawrence Krader hat mir dort auch eine Stelle angeboten, aber ich überlege mir, ob ich nicht lieber Urgeschichte studieren sollte um Höhlenforscher zu werden. Ich meine das ganz ernsthaft.

Anbei mein neues Elaborat von heute nachmittag. Ich habe jetzt einen Roman angefangen. Ich schicke Dir das MS, wenn es fertig ist.

Herzlich

Hans Peter

[Mai 1974]

Lieber Hans-Peter,

das ist ja ein interessanter Traum – *deuten* kann ich ihn nicht, hab' das bei meinen Träumen schon lange aufgegeben; ich lege mich einfach zurück und genieße die show. Akademische Sachen hängen mir auch zum Hals heraus, also sehe ich mich nach anderen Berufen um; zum Beispiel, ich bin provisorisch der Manager eines möglicherweise künftigen Filmstars; eine Autobiographie hab' ich auch begonnen, und zwar mit meinem Selbstmord. Muß jetzt nur noch das Vorleben und das afterlife hinzufügen. Der Selbstmord liest sich sehr schön. Und wenn alles fehlschlägt, retiriere ich in fünf Jahren, was dann finanziell möglich ist. Na, we shall see. Heidelberg werd' ich mir natürlich genau ansehen bevor ich akzeptiere (falls ich ein Angebot bekomme). Daß die Universität fad ist, macht mir nichts, denn viel Zeit gedenke ich *dort* ja nicht zu verbringen. Überhaupt hängt mein Leben sehr wenig von akademischen Situationen und dem Geisteszustand der Intellektuellen ab. Ich hab' einige sehr gute Freunde, die sind intelligent, freelancing, und mit denen zu reden ist eine Freude. Und in Heidelberg wird es solche Leute wohl auch noch geben. Und wenn nicht, leg' ich mir eine hübsche Kellnerin zu. Höhlenforscher? Warum nicht? Für einige Zeit? Nichts ist ja ewig, und vieles hat ein Interesse. Ich reise in 10 Tagen nach Neuseeland ab, c/o Dept. of Philosophy, University of Auckland, Auckland, New Zealand, *bis Mitte August*, dann wieder Berkeley bis Oktober, und dann Brighton.

Alles Gute

Paul

24. August 1974

Lieber Paul,
  soeben komme ich von einer Reise in die Provence zurück ins ungastliche Heidelberg. Die Leute vom Kramer Verlag in Berlin haben mir gesagt, daß sie Dir vor einiger Zeit die Anthologie ›Unter dem Pflaster liegt der Strand‹ zugeschickt haben. Hast Du sie mittlerweile erhalten? Ich habe auch die ersten Reaktionen der Fachgelehrten auf mein ›Ni Dieu-ni mètre‹, das zur Buchmesse herauskommen wird, empfangen. Die Gutachter der ›Deutschen Forschungsgemeinschaft‹ können mir »den Vorwurf des Dilletantismus« (sie haben durchgehend das Wort mit zwei »L« geschrieben...) in Sachen Philosophie »nicht ersparen« und haben mich aufgefordert, etwas »wissenschaftliches« daraus zu machen. Noch nicht einmal mit ihrem Namen haben die Typen unterzeichnet. Wenn ich darauf eininge, würde ich mir das niemals verzeihen. Lieber verkaufe ich Wiener Würstchen oder mache einen Dackelverleih auf. Ich habe mein neues Buch, ›Pro Dionysos‹ angefangen. Es wird mein erstes Opfer sein, das ich einem Gott darbringe und ich hoffe, daß er es annehmen wird. Aber Dionysos ist ein launischer Gott, und er wird mir vielleicht meine langjährigen Sympathien für Apollo nicht vergeben. Aber sei's drum. Die Götter sind fast so eitel wie wir selber und nehmen was sie kriegen können. Aus meinem Santa Cruz-Trip wird nichts werden. Meine Gönner haben ihre schützenden Hände über meinem Haupte zurückgezogen. Aber Amerika wäre wohl auch nichts gewesen. Mehr als diese Coca-Cola-Zivilisation würde mir Japan oder Afrika zusagen. Ich habe entdeckt, daß es auf Samoa mittlerweile eine Universität gibt, und da ich annehme, daß die Samoaner ein brennendes Interesse daran haben werden, ob existence a predicate is, werde ich mich vielleicht dort um eine Stelle bewerben. Auch die Kontroverse zwischen Albert und Habermas dürfte einen entscheidenden Eindruck in der intellektuellen Kultur der Insel hinterlassen.

Herzlich

Hans Peter

[Brighton, Poststempel 31. Januar 1975]

Lieber Hans Peter,

habe Dein opus erhalten und mit Vergnügen gelesen, vor allem die Fußnoten. Auch hab' ich Dir schon vergeben, daß Du mich zum treusten Popperschüler gemacht hast. In diesen Dingen gilt ja Gott sei Dank das Urteil des Meisters, und der hat meinen geistigen Niedergang schon seit Jahren vorausgesagt und dann bedauernd bestätigt gefunden. Und was kannst *Du* schon gegen den Meister ausrichten! Übrigens finde ich von den Fußnoten die ethnologischen Hinweise weitaus interessanter, als die Ideen zeitgenössischer Philosophen, diese Burschen, das heißt also NICHT die Zeitgenossen, haben eine ganz schöne Phantasie gehabt. Was den Teufel betrifft, so halte ich die ganze Sache für einen Irrtum (Resultat Buddhistischer Lektüre und zwar des kleinen Gefährts, nicht des großen).

Nächstes Jahr geh' ich nach *Afrika*, um einen Dokumentarfilm zu drehen. Hast Du einen weisen Ratschlag zu machen? Viel weiß ich von Afrika nicht, so sind alle Ratschläge willkommen.

Tschüs

Paul

THE ELECTRIC SYMPHONY ORCHESTRA COMPANY
Suite 529, 250 West Fifty-Seventh Street
New York, New York 10019
(212) 757-6276

Paul K. Feyerabend *Chairman*
Educational Advisory Committee

Lieber Hans Peter –

auf Umwegen hat mich Dein Brief hier erreicht. Ich habe etwas wie »Philosophy today« geschrieben? Mir ganz unbekannt (was nicht bedeutet, daß ich es nicht geschrieben habe). Wenn Du es publizieren willst, mir ist es Recht. Was Du über die deutsche Philosophie sagst, gilt nicht nur über sie. In Amerika ist es keineswegs besser. Aber so ist eben das Leben. Im 12. Jahrhundert haben auch die meisten Schüler versucht, sich durch Erfinden einer Epizykel im System des Lehrers beliebt zu machen. Und die alten Griechen, die sind lange tot. In diesen Umständen ist die Vogelzucht[2] in der Tat eim Schritt in the right direction, ob es sich nun um wirkliche Vögel mit Flügeln, oder um birds im übertragenen Sinne handelt. Meine eigenen Beschäftigungen gehen in alle Richtungen, wirke an der Herstellung eines TV-scripts für die Columbo-Episoden im US-TV mit, alldiewo ein lieber Kollege einen anderen lieben Kollegen mit subtilen Giften umbringt und Columbo muß herausfinden, wer was getan hat. Wenn's gelingt, habe ich hier eine Quelle, leicht reich zu werden und wenn *das* gelingt, hört die Philosophie nichts mehr von mir.

Alles Gute

Paul

PS. The Electric Symphony ist eine Erweiterung der Elektrischen Guitarre – *jedes* Instrument wird mit einem Amplifyer verbunden, was einen Riesenlärm ergibt.

10. Mai 1975

Lieber Paul,
   wie ich aus einem Deiner letzten Artikel entnehme, glaubst Du als einer der Wenigen an Lykanthropie und ähnliches, was mich sehr freut. Seit einiger Zeit experimentiere ich schon mit Hexensalben aus dem späten Mittelalter, mithilfe deren man unter günstigen Bedingungen zum Sabbat fliegen kann. Wenn Du Lust hast, mich gegebenenfalls auf dem nächsten Sabbat zu treffen, hier die Flugkarte.
   Nimm etwas Wassereppich, Wasserschwefel, Fünffingerkraut, Fledermausblut, Tollkirsche und Öl (*Wier*: De praestigiis daemonum et incantationibus ac veneficiis, Basel 1563, cap. 16) oder mach einen Ölabsud aus den Samen des Taumellolches, Bilsenkraut, Schierling, Feldmohn, Giftlattich und Wolfsmilch (*Cardanus*: De subtilitate, lib. XVIII) und gib noch eine Prise ›auß Kinderfeiste/und Eppichsaft/Wolffskraut/Solano und Ruß‹ dazu (gib acht mit den Nachtschattengewächsen! Nicht mehr als 5 Tollkirschen!!!) Reib Dich an den Schläfen, unter den Achseln, Herzgrube und Penis ein bis die Haut rot wird und sage ›Oben aus und nirgendt an!‹ In der Hoffnung, auf diese Weise bald Deine Bekanntschaft zu machen

Alle Gute

Hans Peter

28. November 1975

Lieber Paul,

nach längerer Zeit melde ich mich mal wieder um Dir zu berichten, was in der Zwischenzeit hier so los war. Ich arbeite mittlerweile als Ethnologe an der Universität in Zürich, wohne allerdings im Augenblick in Mannheim, weil mir die Schweizer Regierung keine Aufenthaltsgenehmigung gegeben hat. So fahr ich halt immer hin und her. Gestern habe ich mich in Konstanz um eine Assistentenstelle beworben, d.h. ich habe einen Vortrag gehalten mit dem Titel ›Können Hexen fliegen?‹ Der Vortrag war ein Fiasko – die versammelten Katatoniker, insbesondere Janich und Kambartel und einige wichtigtuerische Assistenten waren offenbar über den Vortrag entsetzt und waren sehr feindselig. Daß ich die Assistentenstelle *nicht* kriege, war, wie mir die Studenten hinterher sagten, sowieso schon ausgemachte Sache, weil die Leute mein Buch ›Ni Dieu-ni Mètre‹ gelesen hatten und dabei schon ausgeflippt waren. Mein Buch ist übrigens nur in der Subkultur rezensiert worden, die Fachleute haben es völlig ignoriert. [...] Man hat mir gesagt, daß Du nach Hamburg an die Uni kämst – stimmt das? [...]

Herzlich

Hans Peter

[11. Dezember 1975]

Lieber H. P.

interessant Deine Abenteuer im Konstanzer Friedhof, selbst die Toten bringst Du noch zum Leben mit Deinem Elixier. In zwei Monaten wird die deutsche Ausgabe von *Against Method* das Schicksal des von Fachleuten Unbesprochenseins teilen, wir sind sogar im gleichen Verlag, ich habe die Zahl der Frechheiten vermehrt und genau angegeben, wie Regentänze funktionieren. Wem wir mit unseren Schriften nützen, weiß ich nicht, aber ich bin überzeugt, daß es irgendwo einige nun mehr glückliche Rhesusäffchen und/oder VIELLEICHT sogar Menschen gibt. Die neue Nummer von *Unter dem Pflaster liegt der Strand* hat mir gefallen, vor allem das stellvertretende Vorwort mit dem Gruß an Onkel Paul. Solche Grüße kann man brauchen, denn mit meiner Gesundheit geht's bergab, ich bin fest überzeugt, da ist so ein Popperianer dahinter mit der kühnen Hypothese daß Vodoo *doch* wirkt – und er hat Recht. Geschrieben habe ich einen *Dialogue on Method*, der Dir vielleicht gefallen wird – ich schicke demnächst eine Kopie. Sollte einen Vortrag auf Reverend Moon's Konferenz in N. Y. halten (Kennst Du ihn?) – war aber zu krank – leider. Glück hatte ich in gewisser Hinsicht, daß mir das Licht erst relativ spät aufging, so hielt ich in meiner Kindheit brav rationalistische Vorträge und bekam eine Anstellung nach der anderen. *Dir* kam die Einsicht noch viel früher – darum ist es jetzt schwer für Dich, eine Stelle zu finden. Nach Zürich komme ich vielleicht, habe mich dort um eine Stelle beworben, aber ob die Schweizer bereit sind, mich zu schlucken, ist eine andere Frage.

Alles Gute

Paul

[13. Januar 1976]

Lieber Hans-Peter,

vorgestern träumte ich, daß ein Jesuit mit seinem CIA-Gehilfen mich kidnappte um mit mir Versuche anzustellen; letzte Nacht träumte ich, ich sei im himmlischen Jerusalem angekommen; das war wunderschön, farbig, tiefes Blau, Purpur, golden, ein weiser Rabbiner führte mich in die Geheimlehre ein, zuerst mußte ich auf 40 Tage in die Wüste die im schönsten Gold dalag und voll war von friedlichen Tieren, als Wegzehrung bekam ich eine Schokoladetorte, eigens von ihm bereitet (hier das Wiener Element) – dann wache ich auf, Magenschmerzen, Kälte, Schwäche, aber so ist eben das Leben, so, laß es Dich nicht verdrießen wenn's manchmal aber schon ganz miserabel aussieht. Bald kommt der Frühling wieder und die Gegenwart der eben erst begangenen Dummheit läßt einen den Nachgeschmack der weiter zurückliegenden vergessen. Hm. Und jetzt muß ich eilen, um eine meiner verfluchten Vorlesungen zu geben um das Geld zu verdienen das mir die Zeit gibt, die es mir ermöglicht darüber nachzudenken warum ich die Vorlesungen gebe, die mir das Geld geben, die mir die Zeit verschaffen... und so weiter. Alles Gute – diesen Sommer, hoffe ich, werde ich wieder reisen können und dann werden wir uns doch einmal sehen.

Paul

Lieber Hans-Peter

Deine Abenteuer mit dem ›Gebildeten Publikum‹ überraschen mich nicht, denn ich habe seinerzeit *Die Hose* inszeniert und dabei über das gebildete Publikum eine Menge gelernt. [...]

Hier scheint die Sonne, aber ich habe einen Rückfall gehabt, fühle mich wie am Rande des Grabes wo es aber heutzutage gar nicht so viel anders aussieht, als sonstwo.

Alles Gute

Paul

4. Mai 1976

Lieber Paul,
vielen Dank für Deinen Brief, den ich eben gekriegt habe. Sag das nicht, daß es überall so aussieht wie im Grab (obwohl es mir manchmal auch so scheint). Es ist für Dich noch lange nicht die rechte Zeit zum Sterben, ich fühl das ganz genau. Übrigens, versäumen können wir's ja eh nicht, da brauchen wir gar keine Angst zu haben. Vor vier Jahren hab ich in Berlin mit meinem Freund Sahal, einem Somali, mit LSD einen Todestrip unternommen. Es ging wie mit der Achterbahn zuerst runter zu den Tieren, dann zu den Pflanzen, dann zu den Mineralien, und plötzlich wurde uns klar, daß die Fahrt dorthin ging, wo nichts mehr von irgendetwas getrennt ist, wo alles gleich ist, in den Tod. Zum erstenmal im Leben hab ich den Tod gesehen, und er hat mächtig gezogen und er sagte ›Ach Junge, warum willst Du Aufschub, ich krieg Dich ja doch, was hast Du vom Aufschub, in dreißig Jahren bist Du doch wieder in genau *derselben* Situation!‹ Er war gerade dabei, mich zu überzeugen, als ich merkte, daß mein Freund, der Afrikaner, ins Leben zurücksprang und ich ihm nach. Wir tauchten wieder im Leben auf und die Gischt spritzte und die Farben leuchteten. Irgendetwas ist in jener Nacht gerissen, zum erstenmal hatte ich den Tod akzeptiert, vorher hatte ich ihn immer verdrängt und er saß als Ungeheuer auf meinem Nachttisch. Seit dieser Zeit lebe ich in ständigem Kontakt mit ihm und er hat viel von seinem Schrecken verloren. Ich hab das Gefühl, Paul, daß wir beide noch Aufschub haben (obwohl ich Dich ja erst einmal ganz kurz, vor nunmehr elf Jahren, gesehen hab.)
Vielleicht seh ich auch deshalb im Augenblick etwas optimistischer, weil ich gerade erfahren hab, daß ich wieder mal die nächsten 1½ Jahre finanziell gesichert bin. Die Heinrich Heine-Stiftung (eine linksliberale ›Gegenstiftung‹ zur DFG) hat mir ein Stipendium für schwarze Magie (kein Witz) gegeben. Das ging so. Ich habe einen Antrag geschrieben, hab auch reingeschrieben, daß ich keine Chance auf ne Stelle usw. hab, ohne wissenschaftl. Schmalz. Dann wurde drüber entschieden. Das ging so vor sich. Ein Historiker stand auf und fragte, ob ich genial oder ein Hochstapler sei. Da ist, wie man mir erzählte, die Margherita v. Brentano aufgestanden und hat die Frage zwar nicht gemäß der Wahrheit, aber gemäß meines Vorteils beantwortet, sodaß ich zu

dem Geld kam. Meine Seminare in Zürich machen auch einigen Spaß. Letzte Woche kamen nach dem Seminar zwei Amerikanerinnen zu mir und sagten, das Seminar hätte ihnen unheimlich gut gefallen, nur schade, daß sie kein deutsch könnten.

Herzlich

Hans Peter

PS Ich leg Dir meinen Antwortbrief an den Redakteur einer wissenschaftl. Zeitschrift bei, die meinen Hexenartikel als ›unwissenschaftlich‹ abgelehnt hat. Er hat mir vorgeschlagen, doch erst einmal etwas ›philosophy of science‹ zu lesen.

[Oktober 1976]

Lieber HP –

Habe eben eine neue Einladung bekommen für eine Stelle in Neuseeland. Zieht mich sehr an: ruhig, gute Luft. Das richtige Land für einen faulen Menschen, wie mich, der die Ruhe liebt, die Ruhe vor der Arbeit und vor allem auch die akustische Ruhe. Hier in Berkeley gibt es mehr und mehr Leute, Hunde, Ratten, smog, Lerm (wie Schopenhauer das Wort geschrieben hat) etc. etc.

Alles Gute

Paul

29. Januar 1977

Lieber Paul,

Eilanfrage – wäre es Dir recht, wenn ich die Kapitel VIII, IX und X Deines *Prefaces* zur Paperback Edition von ›Against Method‹ (im Manuskript die Seiten 26-39) übersetzen lasse und im 4. Pflasterband, der im Frühling rauskommt, abdrucken lasse? Man könnte vielleicht als Titel nehmen: ›Unterwegs zu einer dadaistischen Erkenntnistheorie‹ oder so was ähnliches.

Und als Motto könnten wir einen Spruch von Arp nehmen: ›Der Dadaist läßt den Wissenschaftstheoretiker Wirrwarr und fernes, jedoch gewaltiges Beben verspüren, so daß seine Glocken zu summen beginnen, seine Theorien die Stirn runzeln und seine akademischen Ehren fleckig anlaufen.‹

Mittlerweile hab ich ›Wider den Methodenzwang‹ mit großer Freude gelesen. Obgleich ich in ziemlich direkter Linie von Johannes Kepler abstamme kann ich mir leider über die astronomischen Sachen kein Urteil erlauben, aber zu den ethnologischen wollt ich kurz was sagen. Ich glaub, daß Du manchmal zu sehr nach der Analogie ›Mythos, Magie usw. – wissenschaftl. Theorie‹ verfährst (ich habe das in ›Ni Dieu-ni Mètre‹ an Agassi kritisiert). Nimm Dein Beispiel, den Regentanz. Mit dem Regentanz oder den ›Vermehrungsriten für Tierspezies‹ wollen die Naturvölker nicht Regen und Tiere produzieren oder herbeiführen (und deshalb finden die Regenrituale nie in der Trockenzeit statt), sondern sie wollen sich *einpassen* in den Rhythmus der Natur. Da steht eine völlig andere *Haltung* dahinter als bei einer wissenschaftlichen Theorie. Deshalb werden etwa bei den Australiern nicht nur die Tiere reproduziert, die man braucht oder die angenehm sind, sondern *alle* Tiere, auch Moskitos und bösartige Nachteulen. ›*Alles* ist wakan‹, sagen die Sioux, ›*Alles* ist heilig‹. Wenn die Hopi oder die Navaho ›hoffen‹ oder ›tanzen‹, dann *bewirken* sie nicht etwas, sondern sie partizipieren am natürlichen Rhythmus, sie partizipieren sogar am Vorgang des Hoffens und Tanzens, ›they hitch a ride on the actions‹, wie der Ethnolinguist Hoijer sagt. Ich glaube, daß die Modellierung solcher Phänomene nach dem Vorbild einer ›causa efficiens‹ ein szientistisches Survival bei Dir ist. Wenn Du das aufgibst, dann kannst Du solche Beispiele *viel besser* als Beispiele für ›Inkommensurabilität‹ verwenden, weil Du dann zeigen kannst, daß die Australier oder die Sioux in ihren Anschauungen und Tätigkeiten eine Attitüde zum Ausdruck bringen, die durch unsere Wissenschaft im Laufe der Zeit mühsam ausgeschieden wurde. Übrigens glaube ich, daß Wittgenstein noch etwas vom ›Geist‹ der Sioux in sich hatte, wenn er über eines seiner Manuskripte schrieb: ›Dieses Buch ist zur Ehre Gottes geschrieben!‹ Versteh mich richtig: Ich will gar nicht bezweifeln, daß Regenrituale unter gewissen Umständen Wirkungen hervorrufen, die man hierzulande als ›parapsychische‹ bezeichnen würde. Aber dieser Aspekt der Sache ist ein typisch abendländischer, der den Naturvölkern fremd ist. Kennst Du den 2. Teil des Films ›Ein Mann, den sie Pferd nannten‹? Der Weiße, der zu ›seinem‹ Stamm, den Yellow Hands, zurückkehrt und ihnen Gewehre mitbringt zum Kampf gegen die Weißen, stößt auf Unverständnis, weil er ›technisch‹ denkt. ›Du hast vergessen, wie ein Indianer zu denken, Du denkst wie ein Bleichgesicht. Wir brauchen keine Gewehre, sondern die Zustimmung des Großen Geistes‹, sagt ihm eine alte Squaw. Und diese Zustimmung wächst durch Leiden. Ich würd Dir gern auch noch was zu deiner Interpretation des archaischen Stils in Griechenland schreiben, aber das Papier geht zu Ende.

Herzlich Dein

Hans Peter

Lieber Hans-Peter,

gerne, übersetze und drucke was Du willst, auch mit dem Hans Arp-Zitat, *aber bitte verwende bei der Übersetzung die beiliegende neueste Fassung des Vorwortes*, in der stilistische Unebenheiten ausgefeilt und zu ernste Gedanken in weniger ernste und mehr menschliche Gedanken verwandelt sind. Auch habe ich hier und dort Spuren eines Zornes entfernt, der sich erhob, als ich krank und müde war, der sich aber inzwischen wieder gelegt hat. Die letzte Ausgabe vom *Strand* habe ich inzwischen erhalten, Deinen Aufsatz gelesen und die Bilder bewundert (das ist ein ganz fabelhafter Zug dieser Zeitschrift), vor allem den kopflosen Herrn vor meinem Aufsatz. Deiner Darstellung der Ideen der Naturvölker stimme ich ganz zu, so klar habe ich die Sache noch nie dargestellt gesehen, aber den Fehler, den Du sagst, daß ich begehe, habe ich nicht begangen. Ich sage nicht, daß die Naturvölker (oder die Beispiele, die ich anführe) die vielleicht vorhandenen parapsychologischen Randeffekte *intendieren*, ich sage, daß diese Effekte höchstwahrscheinlich *vorhanden waren*, was als ein ad hominem argument an die *Wissenschaftsgläubigen* von heute gedacht ist, *nicht* als eine Beschreibung der Ideen der Naturvölker. Das Buch, das Du eben gelesen hast, mag ich übrigens schon gar nicht mehr, ich träume davon ein sehr einfaches Buch über Wissensformen zu schreiben, eine Art toleranter Erkenntnistheorie, in Dialogform, aber das wird wohl noch lange dauern und außerdem werde ich dazu noch viel studieren müssen. Deine Bemerkungen über den archaischen Stil würden mich interessieren – falls Du sie im nächsten Brief unterbringen kannst – denn dieses ganze Kapitel wird in sehr veränderter Form (und vor allem von mir auf deutsch geschrieben und nicht von wem anderen ins Deutsche übersetzt) in der *Naturphilosophie* fröhliche Urständ feiern. Oder vielleicht kannst Du mir auch die ganze Chose mündlich mitteilen, da ich ja im April ff. an der »Gesamt«hochschule Kassel in geldverdienender Weise auftreten werde (wie lange, das weiß ich nicht; wenn's mir nicht gefällt, reise ich nach drei Tagen wieder ab) – denn dann werde ich natürlich auch nach Mannheim/Heidelberg kommen, schon um zu sehen, wie weit der gute Hans Albert mit seinem Leben und seinem kritischen Rationalismus gekommen ist. Vor zwei Tagen hab' ich nach zwei Jahren meine erste Vortragsreise unternommen – nach Colorado – und es scheint, daß ich schon fast wieder ganz gesund bin, auf jeden Fall nehme ich jetzt das

Maul wieder genau so voll wie vor drei Jahren, als ich noch gesund war. Hoffen wir, daß das anhält. Mit besten Grüßen in hoffnungsvollem Grün

Paul

23. Februar 1977

Lieber Paul,
vielen Dank für das Manuskript, ich hab's zum Übersetzen weitergeleitet. Übrigens in Kürze wird Dir E. Bauer vom Parapsycholog. Institut in Freiburg schreiben und Dich fragen, ob Du nicht mal Lust hättest, einen Artikel für ihre Zeitschrift zu schreiben. Ich glaub, das wär schon mal gut, denn die Parapsychologen kriegen hierzulande ständig von irgendwelchen ›Wissenschaftlern‹ eine reingesemmelt.

Kurz zu einigen Themen, die vielleicht in Deiner ›Naturphilosophie‹ vorkommen werden. Auf S. 43, Fußnote Deines Suhrkampbuches schreibst Du, daß es im Herbst des Mittelalters Anomalien etc. gab, ›die auf den Einfluß nichtphysikalischer intelligenter Wesen hinzudeuten schienen‹. Ich vermute, daß Du da ein bissele von Leuten wie Horton beeinflußt bist, die etwa die Geister der Kalabari in Analogie zu ›unobservables‹ in der Wissenschaft sehen. Aber das ist falsch. Was Horton (und den meisten Verfassern der Renaissance-Hexenbücher) im Gegensatz zu den weisen Männern der Kalabari nie gelungen ist (und ich könnt wetten, daß sie's auch nie versucht haben), das ist, seine ›Augen zu öffnen‹ um die Geister zu sehen. Die Geister sind keine ›theoretischen Entitäten‹, was Du spätestens dann merkst, wenn sie Dich zum Sabbat holen, oder anders ausgedrückt: Wenn sie ›theoret. Entitäten‹ sind, dann ist Prof. Horton auch eine. Zum archaischen Stil: Ich find das unheimlich interessant, was Du da schreibst, möcht aber trotzdem einiges zu bedenken geben. (Zunächst, lies Stählin, ›Der geometrische Stil der Ilias‹, *Philologus* 1923, 280ff., ein vergessener Aufsatz, in dem ähnliches steht, zu dem, was Du schreibst) Zu S. 325: Den ›zu lesenden‹ Reihenstil könnte man auch anders erklären. Wieso plötzlich dieser Bruch zum mykenischen oder gar minoischen Stil? Nun, ich glaube ganz einfach, daß die Dorer, als sie nach Süden kamen, ein neues Medium verwendeten: Keramik. Und sie behielten *zunächst* ihren *Korbflechter*stil bei. Geflochtenes kannst Du eigentlich nur zum ›Lesen‹ herstellen, bei der Keramik isses anders. 2) Warum sieht z. B. der sterbende Krieger physiognomisch genauso aus wie der triumphierende? *Fühlten* sich beide marionettenhaft gleich? Wenn Du Dir die *offizielle* Literatur und die *offizielle* Kunst aus der Zeit des Minnesangs anschaust, kannst Du Dir kaum vorstellen, daß der Ritter und sein

Fräulein jemals miteinander ins Heu oder aufs Klo gingen. Aber mit der Zeit fand man halt heraus, daß da ein ziemlich wirklichkeitsfernes *Ideal* dargestellt wurde, und daß in Wirklichkeit die Minnesänger und ihre Besungenen ziemlich oft die Sau rausließen, was sich erst im 17. Jhdt. so langsam änderte. Zu unserem Fall: Der Heldendichter Homer und die Keramiker stellen m. E. die ›heldische Gesinnung‹ dar, die sich im Tod wie im Sieg gleich bleibt, die Selbstbeherrschung des Kriegers, der in jedem Fall das Gesicht wahrt. Ich glaub so Typen wie Achilles haben ansonsten geheult wie die Schloßhunde, gar nicht ›marionettenhaft‹ oder so wie die Prinzessin im ›Froschkönig‹, der zwar eine Träne runterläuft, die aber nicht weint. 3) Zur ›Substanzlosigkeit‹ Ich glaub, es ist gewagt, die Schlüsse daraus zu ziehen, so wie Du es tust. Vergleich mal die hocharchaischen Vasenbilder aus dem 6. Jhdt. mit gleichen Themen auf frühattischen (subgeometrischen) Keramiken aus dem 7. Jhrdt., etwa ›Herakles tötet Nessos‹. Überraschenderweise zeigten sich ›Substanz‹ und ›Innenleben‹ auf den subgeometr. Amphoren, während sich etwa die Figuren auf der viel späteren attischen Nessos-Schale ›zusammengeklebt‹ und ›marionettenhaft‹ ausnehmen. Da ist eine ganz deutliche ›Regression‹ innerhalb von 3, 4 Generationen just zu der Zeit, in der die Philosophen das ›Substanzdenken‹ entwickeln. 4) Zur Einheit: Man hat paläolithische Gravuren gefunden, wo die Umrißlinien verschiedener Tiere u. Personen aufeinanderprojiziert waren. Ich vermute, daß damit folgendes gemeint war: Auf den ersten Blick siehst Du ein Gewirr von Linien, läßt Du aber das Licht Deiner Tierfett-Fackeln spielen, dann siehst Du je nach Einfallswinkel des Lichts verschiedene Tiere, oder wie ein Tier zum anderen wird, oder die Einheit in der Vielheit. Wenn das richtig ist, dann war das so eine Art Höhlenkino. Dem Initianden wurde gezeigt, wie sich das Viele aus dem Einen entwickelte. Heute nennt man das ›Totemismus‹. Bei der Initiation wird ein Mythos ›veranschaulicht‹ und erlebt. Der alte Mann deutet auf ein Känguruh und sagt zu dem Jungen: ›Dies ist Dein Fleisch‹ (Die alten Inder ›Tat tvam asi‹ = ›Dies bist Du‹), gemeint ist: Als *Kind* siehst Du die Vielheit, als *Mann* (Erkennender) die Einheit in der Vielheit, wie das ursprünglich eine zum vielen wurde. (So wie der Urzeitheroe sich in den einzelnen Menschen manifestierte.) In anderen Worten: Reihung, Lese-Kunst usw. findest Du auch bei vielen Naturvölkern. Der kanadische Maler Tobias Schneebaum berichtet, daß die Arakarama-Indianer über die kurze Begegnung mit ihm zuhause stundenlang erzählten, nacheinander: was für ein Fisch dabei gerade nach Luft schnappte, was für ein Faultier gerade wie grunzte usw. Und trotzdem gibt es die mystische Erkenntnis der Einheit alles Lebenden in der Initiation. Ich glaube, daß auch Platons blasse Anamnesis-Theorie auf solche Quellen zurückgeht. Dieses da ist *im Grunde* dasselbe usw. Ich glaube zwar wie Du, daß die ›Einheitsphilosophie‹ totalitär ist und lebensgefährlich, daß wie Nietzsche sagte, die Erfindung der ›wahren Welt‹ unser bisher gefährlichstes Attentat auf das Leben war, aber andererseits werden ja m. E. Astrologie, indianische Philosophie usw. heute wieder bedeutungsvoll, weil der moderne Mensch aus der Einheit mit der Natur in extremer Weise herausgetreten ist, daß er alles atomisiert und voneinander isoliert. Jetzt ist das Blatt wieder zuende, schreib mir bitte, wenn Dir einiges unklar ist, oder wenn Du noch andere Sachen hast, zu denen ich vielleicht was sagen könnte.

Herzlich Dein

Hans Peter

[8. März 1977]

Lieber Hans Peter –

nein, den Teufel und Dämonen etc. habe ich nie für theoretische Entitäten gehalten, sondern für direkt beobachtbare Wesenheiten und wenn's in meinem Buch sich anders anhört, dann habe ich mich eben ungeschickt ausgedrückt. Ich glaube, der ganze Witz des Beispiels von Teufeln, etc., Fliegen und dergleichen ist, daß es sich da um etwas handelt, das man direkt beobachten kann (den Horton nehme ich nicht ernst, der ist viel zu viel vom Popper beeinflußt). Es war da ein dänischer Historiker, dessen Namen ich vergessen habe, und der die Idee, daß historische Realität durch Augenzeugenberichte konstituiert wird, widerlegte indem er sagte, daß viel mehr Leute den Teufel als Augenzeugen direkt gesehen haben, als den Napoleon, also sei der Teufel historisch realer. Natürlich ist die Sache reichlich kompliziert, wie auch Du es in Deinem Aufsatz ausführst, aber kurz gesagt sind diese Dinge eben direkt beobachtbar. Für die Literatur zum archaischen Stil bin ich Dir dankbar, werde mir den Artikel ansehen, auch von der Korbflechterei habe ich nicht gehört, aber den Schluß – archaischer Stil: Puppenmensch auch subjektiv, ziehe ich nicht. Ganz im Gegenteil, ich sage: aus einem Stil kann man noch keine Folge ziehen, denn Stile haben verschiedene Zwecke, da gibt es sowas wie die Karikatur, oder rituelle Vereinfachungen etc. etc. *Aber:* wenn ein Stil Züge hat, die sich wiederfinden in gewissen Zügen der (mündlichen) Literatur, in der Philosophie, der Theologie, wenn spätere Philosophen ihre Vorgänger gerade für solche Dinge kritisieren (»Vielwisserei« etc. d. h. man weiß das eine UND das nächste UND das nächste), dann kann man die *Hypothese* aufstellen, daß es sich nicht nur um eine Stileigentümlichkeit handelt, der eine ganz andere Realität zugrundeliegt, sondern um eine eben anders gesehene Realität. Inzwischen klaube ich mir für die Naturphilosophie noch mehr Details zusammen (Periegesen etc.). Zur Inkommensurabilität: vergleichen kann man natürlich, aber zu sagen, daß es sich um ›dieselbe Welt‹ handelt, die eben anders gesehen wird, wo selbst die Kriterien für jedes einzelne Objekt sich geändert haben, scheint mir doch den Ausdruck ›dieselbe Welt‹ etwas zu überspannen. Während des Übergangs besteht natürlich eine Spannung zwischen den beiden Welt-Bildern (›Bild‹ nun wörtlich verstanden) aber es ist wie die Spannung zwischen

Traum und Wirklichkeit. Man kann hier nicht sagen, daß beide ›dieselbe Welt‹ betreffen (oder wenn man es sagt, dann muß man erklären, was man damit meint) obwohl Traum und Wirklichkeit in Rivalität stehen, es besteht eine Spannung zwischen ihnen. Übrigens: kennst Du eine wirklich befriedigende Darstellung des Übergangs vom homerischen Aggregatuniversum zum Substanzuniversum (und Seelenuniversum) der Nachfolger? Ich versteh' es einfach nicht, was die Leute veranlaßt hat eine in sich ganz befriedigende Weltansicht aufzugeben und Dinge, die auf diesem Hintergrund wie reiner Unsinn erscheinen, plötzlich anzunehmen. Vor allem, wo doch Homer der »Erzieher Griechenlands« war. Die meisten Darstellungen, die ich lese nehmen es als selbstverständlich an, daß der Übergang zu den Vorsokratikern ein Fortschritt war und fragen daher nicht viel nach den Gründen (die Menschheit hat eben die Vernunft, und wenn man die hat, dann schreitet man schon ganz automatisch fort). Den Kinocharakter der Vielfachritzungen – das ist sehr interessant, habe darüber noch nichts gelesen. Marshack, der, glaube ich, diese Dinge zum erstenmal entdeckt hat, spricht zwar von einer Zeitkomponente, aber er sagt nicht, daß diese Komponente durch Bewegen der Fackel so deutlich *sichtbar* gemacht werden kann. In zwei Monaten bin ich in Kassel (falls nicht wieder wer mich durch Wodu ins Bett wirft) und jetzt muß ich laufen und mir Geld durch Vorlesungshalten verdienen. Alles Gute

Paul

26. März 1977

Lieber Paul,

Marshack hat, soweit ich weiß, neben seinen Mondkalenderuntersuchungen (die sehr interessant, aber weit weniger originell sind, als man heute in Amerika glaubt – vgl. z. B. J. Kern, »Die Kalenderschale von Leitmeritz«, Ipek *1932*, 72 ff.) als erster durch genaue mikroskopische Analysen festgestellt, daß die sich überlagernden Ritzungen mit Abständen, die von Tagen bis zu Jahren reichen angebracht wurden. Allerdings kann er keinen *Sinn* in die Reihenfolgen bringen, in der die *Tiere* übereinandergeritzt wurden. Meine Idee, die ich ausbauen will, ist die, daß die Überlagerungen die Einheit in der Vielfalt veranschaulichen sollten. Die Höhlen insgesamt halte ich für Gebärmütter, in denen der Initiand starb und wiedergeboren wurde, und mit ihm die Tierspecies. Man hat dort auch nackte Frauenstatuetten gefunden, sowie Plättchen, auf denen der Geburtsvorgang dargestellt wurde. (Die Jagdmagie-Interpretation ist passé, obwohl sie noch weithin vertreten wird: erstens sind die Speere in den Tieren selten, und zweitens zeigt das Mikroskop, daß es Zweige und Pflanzen sind). Zu Deiner Frage: wieso wird die Aggregatperspektive zugunsten der Substanzperspektive aufgegeben? Ich glaube eben, daß es das ›Substanzdenken‹ immer schon gegeben hat, aber nicht in dem Sinne, daß es einen unwandelbaren *Kern* gab, sondern daß in der Erkenntnis die Grenzen, die die Dinge voneinander trennen, *aufgelöst* werden. Ich glaube, dort ist die Wurzel der Philosophie, die sagt, daß *im Grunde* nur *Eines* ist, eben Eines, von dem Plotin sagt, daß über es nichts gesagt werden kann, weil Sagen Trennen ist. Zur ›Inkommensurabilität‹: Als ich mit LSD zum ersten Mal einen fundamentalen ›aspect switch‹ meiner Wahrnehmung erfuhr, glaubte ich, *buchstäblich* in einer anderen Welt zu sein. Aber ich machte keine *konsequente* Bewußtseinsspaltung durch, tags Dr. Jekyll, nachts Mr. Hyde, vielmehr wiesen die Probleme und Fragen, die sich im einen Bewußtseinszustand ergaben, auf den anderen Zustand über. Wenn ich nachts flog, dann sagte ich eben nicht: nun, ich flog$_{LSD}$ zwar, aber ich flog$_{LSE}$ nicht und beließ es dabei, sondern ich fragte, was war nun *wirklich*? Und es wäre mir wie ein Betrug vorgekommen, einfach zu sagen, es gibt die Welt des LSD und die Welt der LSE, und zwar auch dann, wenn *weder* die Sprache der Zauberer *noch* die Sprache Poppers verbindliche Kriterien zur Beantwortung der Frage *bereitstellen*. Ich weiß nicht, wie ich die Frage beantworten kann, aber ich bin nicht so optimistisch wie Wittgenstein, der ja meinte, daß wo eine Frage sei, da sei auch eine Antwort. Das Relativieren auf jeweilige Sprachspiele oder World Views bringt deshalb nichts, weil jene Views eben selber Fragen möglich machen, die innerhalb ihrer selbst nicht beantwortbar aber trotzdem sinnvoll sind. Deshalb glaube ich auch, daß es sinnvoll ist, zu sagen, daß die Welt immer unendlich mehr ist, als was sich in der jeweiligen World View zeigt. Warum sollte man nicht von *derselben* Welt sprechen, die auf unendlich viele Weisen erlebt werden kann?

Herzlich

Hans Peter

[Kassel, 15. November 1977]

Lieber H.P. – [...] ich habe jetzt einen Zweijahresplan: zwei Jahre noch philosophischer Schmarrn (›Verpflichtungen‹) und dann *aus* und zwar Wechsel ins Theater. Den 4. Band schicke an die umseitige Adresse, da bin ich zwar nicht immer, aber es ist mein Hauptquartier bis März. Überrascht war ich von unserm letzten Treffen – Du nimmst die Sache ja ernst! Also so einer bist Du! Zum Ernstnehmen, glaube ich, werde ich es in meinem Leben nicht bringen. Ich habe zwar ernsthafte *Anwandlungen*, aber die kommen und gehen, aber im Grunde scheint mir der ganze Zirkus des Stoßen und Drängens und Die Welt verbessern wollen sehr lächerlich. Und darum ziehe ich auch den Curt Goetz jedem Philosophen bei weitem vor, denn er gibt den Menschen, was ihnen in dieser Misere allein hilft: die Heiterkeit und zwar *ohne* sie als Deckmantel darunterliegenden Ernstes zu mißbrauchen. Darüber werd' ich mal einen kurzen Aufsatz für Euch schreiben. Und wie geht es Dir?

Paul

[Februar 1978]

Lieber Hans-Peter

beiliegend eine kleine Sache von mir, die vielleicht in das *Pflaster* paßt – auf jeden Fall ist die darin dargestellte (verdrehte) Diskussion von einem Ding im Pflasterband ausgegangen. Also, wenn Du Lust hast, publiziere sie im Pflaster.

Und wie geht es Dir sonst? Bis jetzt kenne ich nur Deine heiteren Briefe, Deinen melancholischen Beitrag zur Diskussion und was ich so mit meinen geschwächten Augen von Deinem Gesicht gesehen habe. Was so dazwischen liegt, davon hab' ich keine Ahnung – aber eines Tages werden wir wohl hoffentlich Gelegenheit haben, mehr miteinander zu reden.

Alles Gute

Paul

Lieber Hans Peter,

daß Dir meine kleine Frechheit gefällt, das freut mich; daß Du mir nie gesagt hast, wenn Dir etwas nicht gefiel, und warum, das freut mich nicht sosehr; daß wir uns jetzt lange Zeit nicht sehen werden, freut mich gar nicht: eben habe ich meinen Schweizer Ausflug beendet, reise in wenigen Tagen ab, jetzt werden die Kommittees beraten, das wird etwa ein halbes Jahr dauern, haben sie mir gesagt, und wenn sie entscheiden, daß sie mich wollen, dann komm' ich, wenn nicht dann nicht. Bitte schick Dein Buch nach Berkeley, auch eventuelle Adreßänderungen, hier bleib' ich nur noch einige Tage und dann ist endlich Schluß mit dieser Hin- und Herreiserei. Auch ich habe ein Buch beendet, so ein Machwerk halt, fast ist mir die Geduld ausgegangen, denn es ist sozusagen *Against Method* Band II und dieser Themenkreis langweilt mich schon. Ich hab' aber den Neuen Linken ein Buch versprochen, und so hab' ich es geschrieben. Drei Teile. Erster Teil: Conversations with Illiterates. Das sind Antworten an Kritiker – und Du sollst die Kritiken lesen, die ich bekommen habe! Da ist der Vergleich mit dem Hitler nix dagegen. Teil zwei und drei: Grundprinzipien einer freien Gesellschaft und die Rolle der Wissenschaft und der Rationalität in ihr. Das ist eigentlich eine Reihe von Trivialitäten, gegen die Einwände der Rationalisten verteidigt – und darum ist das so lang. Also: eine freie Gesellschaft ist eine Gesellschaft in der alle Traditionen gleiche Rechte und gleichen Zugang zu den Zentren der Macht haben. ALLE – und unter ihnen sind der Rationalismus, die Wissenschaft, die humanitäre Einstellung, der Kannibalismus (der Schockwirkung wegen hineingenommen) etc. etc. nur einige Traditionen. Eine freie Gesellschaft hat keine grundlegende Ideologie, etwa den Liberalismus, oder den Humanitarianismus, oder den Rationalismus, sie hat aber eine grundlegende *Schutzstruktur* – grob gesprochen, eine *Polizei*. Ich ziehe es vor, Traditionen durch äußere Schranken, eben eine Polizei, voreinander zu schützen gegenüber einem Schutz durch innere Schranken, d.h. Schaffen Braver Menschen durch die Richtige Erziehung. Das ist brain-wash, und das ist viel schlimmer als eine Polizei, und außerdem funktioniert's eh nie. Wie wird die Polizei in Schranken gehalten etc.? Antwort im Buch. Neugierig, was Du darüber denkst.

Zwei Jahre noch Philosophie, dann Schluß – das ist mein Plan – und im Augenblick läuft er ziemlich gut. Für was ich hinterher tun will wäre Zürich ideal, so halt' mir den Daumen (und dann wären wir ja auch in derselben Stadt). Inzwischen müssen halt die Briefe herhalten.

Alles Gute

Paul

P.S. Lese eben *Eliade's Tagebuch*. Ja – *so* weise werd' ich wohl *nie*! sein.

Lieber H. P. –
vielen Dank für die Ankündigung der Ankunft Deines Buches. Ich schick' Dir noch keine Kopie von meinem (›Science in a Free Society‹), denn ich hab' es eigenhändig auf deutsch umgeschrieben und verändert und die deutsche Fassung kommt erst in einem Jahr heraus bei Suhrkamp. Dann bekommst Du bestimmt eine Kopie. Hauptthese: Bürgerinitiativen statt Erkenntnistheorie. Ende der Spintisiererei.

Die Schweiz ist ein Affentheater. Vor vier Monaten schrieb mir ein Herr der Kommission, daß er bereit sei für mich zu kämpfen, aber das sei sehr schwer, vor allem da soeben ein Interview von mir erschienen sei (als in Zürich, gab ich da und dort Interviews für Zeitungen und die kamen dann vier, fünf Monate später heraus) in denen ich sagte, ich hätte die Philosophie satt und würde aus ihr aussteigen. Wie sei das zu verstehen? Meine Antwort: aus der Philosophie werde ich aussteigen, nicht aus dem Philosophie-Professorentum, denn das brauche ich noch zum Leben. Im nächsten Brief hörte ich (vor drei Monaten), daß ein kleiner Kampf stattgefunden habe, und die Sache stehe zu meinen Gunsten (niemand las das Interview, denn das wurde bloß in einer Studentenzeitschrift publiziert). Das nächste, so sagte der Brief, würde eine Einladung zu einem Interview in Zürich sein und man bat mich, in diesem Interview um Gottes willen nicht zu truthful zu sein (oder wie das im Brief ausgedrückt wurde – ich hab's vergessen). Das war vor drei Monaten. Seither Schweigen aus Zürich, aber Berichte von anderswoher. Adolf Grünbaum, philosopher of science in Pittsburgh schrieb mir, er sei gebeten worden, sein Urteil über mich abzugeben und über den zweiten Herrn im Rennen und seine Antwort war, daß die beiden Herren, also ich und er, jener Herr, überhaupt nicht verglichen werden könnten. Grünbaum schrieb mir darüber, denn der andere Herr beklagte sich bei ihm was ihm, Grünbaum, merkwürdig schien, da doch die ganze Sache confidential hätte sein sollen. So schrieb er mir darüber. Dann wurde ein zweites Interview von mir publiziert, und zwar im Tagesanzeiger. Umgeben von drei Photographien, auf denen ich wie ein Faßltippler aussehe (ein Faßltippler ist ein heruntergekommenes Individuum, das von einem Bierglas zum anderen geht und die darin verbliebenen Bierreste austrinkt. Als ich ein kleiner Bub in Wien war, zogen mich solche Leute immer magisch an und meine Eltern, einfache Leute, aber sehr bemüht ›fein‹ zu sein zogen mich immer mit großer Verlegenheit weg). Im Interview habe ich Gutes über die Terroristen zu sagen, nenne Politiker schleimige Ganoven, Philosophen Denkbeamte und als mich der Interviewer fragte, nach einer langen Kritik über die Wissenschaftstheorie: »Aber Sie beschmutzen ja ihr eigenes Nest«, so antwortete ich, »beschmutzen kann ich das nicht, das ist eh' schon voll von Scheiße« – was der Gute wörtlich in den Tagesanzeiger hineingab. Ich weiß nicht, ob jemand aus dem Kommitee das gelesen hat, aber wenn ja, dann sind meine Aussichten sehr gering. Ich kann eben mein Maul nicht halten. So, we shall see. In the meantime habe ich hier Autofahren gelernt, zum erstenmal in meinem Leben, nächste Woche kauf ich mir einen Mercedes und dann lerne ich Fliegen und schreibe mein allerletztes Buch über gelehrte Dinge. Nebenbei schreib' ich so eine kleine Sache fürs Syndikat zusammen, betitelt: *Blähungen* (well, es gibt *Eingriffe, Brechungen, Durchsichten, Analysen* – warum nicht Blähungen – und in der Tat kriegt man ja geistige Blähungen, wenn man den Schmarrn frißt, der heute auf den Markt kommt).

So, und das ist alles für heute. Ich habe eine Airlinestewardess adoptiert, das heißt, ich bekomme 90% Reduktion auf allen Flügen und 75% Reduktion in allen Hotels der Fluglinien, so werden wir uns wohl bald wieder einmal sehen.

Alles Gute

Paul

[Poststempel Zürich, 22. November 1978]

Just got a job-offer from the ETH Zürich; full-time, or half time, or 3/4 – and if half time with round-trip to Berkeley paid. *Very generous* – I am amazed. So werden wir uns wohl bald wieder treffen. Dein Buch ist hochinteressant – soviel Material. Schreib Dir bald darüber.

Paul

[Poststempel Oakland, 22. Dezember 1978]

Lieber Hans-Peter,

nein, ich bilde mir durchaus nicht ein, *alle* Antworten zu wissen und immer Recht zu haben, aber Antworten auf die Kritiken, die ich bisher gelesen habe, habe ich leider schon, denn die sind schrecklich naiv und uninformiert. Als das Buch herauskam, wußte ich nicht, was ich von ihm halten sollte. War was dahinter? War nichts dahinter? Also erwartete ich mit Spannung die ersten Besprechungen. Und als ich die las, war ich sehr erstaunt. Niemand machte Bemerkungen über die Dinge, die mich am meisten interessierten, also etwa Homer vs. die Vorsokratiker, was mir viel Arbeit bereitet hatte. Die Bemerkungen, die ich las, waren (a) allgemein, d. h. ich hätte mehr als die Hälfte meines Buches gar nicht zu schreiben brauchen und (b) uninformiert und stümperhaft. Na ja, dachte ich mir, intelligente Leute sind eben selten, bis ich bemerkte, daß selbst intelligente Leute ähnliche Kritiken schrieben. Und da schien es mir, daß nicht Mangel an individueller Intelligenz, sondern ein Mangel des Faches selbst für die Natur der Kritiken verantwortlich war und so schrieb ich eine kleine Kritik des Faches, eben der Wissenschaftstheorie. Nachher kommt dann eine Kritik des Rationalismus in Form einer Geschichte desselben, das wird mein letztes Buch sein und es wird mich viel Zeit kosten. Glücklicherweise werde ich dann aber schon in der Schweiz sein (beginne dort im März 1980) und dann werde ich auch Dich konsultieren. In der Schweiz hat man mir sechs bis zwölf Monate pro Jahr angeboten, mit Reisekosten nach Berkeley jedes Jahr wenn ich weniger als 12 Monate komme, Wohnungskosten in Zürich und sehr gute Pensionsbedingungen. Ich habe angenommen, werde zunächst einmal jedes Jahr für sechs Monate kommen, später vielleicht ganz, d. h. ich werde zwei Semester lehren, aber in den Ferien immer wieder nach Berkeley zurückkehren, das kann ich tun, denn mein Gehalt in der Schweiz läuft auf etwa das doppelte Gehalt von Berkeley hinaus und außerdem habe ich 80% Reduktion auf allen Fluglinien. Das Angebot hat mich sehr erstaunt, es schien mir, daß mich die Schweizer nie einladen werden denn eben in den letzten Monaten gab es mehrere Artikel in Schweizer Zeitungen über mich, wo ich wechselweise ein Anarchist, ein Marxist und ein Faschist bin (Helmut Spinner ist da nicht der einzige). Na ja, die Welt ist eben voll von Überraschungen. Mit derselben Post sende ich dir Band I meiner ausgewählten Werke wo ich verschiedene ältere Aufsätze publiziere und in Nachworten vernichte. Z. B. Seite 112, letzte Zeile, wo ich einen meiner Aufsätze ein »typisches Beispiel rationalistischen Stumpfsinns« nenne. Vielleicht werde ich eines Tages dasselbe über meine gegenwärtige Periode sagen – es ist sehr unwahrscheinlich, aber, wer weiß? Hier ist die Weihnachtsepidemie ausgebrochen und ich verstecke mich. Vergiß nicht das neue movie *Superman* zu sehen – sehr unterhaltsam – sowie *Invasion of the Body Snatchers*. Hab' ich Dir erzählt, daß ich eine kurze Rolle in einem Hollywood Film spielen soll? Der Film ist über Nicola Tesla und ich spiele einen eingebildeten Wissenschaftler – na, den werd ich halt so hinlegen. Alles Gute fürs neue Jahr etc. etc. und auf Wiedersehen in 1980.

Paul

[Mai 1979]

Lieber Hans-Peter,
　eben finde ich Deinen Brief zwischen einem Buch über moderne Chemie und einer Geschichte des Lustmordes – da ist er hineingerutscht und darum habe ich auch so lange nicht geantwortet. Also, Gastprofessor in Kassel. Ich weiß nicht ob ich gratulieren soll, denn ich kenne Deine augenblickliche Verfassung nicht. Mir hat es in Kassel *sehr* gut gefallen, nicht an der Universität, sondern die Stadt, die Umgebung, ich wohnte am Waldrand und mit einigen Schritten trat ich in Kuhfladen und Hühnerscheiße und nach etwas mehr Schritten, leider, war da schon das Universitätsgelände. Für den *Strand* hab' ich nichts – schreibe auch weniger und weniger. Dein Buch habe ich langsam durchgelesen, vor allem die Fußnoten und mit dem Hin- und Zurückblättern wurde ich ganz müde, aber da ist soviel Material drinnen, daß man das Buch als Proviantkiste und nicht einfach als Abendmahl oder Frühstück verwenden muß. Mit der Inkommensurabilität hab' ich es nicht ganz so gemeint, wie Du sagst; nicht daß man sich aus einem Lebenssystem nicht in ein anderes hinüberbewegen kann, oder daß man sie nicht vergleichen kann, sage ich, sondern daß man sie nicht *nach Art der Rationalisten* vergleichen kann. Auch in der Wissenschaftstheorie bestreite ich nicht die Vergleichbarkeit von Theorien, ich bestreite nur, daß der Rationalist mit seinen kargen Mitteln sie vergleichen kann. Dein Interview[3] ist sehr amüsant, aber der Vernunft in den Busen schauen möchte ich wohl nicht, da stellt sich dann heraus, daß sie nicht die junge Göttin ist, [als] die sie von fern erscheint, sondern ein stinkendes altes Weib – dazu haben sie eben ihre Zuhälter, die Rationalisten, gemacht. In allen Deinen Schriften sehe ich einen Mollklang – bilde ich mir das ein? Das hat mit Depressionen nicht unbedingt was zu tun. Auch ich bin sehr oft deprimiert, und sehr saftig, aber mehr in Dur. Schönen Dank für die schöne Postkarte und schick mir mehr dergleichen. Und jetzt muß ich die Fenster putzen, denn die sind schon ganz schmutzig. Alles Gute

Paul

21. Mai 1979

Lieber Paul,

Du hast in einem der letzten Briefe gefragt: Wie zum Teufel kamen die alten Griechen, die *sophoi*, dazu, nach dem Allgemeinen, dem Wesen usw. zu suchen? Da fiel mir ein, daß kurze Zeit nach Homer, so um 700 v. Chr., die ›Kopula‹, das ›ist‹ auftaucht. Der Homer sagt noch ›Nicht gut Vielherrschaft‹ usw. Dann entwickelt sich grammatikalisch das ›ist‹ und jetzt drängt sich geradezu die Frage nach dem ›Sein des Seienden‹ auf. Wie es zur Kopula gekommen ist, das weiß von den Philologen anscheinend keiner, auch Schadewaldt nicht, der darüber geschrieben hat. Anscheinend parallel taucht noch was anderes auf, nämlich der Artikel, der sich wohl aus dem Demonstrativpronomen entwickelt und das Ulkige ist: Gerade indem man mit ›dieser‹ konkretisiert und vereinzelt, sieht man *im* Vereinzelten plötzlich auf viel klarere Weise das Allgemeine, *das* Rote und dann die Röte als solche mit einem ganzen Schwanz philosophischer Probleme, die es vorher nit gab. Vielleicht solltest Du da mal nachforschen...

Ich lege Dir hier den etwas tantenhaften Artikel einer Germanistikprofessorin aus der FAZ bei. Den Spiegel-Artikel über Dein Buch hast Du sicher schon – der Gumnior ist halt ein Witzbold ohne das notwendige Talent.*

Herzliche Grüße

Hans Peter

* Diese Leute wollen Dir schaden, aber sie sind im Gegenteil Propagandisten Deiner ›Ideen‹: das werden sie noch merken und dann werden sie sich in den Arsch beißen.

[Juni 1979]

Lieber Hans Peter,
 in Eile – ich bin eben auf dem Wege zu meinem Akupunkturisten, Reverend Henry Wong. Vielen Dank für die Vorsokratiker. Habe schon eine neue Frage, aber die werde ich in meinem nächsten Brief schicken. Du hast schon Recht, kein Philologe schreibt darüber, oder weiß was darüber. Den Schadewaldt habe ich eben gelesen, der kommt der Sache noch am nächsten. Das mit ›dieser‹ gibts im Snell, aber nicht sehr gründlich. Na ja, werde eben Griechisch lernen müssen und die ganze Sache selber tun.

Vielen Dank für den Artikel von Tante (ihren Namen hab' ich vergessen). Auch den Gumnior hab' ich gelesen. Ganz witzig. Er schreibt übrigens die RoRoRo-Bildbiographie über Ayatollah Popper.

Du langweilst Dich in Kassel? Da gibt's doch außerhalb der Universität einige nette Leute, die Namen hab' ich vergessen. Auch die Leute *in* der Universität sind eigentlich nicht langweilig, aber selbst ein blauärschiger Mandrill würde in diesen Räumen sein Temperament verlieren.

Mit dem Unseld (der Dich an den Suhrkamp zurücklocken will) habe ich am Telefon kurz gesprochen (er war in New York) und er hat mir so etwas erzählt, wie Du mir schreibst. Auch will er, daß ich eine neue Frechheit für ihn verfasse. Die Sache wird mir langsam unheimlich. Solange ich allein war und so freche Dinge geschrieben habe, wars noch schön. Jetzt schaut die ganze Sache schon aus wie eine Institution mit institutionellen Gegenmaßnahmen (wie Gumnior etc.) Und Du schreibst über einen Band zu »meinen Ideen« als ob es so etwas gäbe (nämlich: »meine Ideen«). Wenn ichs von der einen Seite anschaue, so ist das ein richtiger Affentanz, und an einem Affentanz nehme ich gerne teil, schreibe sogar ein affentänzerisches Schlußwort dazu. Von einer anderen Seite angesehen, wird's mir allerdings unheimlich. Nun ist es leider so, daß es mir mit vielen Dingen Ernst ist wie etwa, daß die Erzieher unsere neuen blutlosen Nazis sind und das bedrückt mich sehr – aber sagt man so etwas in der Positur des Ernstseins, also mit gebeugtem Kopf, Blick leicht nach innen gerichtet, Stimme gesenkt, alles Merkmale des »jetzt kommt das Eigentliche«, dann ist die Sache schon ruiniert, außer man spricht zu den richtigen Leuten, aber die muß man erst kennen, beim Frühstück (aber nein: da liegen die »richtigen Leute« noch im Bett) – also beim späteren Mittagessen über einem Glas Wein oder etwas Stärkerem.

Paul

[Anfang Juli 1979]

Lieber Hans-Peter,
Deine Adresse habe ich wieder gefunden. In meinem Adressenverzeichnis herrscht nicht besonders gute Ordnung. Ich kaufe mir zwar dann und wann ein Adreßbuch, bin dann aber immer zu faul, die Adressen in das Buch einzutragen. Ich reiße einfach die Hinterseite von Briefen heraus und sammle die Zettelchen. Die gehen dann manchmal verloren, und so verlor ich auch Dich vor zwei Wochen und schrieb dann einen Brief an die Adresse des Syndikats. Hast Du ihn erhalten? Oder wissen die Herren des Syndikats von Deinen geheimen Verhandlungen mit dem Suhrkamp und vernichten alle Deine Briefe? Auf jeden Fall habe ich Deine Adresse wiedergefunden; sie fiel mir beim Suchen auf den Boden, wo ich sie gestern beim Staubwischen entdeckte.

Übrigens, lies die Besprechung von AM in *New York Review of Books*, Juni 28, Seite 34 ff. – das wird Dich noch mehr amüsieren, als der Gumnior. Und wenn mir diese Dinge auf die Nerven gehen, dann fahre ich hinüber nach San Francisco alldiewo ich einige Schauspieler, Näherinnen, Kellnerinnen etc. kenne und unterhalte mich mit ihnen, denn das zeigt, daß alle diese Streitigkeiten im Gesamtbild, aber auch schon gar keine Rolle spielen. Laß es Dir gut gehen

Paul

Lieber Hans Peter,

gratuliere zum *Spiegel*! Ich hoffe jemand reibt das den Schweizern unter die Nase! Du selbst scheinst mit der Besprechung nicht ganz zufrieden zu sein aber bedenke doch, wieviele Leute jetzt Dein Buch kaufen werden und der eine oder der andere wird Dich dann wirklich so lesen, wie Du bist (oder glaubst zu sein!). Die »Wirkung« eines Werkes ist überhaupt eine komische Sache. In zynischen Stunden habe ich dafür das folgende Modell: da sitzt ein innerlich übervoller Mensch an einem Fluß und erleichtert sich. Die Produkte seiner Tätigkeit fließen langsam stromab. Weit, weit unten sitzen professionelle Flußdeuter, die den Fluß genau beobachten und aus der Struktur des ankommenden Materials ihre Schlüsse ziehen. Warum sollte es eine auch nur sehr ferne Beziehung geben zwischen der Qualität des inneren Dranges des sich Erleichternden und den Traktaten der Flußdeuter?

Daß man von Dir *Märchen* erwartet halte ich übrigens für sehr schmeichelhaft. Glaubst Du nicht, daß Märchen für die meisten Menschen besser sind, als DENKanregung? Wird man zum Denken angeregt, dann bemerkt man erst recht in welcher Misere man sitzt. Und wem nützt das?

Beim Popper ist die Sache etwas anders. Der sagte vor langer Zeit zu Lakatos: »Poor Paul« d. h. armer, verwirrter, dummer Paul, in der Wildernis umherirrend – wenn er eine solche Meinung hat – warum sollte er mich lesen? Ich selbst hab' keine sehr hohe Meinung von meinem Geschreibsel und kann es einigen der Herren nachfühlen.

Ich habe gehört, daß ein Indianerstamm eine Weltentstehungsgeschichte der folgenden Art erzählt: der liebe Gott – oder wie der Herr eben heißt – begann die Welt zu erschaffen, auch die Menschen, aber dann wurde er müde und schlief ein. Das, glaube ich, paßt genau auf die Welt, so wie sie mir vorkommt.

Alles Gute

Paul

Gratuliere zu Bern, Tübingen, Kasseler Ende, neuer Traumzeitauflage und Glück-in-Moll-Plan. Daß mein Suhrkamp-Buch Dich (Euch) lachen macht gefällt mir sehr, s' ist eigentlich das einzige worauf ich mir was einbilde – nur muß ich da noch viel lernen, denn meine Vergangenheit as a tight assed positivist werde ich doch nicht so leicht los. Lese also jetzt den Voltaire was nicht leicht ist, denn mein Französisch ist nur so so, aber ich lese mich ein und es freut mich da einen zwar leiblich toten aber doch sonst sehr lebendigen Herrn zu sehen, den ich voll und ganz bewundern kann. Vielen Dank auch für die Nachrichten zur Paulinischen Party, ich habe Dir inzwischen zwei weitere Briefe geschickt mit Adressen (darunter auch den Ravetz, den ich gut kenne), einem Pseudobild und einigen Auszügen aus *meinen* Besprechungen, die Du, glaube ich, an Vehemenz nicht überbieten kannst. Zum Marcello Truzzi füge ich hinzu, daß er aus einer Zirkusfamilie stammt, im Zirkus aufgewachsen ist, seine ersten Schriften als Soziologe waren über den Zirkus und die Unterhaltung und er kennt sehr gut die Schachzüge, die ›Rationalisten‹ verwenden um die Übermacht zu bekommen und den Eindruck zu erwecken, daß nur Argumente daran schuld sind. Diese Sachen hat er von innen beobachtet und hat einige heitere Dinge dazu zu sagen. Vielleicht schreibt er was über seine Erfahrungen – über *mich* braucht er ja nicht zu schreiben. Was Du selbst tust – das überlasse ich ganz Dir. Du hast eh' genug Arbeit mit dieser ganzen Schreiberei von höflichen Briefen an eingebildete Laffen und andere, so, why not let loose im Buch? Oder schreib' eine Grabrede wenn die ganze Chose fertig ist, d. h. wenn ich auch meinen Kren dazu gegeben habe – was Dir eben gefällt!

Und jetzt muß ich hinaus in den Garten und Sprünge im Asphalt verkleben. Alles Gute und hoffentlich grausts Dir nicht schon bald vor dieser Arbeit

Paul

Lieber Hans-Peter,

Du fängst zu schreiben an, ich höre zu schreiben auf – zumindest sehe ich jetzt, endlich, mehr oder minder deutlich das Ende des letzten Buches vor mir. Gerne möchte ich *jetzt schon* mit dem Geschichtenschreiben beginnen, aber leider I cannot walk and chew gum at the same time wie Präsident Johnson von Gerald Ford sagte. Der eine Deiner Rezensenten hat übrigens ganz Recht: mit Deinen Fußnoten fühlt man sich wie im Antiquariatsraum einer Bibliothek, riesige alte Folianten sind aufgeschlagen, liegen auf zahlreichen Tischen herum, man eilt von einem zum anderen, vergißt Raum und Zeit und Hauptthema und bricht am Ende aus rein physischer Erschöpfung zusammen. Ich hätte die Fußnoten viel lieber am Fuß der Seite gehabt, so als eine Art Kontrapunkt. Nun, nach diesen Besprechungen werden hoffentlich *viele* Leute Deine Bücher lesen, auch Dein erstes, zum Ärger aller Gerechten. Hab' ich Dir übrigens erzählt, daß ein Herr aus der Schweiz sich schon angesagt hat mit einer Habilitation über Vampire? Leider hab' ich seinen Namen vergessen und seine Adresse verloren, aber ich habe ihm geschrieben auf daß er mit Dir in Verbindung trete.

Die May Brodbeck ist bereits retiriert, ich kenne sie seit 1957, sie hielt mich schon damals für verrückt, weiß aber sicher gar nichts über meine jüngeren (i. e. ab 1970) Ausschweifungen. Das gilt übrigens für viele Leute, die Du erwähnst. Cavell war einmal mein Kollege hier in Berkeley, er blies immer wunderschöne Rauchringe, aber der hat besseres zu tun, als mich zu lesen, hat also sicher keine Ahnung und kein Interesse, sich eine Ahnung zu verschaffen und da geb' ich ihm völlig Recht. Ich weiß auch nicht was er, oder der Putnam, oder andere tun. Jeder geht halt so seine eigenen Wege. Ian Hacking (Prof) aus Stanford hat aber ein Seminar über mich und andere Verrückte gehalten und könnte vielleicht was über mich schreiben. Er ist ein Foucault-freak. Die Elisabeth Stroeker hat blondes Haar und veilchenblaue Augen und wollte vor langem mit mir das Phänomen des In-die-Bar-Geworfenseins studieren – inzwischen wurde sie Professorin und ich weiß gar nicht, was ihr das angetan hat. Schreib ihr aber.

Alles Gute

Paul

Who started this whole business das Dich nun dazu bringt, Briefe an Gelehrte, Semi-Gelehrte und Ungelehrte zu schicken und darüber Deine eigenen Erfindungen zu vernachlässigen. Ich bekomme allmählich ein sehr schlechtes Gewissen, obwohl ich es gar nicht selbst war, der mit der Misere begann. Aber entschiedener dagegen wehren hätte ich mich sollen, vor allem da es besser ist auf Deinem Rücken d. h. im Kleindruck in den Fußnoten Deines Buches mit dem Messner auf Berggipfel zu steigen[4] statt mich mit Rationalisten und Pseudorationalisten herumzustreiten. Am Ende verwechsle ich mich dann noch mit dem Schreiber meiner Scharteken und löse mich in Wortwolken auf. Dir wird das nicht passieren, obgleich Du viel mehr Achtung hast für die Wissenschaften ALS ICH.

Lese jetzt den Montaigne mit seinen Geschichten über Hunde, Vögel, Elefanten, Rüben, Menschen, Götter so inmitten von Raub, Mord und Totschlag erzählt und langsam durch die ganze Vorbereitung der Aufklärung und die Aufklärung selbst hindurch. Bände türmen sich auf meinem Tisch, am Boden, in der Badewanne und hie und da stolpere ich darüber und falle auf die Nase. Das ist die Vorbereitung meines allerletzten »Werkes«, *Irrwege der Vernunft*, das ich auf englisch schreiben werde (leider habe ich dafür noch keinen guten Titel gefunden), nämlich die langsame Entstehung der Wissenschaften und des Rationalismus, die einseitige Darstellung der Entwicklung in den üblichen Ideengeschichten und die Nachteile. Es braucht schon eine lange Zeit bis ich überhaupt zum Homer komme und die ganze G'schichte wird wohl noch Jahre in Anspruch nehmen. Die Herren der Aufklärung und Voraufklärung waren übrigens viel gebildeter und viel weniger dogmatisch als die sogenannten kritischen Rationalisten heute – also einen Fortschritt haben wir da nicht zu verzeichnen. Schon viel besser verstehe ich den Voltaire auf französisch, aber die Sammlung von Syndikat wird mir sehr willkommen sein falls sie nicht nur die allgemein übersetzten Dinge enthält. Voltaires gesammelte Werke sind 134 Bände bis jetzt, seine Briefe 108 Bände und dabei hat er »nur« 20 000 Briefe hinterlassen, während der Lewis Carroll 94 000 geschrieben hat. Und jetzt auf zur Post, zum Gemischtwarenladen, zur Konditorei und zurück zum Fernsehen, wo um 5 Uhr die Mary Tyler-Moore Show meiner harrt. Ich freu mich schon auf Deinen Beitrag und vor allem auf Dein nächstes Buch.

Alles Gute *Paul*

Müde bin ich. Die letzten zwei Tage habe ich deutsche Übersetzungen meiner Essays durchgesehen und verbessert. Da gabs eine ganze Menge zu tun. Der Übersetzer liebt Substantivformen, ich Verbalformen; er liebt den Konjunktiv, ich den Indikativ; er schimpft auf Norddeutsch, ich auf Wienerisch. Er übersetzt den Sinn von Sätzen, ich möchte den Wortlaut haben (er ist eben ein Logiker, ich ein Rhetoriker). Meine Besprechung von Wittgenstein, die ich in 1952 schrieb, war das letzte und ich sehe wieder, wieviel ich der Wittgensteinschen Gehirnwäsche verdanke – nur hat sie sich eben bei mir anders umgesetzt, als bei Dir. Den Nietzsche habe ich an der Oberschule mit Begeisterung gelesen, vor allem den ›Antichrist‹ und natürlich den ›Zarathustra‹, später habe ich viel von seinen *gelegentlichen* Bemerkungen gelernt, Vorlesungsnotizen und dergleichen mehr (weißt Du, daß der den Mach sehr verehrt hat – er sandte ihm alle seine Schriften) – aber hinter der Heiterkeit und der Unabhängigkeit lauert da so ein tierischer Ernst, der mir den ganzen Spaß an der Sache verdirbt, vor allem da der Ernst auch mich zu ganz unerwarteten Zeiten überfällt und mir viel zu schaffen macht (but I won't give in to that bastard!). Auch der Wittgenstein ist so ein ernster. Ganz geheim fuhr er im Jahre 1930 um den Brouwer zu sehen und mit ihm des Langen und des Breiten zu diskutieren und es zeigt sich auch, die *Untersuchungen* sind der auf die Gesamtsprache ausgedehnte Brouwer, aber verschwiegen hat er es (und ich glaube, der Brouwer ist etwas interessanter, als der Wittgenstein – aber ich kann mich irren). Wittgensteins Bemerkungen über die ›geistigen‹ Vorgänge gehen aber bis auf Mach zurück, bei dem sich viele Wittgensteinsche Ideen finden, aber nicht geheimnisvoll umwoben, sondern so mit der linken Hand ausgeteilt.

Weißt Du übrigens, daß der Wittgenstein-Aufsatz mir die Berkeley Stelle verschafft hat? Damals hatte ich bloß diesen Aufsatz und ein kleines Ding über die Quantentheorie und die Leute in Berkeley sagten: welche Breite! – und engagierten mich. Weißt Du auch, daß Du in Tübingen Dir unbekannte Bewunderer hast? Die Martina Wädekin, deren Adresse ich Dir geschickt habe, hat Dein Buch gelesen, und bewundert Dich maßlos. Besuche sie doch, bei Deinem nächsten Besuch in Tübingen – die würde sich sehr freuen. Sie ist gerade im schwierigen Übergang von den Sozialwissenschaften zur Kunst begriffen. Gratuliere zum Tübinger Angebot. Wenn die mich in der Schweiz und in Berkeley rausschmeißen, kann ich dann vielleicht Dein Assistent werden. Tübingen ist sehr schön. Warum soll ich *niemals* wieder an die Badener Badenerstraße schreiben? Was geht da vor? Den Unseld habe ich nur einmal für 30 Sekunden gesehen, nach einem Vortrag in Frankfurt in einem sehr großen Saal mit sehr wenig Luft, mir lief der Schweiß herunter und ich eilte den Ausgang zu, denn ich hatte nur eines im Sinn: zurück ins Hotel, Fernsehen aufdrehen, Mordgeschichte sehen! Und jetzt wartet auf mich ein RoRoRo-Thriller mit dem Titel »Kein Mord ist auch ein Mord« – beginnt sehr vielversprechend.

Alles Gute

Paul

Na vielen Dank für den FAZ-Artikel. Als Gegengabe lege ich eine Rezension bei, die im *New York Review of Books* erschienen ist und einen etwas anderen Klang hat. Ich habe Fräulein Hinkebein aus Kentucky, die in San Francisco einen Dresshop hat, gefragt, ob die von Dir beigelegte Farbe die Lieblingsfarbe der Feministen sei und sie sagte: yes, but only as an eyeshadow. Es beruhigt mich zu hören, daß Dir die Sache Spaß macht und weiß nicht, warum ich mir Sorgen mache, denn Du hast Dir das ja alles selbst eingebrockt, (oder der Suhrkamp hat es Dir eingebrockt, oder Du es Dir vom Suhrkamp einbrocken lassen, or whatever). Boecklinsches Schmalz – eine *sehr* gute Idee. Sonst Bilder – ja da gibts einige sehr nette Holzschnitte, Bilder etc. aus dem 14., 15., 16. Jahrhundert über die verschiedenen Berufe etc. Vor langer Zeit stellte ich mir einmal vor, daß ich eine Geschichte der Universität allein in Bildern schreiben würde (oder des ›kritischen Denkens‹). Ich wollte mich im Bettman-Archiv einquartieren und alle Bilder untersuchen, und meine eigenen auswählen. Dazu bin ich nie gekommen, habe aber einige Bilder erhalten. Der Cartoon von Gillray zum Beispiel betrifft eine wahre Begebenheit (in den Proceedings der Royal Soc. berichtet). Es gibt viele Bilder zur Geschichte der Medizin, eines, wie Vesalius in dunkler Nacht einen Galgen besteigt um einen Leichnam zu stehlen ad majorem scientiae gloriam (das hat er wirklich getan) – ich habe das Bild vor langer Zeit mal ausgeschnitten, aber verloren. Die Photographie des medieval examiners kam mir immer als eine sehr gute Darstellung der Wahrheitsnähe vor, so wie sie heute (›objektiv‹) verstanden wird. Die Wrestler sind (in der Luft fliegend) Pat Patterson, der Blond Bomber, in der Ecke rechts außen, Kenji Shibuya, in der fernen Ecke innen ein polynesischer Häuptling, den ich kenne (d. h. ich kenne seine Mama), aber seinen Namen habe ich vergessen. Das ist so alles, was ich im Augenblick finde – wenn es nicht paßt, wirf die Chose einfach weg. Ich bin ja mehr grob sarkastisch, und Du leise ironisch – ganz verschiedener Stil, at least in some of our moods. Der Boecklin ist eine sehr gute Idee! Zu Elfen und Feen wollte mich eine sehr kraftvolle Dame in zartem Alter (meinem) einführen, aber ich hatte eine merkwürdige Vorstellung von der Sache: ist man einmal mit ihnen bekannt, dann hat man kein Privatleben mehr, denn vor Menschen mit Leibern kann man zwar die Tür absperren, nicht aber vor Elfen und Feen – die kommen dann immer, oder können immer kommen. Eines Nachts hatte ich dann einen Traum. Um mich drängten sich unzählige Geister, gute, böse, in allen Farben, Schattierungen, Gestalten, aber ich selbst war von einer kugelsicheren Glasglocke umgeben und lebte ungestört in meinem eigenen Raum. Sie preßten ihre Gesichter ans Glas, sahen auf mich, sprachen miteinander über mich, aber zu mir konnten sie nicht kommen. Das hat mich damals sehr beruhigt. Heute ist die Sache allerdings etwas anders. Der Tod des Voltaire – ja, darüber sollte man ein Stück schreiben. Geheim wurde seine Leiche aus der Stadt transportiert, angezogen, in einer Kutsche, als sei er noch am Leben, geheim wurde sie noch »vorläufig« bei einem freundlichen Kloster beigesetzt, 13 (oder 15?) Jahre später wurde sie ausgegraben und von der Revolution im Triumph nach Paris gebracht, zur Zeit der Restauration wurde sie wieder ausgegraben und am Rande der Stadt mit Kalk in einem Loch begraben – wo, das weiß kein Mensch mehr. Dem Haydn hat man den Kopf gestohlen (der wurde erst vor einigen Jahren wieder mit dem Leib vereint) und der Mozart liegt irgendwo in einem Massengrab. Das beiliegende Bild, das der Beethoven in seiner Sammlung hatte, zeigt das Begräbnis Mozarts wobei mir der traurige Hund imponiert. Solche *nicht*-künstlerischen Zeichnungen ziehe ich im allgemeinen als Beilagen vor, es kommt mir vor, sie sprechen eine deutlichere Sprache, nicht vom Drang nach »Kunst« verdunkelt. Titel: na ja – Du wirst schon was finden. Ich dachte für einige Zeit: da gibt es ein I Ching, ein Nei Ching etc. etc. und da sollten wir also ein … Ching einführen, wobei für … das Chinesische Zeichen für »Unsinn« steht – also der Titel Chinesisch. Vielleicht finde ich noch was in meiner Keilschriftsammlung. Und warum soll der Titel unbedingt eine *Rede* sein – warum nicht ein Bild, oder eine Melodie? Etwa zwei Takte aus der Hühnersymphonie von Haydn wo die Hühner zu gackern beginnen? Ah well, genug des Guten – ich setze mich jetzt in meinen Wagen und fahre nach San Francisco um bei Francesco Lanzone an der Bay mit einigen Herren und Damen ein Mahl einzunehmen.

Alles Gute!

Paul

Lieber Hans Peter,

hier folgt ein schöner Tag dem anderen und ich verbringe nun mehr Zeit in San Francisco als in Berkeley, in Kaffeehäusern sitzend und in gemischter Gesellschaft Witze reißend. Gestern kam Willi Hochkeppel vom Bayrischen Rundfunk vorbei, ihn, seine Frau und seinen (15jährigen) Sohn führten wir aus, zusammen mit fünf anderen Leuten, in ein sehr gutes französisches Restaurant wo wir der lauteste Tisch waren. Der kleine Sohn war sehr embarrassed und als ich ihn am Ende fragte (auf englisch): now, what do you think of all these people? sagte er (auch auf englisch): crazy. Du siehst also, auch gewöhnliche Menschen teilen das Urteil der Rezensenten. Alles Gute

Paul

22. September 1979

Lieber Paul,

es ist ein kleines Wunder, daß Du diesen Brief überhaupt kriegst. Vorgestern Nacht haben wir mit Glück ein großes Erdbeben in der südlichen Toskana überlebt. Annette weckt mich mitten in der Nacht mit dem Hinweis, daß das Haus wackelt und der Putz von der Decke fällt. (Was auch sie nicht weiß: daß die Leute des Dorfes und auch in den großen Städten schreiend aus den Häusern rennen). Ich bin zu müde um mich aufzuregen und sage ihr, das Haus sei stabil. (Ich dachte in dem Moment wirklich nicht an die wurmstichigen Balken.) Das Haus hielt – andere brachen über ihren Bewohnern zusammen. Am nächsten Tag, also gestern, sind wir dann heimgefahren. Da kommt uns plötzlich (nach 14 Stunden am Steuer und heftigem Regen) auf der Autobahn ein »Geisterfahrer« entgegen. (So nennt man hier die Leute, die falsch auf die Autobahn einfahren.) Ich hatte gerade einen Tankwagen überholt und konnte ihm eben noch ausweichen. Wieder war ich zu müde, um mich aufzuregen. Hab aber der Polizei Bescheid gesagt und 5 Minuten später kam auch schon die Warnung im Radio. Jetzt lebe ich also noch, bin aber todmüde, möchte Dir aber noch schnell ein paar Zeilen schreiben.

Die Bilder, die Du mir geschickt hast, sind sehr gut, besonders gut hat mir das mit den Catchern gefallen, ich werde sehen, wie ich sie ins Buch einbauen kann. Der Harald Wohlrapp hat mir den Deckel eines Joghurts geschickt – ich dachte sofort, das sei sein Beitrag zum PKF[5]-Band, aber ich glaube, er wollte mir nur die Marke empfehlen. So, jetzt werde auch ich mich ans Fernsehen setzen und mir die Sportschau ansehen.

Herzlich *Hans Peter*

PS: Vor unserem Haus in Vetulonia wohnt jetzt eine dicke Kröte, die mich stark an Topitsch erinnert, sie ist aber viel sinnlicher als er, zumindest nehme ich das an, denn sie erhält immer Besuch von einer ganz kleinen Kröte, die ich zunächst für ihr Kind hielt, habe aber mittlerweile erfahren, daß das ihr Liebhaber ist, die sind nämlich bei den Kröten viel kleiner als die Weibchen.

Lieber HP – na, das geht ja nicht, daß Dich Geisterfahrer auf der Autobahn zur Freude aller rechtschaffenen Rationalisten bedrohen; aber daß die Mutter Erde selbst hinter Dir her ist, erstaunt mich doch, obwohl das höchstwahrscheinlich nur Ausdruck einer etwas ungestüm sich gebärdenden Sympathie ist. Daß der Paulchenband blüht, wundert mich auch – ich kann mir das nur so erklären, daß die meisten Leute nicht wissen, worüber sie schreiben sollen, und schreiben müssen sie doch, also nehmen sie jede Einladung an. Daß der Laudan nicht polemisieren will, das glaub ich ihm gerne. Sein Buch ist sehr polemisch geschrieben, gegen alle möglichen Leute, und da hab' ich ihm eins aufs Dach gegeben, und jetzt ist ihm die Freude an der Polemik scheinbar vergangen. Hätte nicht geglaubt, daß der so leicht angerührt ist (da lob' ich mir doch den Agassi – der streitet sich, no matter wieviele Hiebe er bekommt). Frauen – na, da habe ich vor drei Wochen ein Buch erhalten mit dem Titel *Der Männlichkeitswahn* von Christiane van Briessen und sie hat mir gesagt, sie hätte dies und das von mir gelesen und amüsiere sich köstlich. Sie hat eine Frauengesprächsrunde im Rundfunk, ist anscheinend im deutschen Rundfunk wohlbekannt als humorvolle Verteidigerin der Frauenrechte und Kämpferin gegen männliche Einbildung – warum ladest Du nicht die ein über irgendeinen Gegenstand, nicht gerade über mich, zu schreiben.

Vom Feuer kann ich die Adresse nicht finden. Der wäre eine *sehr* gute Idee. Der war vor langer Zeit in Berkeley und wir haben uns oft unterhalten, ich habe ihn sehr gemocht, er war einer der wenigen Leute hier, mit denen zu reden interessant war vor allem da man bei ihm das Private mit dem ›Rationalen‹ so schön verbinden konnte. Er verließ Berkeley in disgust – ich eben nicht, denn ich nehm die Dinge nicht so ernst. Die Grene habe ich nur einmal getroffen, so für zwei Minuten, diese Leute haben hier in Berkeley Privatzusammenkünfte über Philosophie, ich bin nie zu sehen und so habe ich die Reputation eines Phantomphilosophen. Das hat sie mir bei unserer kurzen Zusammenkunft gesagt. *Lust*mord an den Nagetieren? Nicht einmal *Mord*. Nur Kastration – ihre *Verbreitung* möcht ich ein *ganz klein wenig* einschränken, denn das Phänomen, daß sich nette junge Leute so langsam in Nagetiere verwandeln ist doch etwas deprimierend. Weißt Du – eines nimmt mich Wunder: wie gut Du die schweren Gesellen in allen Fächern kennst – Du bist halt doch ein ernster Mensch (auch der Jantsch, der hier in Berkeley wohnt ist ein ernster Mensch, er hat eben Deine *Traumzeit* gelesen und ist begeistert). Mich packt manchmal der Ernst, aber nicht lange, meine Verdauung leidet dann, auch krieg ich Kopfschmerzen, also dann lege ich mich einfach ins Bett and sleep it off (den Ernst, nämlich).

Paul

23. Oktober 1979

Lieber Paul,

vorgestern war ich zum erstenmal in Bern, um mir meinen neuen Arbeitsplatz anzusehn. Da erfuhr ich auch gleich, daß gegen meine »Berufung« als Lehrbeauftragter (8000 Franken im Jahr) scharfer Protest erhoben worden war. Professor Bandi, der Berner Prähistoriker hatte in einem langen Gutachten und nach ebenso langen Recherchen mitgeteilt, ich sei ein Staatsfeind und Anarchist und überdies ließen Titelbild und die Kapitelüberschrift »Die Vagina der Erde und der Venusberg« erkennen, daß ich an einer schweren Sexualneurose leide und auf keinen Fall auf die Studenten (-*innen!*) losgelassen werden dürfe. Die »Traumzeit« sei ein reißerisch aufgemachtes Machwerk, das derzeit durch die Boulevardpresse geschmiert würde, und in Zürich sei ich wegen »nicht vorhandener wissenschaftlicher Qualifikation« von der Universität gewiesen worden. Ein anderer Ordinarius war noch subtiler, aber auch lakonischer. Er meinte, »eine solche Drecksau« (nackte Weiber auf einem wissenschaftlichen Buch!!) könne nicht geduldet werden. Jetzt kann ich mir also auch Bern abschminken, desgleichen Tübingen, von wo man mir abgeschrieben hat. In Wien hatte ich mich auf eine Ethnologie-Professur beworben – die haben mir noch nichtmal den Empfang der Bewerbung bestätigt, geschweige denn abgeschrieben. Jetzt haben mir auch wohlwollende Leute gesagt, ich sei »akademisch ein toter Mann«, überall Haßreaktionen von den Uni-Leuten auf mein Buch, und ich solle mich nach einer anderen Arbeitsmöglichkeit umsehen. Vielleicht bleibt mir jetzt tatsächlich nichts anderes übrig als z. B. Lektor in einem Verlag zu werden, was vielleicht auch nicht das Übelste ist. Es ist seltsam – je mehr sich mein Buch verkauft, je positiver die Journalisten in den Zeitungen schreiben, desto fieser und gemeiner reagieren die akademischen Nager, d. h. das ist garnicht seltsam, sondern ganz verständlich. Ich hab hoch gepokert, jetzt krieg ich die Rechnung, aber ich hab's keinen Augenblick bereut. Ich werd in den kommenden Jahren diesen Leuten noch so gegen den Karren fahren, daß sie vor Wut platzen werden. Und dann macht's halt noch ungeheuren Spaß, vorausgesetzt ich hab stets genug Geld für die Miete und Essen und Trinken.

Herzliche Grüße *Hans Peter*

Well, the fucking bastards have done it again – meine die Reaktion auf Dein Buch; daß solche Überbleibsel der Evolution noch auf der Welt herumkriechen, habe ich gar nicht gewußt, aber ich komme auch mit Menschen wenig in Kontakt, innerhalb der Universitätsmauern, that is. Aber, sag mal – Dein Geschick soll doch nicht so ganz leise und ungehört ablaufen. Der *Spiegel*, zum Beispiel, war von Deinem Buch begeistert. Zuerst wollte das Syndikat, daß ich das Buch bespreche und man hat mir auch dementsprechend geschrieben. Dann gab es langes Schweigen. Und dann stellte es sich heraus, daß die Redakteure des *Spiegel* Dein Buch so gerne hatten, daß sie es selbst besprechen wollten. *Sollte man das nicht ausnützen* – etwa in einem kleinen Artikel über die Weise, in der ein Autor wie Du von Universitäten behandelt wird? Mit Bildern? Und etwa frechen Bemerkungen von mir und anderen schweren Burschen, die auf Deiner Seite sind? Zu solchen Sachen möcht ich einfach nicht das Maul halten, erstens der (na ja, sagen wir also »Gerechtigkeit« – obwohl mir das Wort schwer im Magen liegt) halber und zweitens, weils ja doch auch eine Hetz geben muß, diese Ganoven muß man richtig lächerlich machen. Oder in einer anderen Zeitschrift. Ich muß schon sagen, ich habe großes Glück gehabt. Als ich auf der Stellensuche war, war ich noch ein engstirniger Empirist und Positivist und jedermann war von meinen Physikkenntnissen beeindruckt. Jetzt bin ich zwar wie Du »akademisch ein toter Mann« – aber *mit* akademischer Bezahlung und da ist es mir wurscht, ob ich tot bin oder nicht. Ich glaube, auch der Jantsch, der jetzt langsam an Ruhm gewinnt, würde für Dich schreiben, denn er hat Dein Buch sehr geschätzt (ich habe es ihm geliehen) und auch andere mehr. Ich weiß nicht wie man eine solche kleine Jagd der Nagetiere in Gang setzt, aber Du kennst doch sicher Leute beim *Spiegel* und wenn man es richtig aufzieht – etwa: Akademische Maßstäbe – Garantie der Vergreisung, oder Motor neuer Forschung? Oder dergleichen mehr. Anyway – ich schreibe bald wieder, jetzt muß ich laufen und eine meiner skandalösen Vorlesungen geben.

Alles Gute

Paul

[27. November 1979]

Ja, die Flossie hat mir auch sehr gut gefallen, die schreibt mit Stil und Verve, ganz anders als der Toulmin und die anderen Grabsteine. Kennen tu' ich sie nicht, bin ganz neugierig, wie sie aussieht. Perovich kenne ich auch nicht, aber Fachphilosophen kenne ich kaum. Ich geh' nicht auf Konferenzen, ich les' nicht die philosophischen Journale, vom philosophischen Tratsch erreichen mich nur ganz kleine Krümel, kaum ein fetter Brocken. Der Apel – na ja. Mir ins Gesicht war er scheißfreundlich und ich hielt ihn für einen netten Menschen. Vielleicht ist er auch wirklich ein netter Mensch im Rahmen der ihm gegebenen Möglichkeiten. Was Du mir über die Suhrkamp-Syndikat-Sache erzählst, ärgert mich. Es ärgert mich immer, wenn ich höre, daß Leute auf andere Leute einen moralischen Druck ausüben, vor allem dann, wenn dieser Druck ihren Vorteil und den Nachteil des so Bedrückten bedeutet. Du brauchst richtige Bedingungen zur Arbeit, sodaß Du Dich nicht immer um Geld und solche Dinge sorgen mußt. Wäre ich in Frankfurt gewesen, dann hätte ich versucht Dich zur Annahme des Suhrkampangebots zu überreden – das Syndikat hättest Du ja noch immer gratis beraten können.

Das Vorlesen geht mir gelegentlich schon sehr auf die Nerven und, wer weiß, vielleicht werd' ich eines schönen Tages den Unseld um eine Stelle bitten.

In der Küche kocht der chinesische Tee: drei Stunden kochen, eine Tasse vor dem Abendessen, eine Tasse vor dem Frühstück, reinigt den inneren Menschen vollkommen. Den *leiblichen* Menschen, denn mit der Seele ist da bei mir Hopfen und Malz verloren. Übrigens habe ich eben erfahren, daß eine frühere Freundin von mir in Neuseeland der Beihilfe zum Mord angeklagt wurde. Als ich sie kannte war sie 18. Jetzt ist sie 23 – wenn ich wüßte wo sie ist, würde ich sie sogleich besuchen. Sie hatte eine verantwortliche Stelle im Drogenverkehr, war die gunmoll des enforcers der ganzen Organisation und auch die Anwältin. Ich fühle mich sehr bedrückt, wenn ich sehe, in welche Umstände die Menschen manchmal kommen.

Alles Gute

Paul

[Ende Dezember 1979]

Lieber Hans Peter –

also da Du das Syndikat mit Deinem Buch gerettet hast, hättest Du das fette Angebot vom Suhrkamp annehmen und dann Dein nächstes Buch wieder beim Syndikat publizieren sollen – was Du brauchst, ist Ruhe zum Arbeiten und nicht die Billigung linker Puritaner. Den Linken hab' auch ich geholfen, nämlich den Neuen Linken in London, denn ohne mein Buch hätte ihre ganze Serie keinen US-Distributor gefunden. Dafür antworten sie nun weder auf Deinen, noch auf meine Briefe, denn auch ich habe ihnen einen Brief geschrieben in Sache des Bandes und zwar schon vor sehr langer Zeit. Andrerseits bescheißen einen nicht nur die Linken – auch der Suhrkamp hat mich beschissen. Against Method wurde von Vetter ins Deutsche übersetzt – er ist Deutschlands top translator, hat dafür eine Menge Geld bekommen, ich habe seine Übersetzung durchgesehen, viel verbessert. Das nächste Buch, dachte ich, werde ich selbst übersetzen; der Zeitverlust ist der gleiche und außerdem bekomm' ich ein Übersetzungshonorar. Ich hab' auf das Übersetzungshonorar gewartet, aber es nie bekommen. Auf Anfrage hieß es, das Buch werde dann zu teuer – aber wenn ich es nicht übersetzt hätte, hätte es wieder der Vetter übersetzt und der hätte sein großes Honorar bekommen. So ist eben die Welt. Wenn Du nach San Francisco kommst, laß mich wissen, wo Du wohnen wirst, gib mir Deine Telefonnummer, ich selbst bin telefonisch und auch sonst gar nicht zu erreichen und ich möchte Dich doch zu Deinem Todesschrecken zu einer Todesfahrt in meinem Auto mitnehmen und Dir meine verrückten Freunde in San Francisco vorstellen (der Jantsch paßt da nicht ganz hinein, den treffen wir separat). King-Kong-Buch wird sehnsüchtig erwartet – will daraus bei meiner »Antrittsvorlesung« in Zürich vorlesen (wenn ich die ganze Sache nicht doch umgehe, denn so ein Unsinn liegt mir nicht). Habe ein Angebot erhalten gleichzeitig in Zürich und in Bern zu lesen; meine Antwort: zu faul. Und jetzt zurück zum Fernsehen!

Alles Gute

Paul

21. Dezember 1979

Lieber Paul,
    der Armin Mohler, einst Sekretär Ernst Jüngers und bekanntgeworden durch den Ausspruch »Rechts von mir ist nur noch die Wand«, bittet mich, Dich zu bitten, einen Vortrag im März oder April nächsten Jahres, also 1980, im Nymphenburger Schloß in München zu halten. Ich kann's empfehlen, man kriegt 1000 Mark dafür, plus Reisekosten plus Spesen plus Übernachtung im Schloß etc. Ich selber werde sicher nicht mehr eingeladen, weil ich vor dem Vortrag – es kam die ganze High Society inclusive Winifred Wagner und dem Erzbischof von Freising – zwei kleine Flaschen Sekt und eine Flasche Wein getrunken hatte, was mich zwar sehr fröhlich und lustig, aber wohl nicht gerade gesellschaftsfähig gemacht hat. Nur den Serviermädchen hat's gefallen, jedenfalls haben sie mir Augen zugeworfen, als sie mir nach dem Vortrag noch mehr Sekt eingeschenkt haben. Mein Mentor, also der, der mich eingeführt hat, war ein berühmter Halbleiterphysiker, der so viel von meinem Vortrag verstand wie ich von der Halbleiterphysik. Die haben den armen Mann später arg in der Presse verrupft, weil er sich gewissermaßen im Namen der Siemens-Stiftung ein bissel von mir distanziert hat und sowas ist natürlich unpopulär. Ich hab übrigens auch den Erich Jantsch vorgeschlagen, weil der doch anscheinend knapp bei Kasse ist und weil ja auch sein Buch in München rausgekommen ist.
    Falls Du die Einladung von Siemens annimmst, dann käm ich an dem Abend nach München und dann könnten wir ja anschließend mit ein paar Leuten und Jantsch in Deiner Zimmerflucht – sie ist im selben Gebäude – einen trinken.

Herzlich *Hans Peter*

PS. Der Hochkeppel war an dem Abend auch da und hat in der Diskussion den rationalistischen Part gespielt, vermutlich weil ihm, wie er mir stolz erzählte, der Popper das »Du« angeboten hat. Aber er war mir trotzdem sehr sympathisch. Auch die Christiane van Briessen war da – eine kluge Frau, die mir auch kurz vor dem Vortrag die Sektflasche wegnahm, ahnend der Dinge, die sonst gekommen wären.

Lieber Hans Peter,

na, Dein Vortrag hat ja wirklich eingeschlagen – champagne or no champagne – und in meinem geistigen Auge sehe ich schon die Nagetiere auf- und ablaufen, und sie flicken Risse da und Löcher dort, und am Boden liegt die kritische Vernunft der »zweiten Aufklärung« und die will partout nicht wieder zum Leben erwachen, und einige Nagetiere bleiben auf der Strecke liegen, und andere beißen einander vor Wut, weil sie Dich nicht beißen können, und die Flöhe des Marxismus gehen an Blutarmut zugrunde, weil die Haut ihrer Opfer härter wird und härter und an all dem bist Du ganz alleine schuld. Interessant, daß der Rezensent den Klages erwähnt, den habe ich mir vor einigen Monaten vorgenommen und er wird bald in Fußnoten bei mir auftauchen zum Ärger der Gerechten. Gut, daß Du den Hochkeppel kennen gelernt hast, der ist O.K. Mit dem hab' ich in München lange beisammengesessen und über alles mögliche gesprochen und habe versucht, ihn aufzuheitern, und hier haben wir ihn und seine Frau und seinen Sohn ausgeführt und mit gutem Essen, Wein und vier Damen traktiert, von denen eine eine Schauspielerin, die zweite eine Näherin, die dritte ein businesswoman und die vierte eben einfach eine Dame war. Daß Popper ihm das Duwort angeboten hat war schon lange overdue, denn der hat ihm doch das Leben schwer genug gemacht mit der Übersetzung seines magnum opus. Daß Du die Christiane nett und klug findest, freut mich sehr, die kenne ich schon, aus indirekter Sicht, seit fast 20 Jahren und zwar aus Alpbach. Ich habe fast nie zu ihr gesprochen, habe sie nur so aus den Augenwinkeln gesehen, gefallen hat sie mir immer, vor allem die Weise, in der sie sich die Welt angeschaut hat, zuerst als kleines Mädchen, dann als Gemahlin eines berühmten Oxforder Marxinterpreten (Bottomore – vielleicht hast Du von ihm gehört) und ALLES DAS hat sie überwunden – mit Humor und viel Charme. Gerne möchte ich sie wieder sehen – na ja, ich werd' ja wohl einmal privat nach München kommen. Zur Siemensstiftung hat mich der Mohler eingeladen, glaube ich, aber ich habe abgesagt und ich glaube ich werde auch jetzt absagen. Zu faul, um diese ganze Reise plus Rederei plus Diskussion etc. über mich ergehen zu lassen. Gelegentlich gefällt mir das sehr, aber leider kann ich nicht sagen: Herr Mohler, ich bin da, trommeln sie die Leute zusammen, nein, das muß lange vorher arrangiert werden und dann kommt der Tag und ich habe überhaupt keine Lust. Ja wenn's 10000 DM wären – aber for a lousy

1000 DM – nein, da komme ich einmal privat nach München und besuche den Hochkeppel und die Christiane und den Stegmüller und dann reise ich wieder zurück.

Roy Edgley antwortet gewöhnlich prompt. Ist auch ein alter Freund von mir, wir hatten im Kampanile der University of Bristol ein office zusammen, aber wenn eine Dame für den einen kam, dann verließ der andere die Bude. Hier regnets und eine Menge von nassen Ameisen sucht Unterschlupf in meiner Küche; ich habe ihnen gut zugeredet, es nützt nichts. Ich habe sie zum Tor hinausgekehrt – nützt auch nichts. Na ja, jetzt kann ich nur warten, daß es ihnen bei mir bald zu fad wird. Ja – ladet den Jantsch ein nach München, der redet sehr gut, ist ausgezeichnet in Vorträgen und vor allem braucht er Geld. Auch hat er ein bißchen was von einem Propheten an sich, also wird er gerne Vorträge halten. In der Schweiz habe ich schon eine Wohnung, gerade wird die möbliert, auch ein Auto wird gemietet, eine Menge von Leuten erwartet, daß ich »Dinge in Bewegung setzen« werde – na, die werden sich wundern!

Alles Gute

Paul

[7. Januar 1980]

Lieber Hans Peter,

eben hab' ich Deinen Brief in Moll erhalten. Das Gegrunze und Gequieke und das verächtliche Beiseiteschieben mit dem linken Hinterbein, sagst Du, tut Dir gelegentlich ein bisserl weh. Das Gefühl kenne ich genau, und wenn es sich bei mir einstellt krieg ich dann eine Sauwut for why should these bastards get under my skin? But they do und vor allem dann, wenn ich längere Zeit mit mir allein bin und meine Freunde nicht besuche. Und da ich mehr ein Isolationist bin, als Du, geschieht das ziemlich oft. Sobald ich aber meine Freunde sehe, verschwindet die G'schichte wie ein schlechter Spuk denn, so sag' ich mir, Maßstab meiner selbst ist nicht Herr Habermas, whoever *he* is, sondern die paar Freunde und Freundinnen, die ich habe, und wenn die sagen, daß ich ein Trottel bin und mich trotzdem schätzen, na dann bin ich eben ein Trottel, aber ein geliebter Trottel, und das reicht mir aus. What more could I possibly want? Der Einstein hat den Leuten oft geraten: nehmt euch nicht einen Beruf, der mit euren Interessen zusammenfällt – haltet Interessen und Beruf separat, sonst setzt bald das Leiden ein – und er hat Recht. Und wenn mir jemand schreibt wie Du, oder die Flossie Lewis, die ich nicht kenne, vor der ich aber eine Menge Respekt habe, so macht mich das froh über Tage hinweg. In Deutschland, so scheint es, liegt alles viel näher beisammen, da stolpert man, so scheints, viel leichter übereinander, hier sind die Räume weiter, auch sind die Leute gar nicht sosehr an intellektuellen Dingen interessiert und immer schon den Intellektuellen gegenüber etwas kritischer gewesen – aber trotzdem wirds auch hier ziemlich ungemütlich, vor allem, da ja die Intellektuellen von den Universitäten produziert werden wie die Karnickel. Bei all diesem Getue und Geschiebe und Gestoße scheints mir oft, es sei ein Verdienst, sich zurückzuziehen und die Leute in Ruhe zu lassen und nicht dazustehen mit weit aufgerissenem Maul schreiend: »Hört, hier ist meine Botschaft und meine Botschaft ist die Wahrheit«, außer man ist ein Clown in einer Komödie, denn da lachen die Menschen und was sie brauchen ist nicht Erkenntnis – this they need like they need a hole in the head – sondern ein klein wenig Freude. Und so sitz ich da, und gehe meine ›Gesammelten Werke‹ beim Vieweg durch und meine ›Collected Works‹ bei Cambridge University Press und sag mir: was für ein Schmarrn ist das doch, 20 Jahre lang hab ich gebraucht, um diesen Schmarrn zusammenzustellen und nichts, woran sich ein Mensch erfreuen könnte. Da ist es mit Dir doch ganz anders, denn Dein Buch ist nicht bloß rationales Wortgetön, da lernt man was vom Leben. Drum hab' ich mich auch so über den Syndikats deal aufgeregt! Was für Dich wichtig ist, ist eine Situation, in der Du so ungestört wie nur möglich auf die netten Menschen in Deiner Umgebung hörend, etwas für sie schreiben kannst, und die Situation, dachte ich, wäre beim Suhrkamp besser gewesen, als beim Syndikat und zwar wegen der extra 750 Mark (die Du ja verschenken kannst, wenn Du sie nicht brauchst – auch ich versuche, soviel Geld als nur möglich zu bekommen, und vieles davon geht in den Magen, die Wohnung etc. meiner Freunde). Anyway – der Habermas ist jetzt hier in Berkeley, ich werde ihn wohl nicht treffen, denn ich bin ja kaum am Campus, ich halte meine Vorlesung und dann, ab, nach Hause (hier hat man mir übrigens vor 10 Jahren verboten mehr als 50 Leute in einer Vorlesung zu unterrichten – das hat sich aber inzwischen wieder gelegt). So – und jetzt zurück zum Plato, der ein sehr gescheiter Mann war

Paul

PS: Kennst Du den Beuys? Mit dem hätt ich im Dezember im Guggenheim-Museum debattieren sollen – war aber zu faul für die Reise ins kalte New York.

[29. Januar 1980]

Lieber H. P. – die Tatsache, daß Du nur einen griechischen Satz kannst, soll Dich doch nicht von der Teilnahme an griechischen Kongressen abhalten. Ich kann nicht einmal einen Satz, aber ich habe doch in Berkeley ein Seminar über den Theaitetos abgehalten, und Gregory Vlastos, einer der foremost Greek scholars tauchte auf, saß stumm in einer Veranstaltung, erschien nie wieder und schrieb mir einen Brief in dem er sagte – und er meinte es ernst – das Seminar sei zu schwierig für ihn. Und die Moral von der Geschicht': habe Mut, hochzustapeln, denn hochstapeln tut ja eh' jeder, nur nennt man es gewöhnlich scholarship. Ich selbst werde wohl nicht kommen, denn so gelehrte Versammlungen liegen mir nicht. Ich werde auch nicht zur Suhrkampparty in Italien kommen – aber sag' das niemand, denn die party soll stattfinden, jedermann soll sich besaufen oder sonst tun, was ihm gefällt und wenn alles vorbei ist und sich die Frage erhebt »ja, wo ist denn der PKF« dann sage einfach: »ja habt ihr ihn nicht gesehen? Der war doch volle drei Stunden hier; dort in diesem Baum ist er gesessen in der Gestalt eines hinkenden Rabens«. Photographien erzählen ja nie was, drum hab' ich auch die meine gestellt (ich hab' mir eben eine Polaroid gekauft und sie sogleich ausprobiert). Der Jantsch ist durchaus kein Satyr, er ist ein kleiner Bub in einem großen Leib und obwohl er die Welt bereist, in Sumatra die Leichen in den Küchen bewundert und am Südpol den Schnee ausprobiert, obwohl er mit den Großen dieser Kleinen Welt fortwährend speist, während ich immer am selben Ort hocke und nur dann und wann zwei drei Bücher lese, kommts mir doch vor, als sei ich mehr herumgefahren – aber natürlich kann ich mich täuschen. Einmal im Monat wandert er zu mir herauf und klopft an und manchmal mach ich die Tür auf und manchmal nicht.

Und jetzt kocht mein lunch in der Küche und ich muß mit dem Essen (und dem gleichzeitigen Betrachten der noon soap opera) beginnen. All the best

Paul

[14. Februar 1980]

Lieber Hans Peter –

beiliegend eines der Bilder, das der Photograph des *Science* aufgenommen hat. Sonst fällt mir im Augenblick nichts ein. Vor der ersten Vorlesung in der Schweiz graust's mir schon, denn gerne möchte ich anonym bleiben. Auf jeden Fall wird vor der Halle ein Auto mit laufendem Motor warten, sodaß ich nach Ende sofort verschwinden kann in eines der Vorstadtkinos. Und jetzt muß ich mit der Reparatur meines Wassersystems fortfahren – da gibts irgendwo einen leak und ich krieche mit einer Laterne im Keller herum. Schön schau ich aus!

Alles Gute

Paul

[Ende Februar 1980]

Lieber Hans Peter,

also, es wäre ja nicht gewesen: Blähungen, herausgestoßen von HPD, sondern: Blähungen, orchestriert von HPD – aber ich sehe ein, daß ein zivilisierter Mensch wie Du einem Flegel wie mir da und dort Grenzen setzen muß zu meinem, des Flegels, eigenem Nutzen. Danke für die Empfehlung an den Supermarkt, der sich kaum freuen wird, daß er statt eines Magiers und Besenreiters nur ein ganz gewöhnliches professorales Gebilde bekommt; vor allem, da die Neue Zürcher Zeitung meine Bücher schal und fade genannt hat. Sagt er aber zu, und läßt er auch mir die Wahl des Honorars offen, dann verlange ich eine lebenslängliche Rente von 5000 SFr. monatlich (nach Steuern) – davon könnte ich gerade leben und sogar noch dann und wann einige Tausende an meine unbemittelten SF-Freunde and common bums senden. Stapf? Ist das ein Psychologe aus Tübingen? Mit frustrierter Frau? Klein und dick? Na ja – Du hast dann Recht (aber Namen behalte ich nie sehr gut im Gedächtnis). Hat vom Hans Albert meine Adresse hier bekommen, hat mit Frau und Kollegen an meine Tür geklopft, ich saß auf der anderen Seite der Tür beim Fernsehen und hab' nicht aufgemacht. Es war schließlich eines der Road Pictures mit Crosby/Hope/Lamour. Habe keine Angst, daß das Nachwort zu den Blähungen – Verzeihung: Versuchungen – gelehrt sein wird. Es wird ein Dialog sein und schon die Idee macht mir Spaß (keinen Spaß wird sie machen den Herrn Beiträgern, mit wenigen Ausnahmen, wie etwa dem Naess und der Christiane, deren Existenz allein schon lobenswert ist). Ich werde natürlich auch den Umstand erwähnen, daß der Suhrkamp mich um mein Übersetzungshonorar meiner selbst beschissen hat (nicht in diesen Worten, natürlich – siehe oben), denn der Dialog wird stattfinden zwischen mir und einem Herrn vom Suhrkamp Verlag, der mir die ganze Papiermisere ins Haus bringt, und dann gehen wir halt die Sache durch und ich mache freche Bemerkungen. Zwei papers hab' ich schon gelesen, dem Jantsch seines (und den werd ich ein bißchen pflanzen) und dem Deloria seines (der haben will, daß ich metaphysical leadership ergreife und eine neue vision vorlege! Lieber Himmel! Erstens hab' ich dazu kein Talent; zweitens ist das das letzte, was wir brauchen. There are enough visions already. Was wir brauchen ist, daß man die Leute ihre visions haben und sie sonst in Ruhe läßt – d. h. *erzogen* werden sie nicht, und metaphysically geleadert schon gar nicht). Im gleichen Band mit dem Eliade zu schreiben – *das* ist eine *Ehre* und ich hoffe, mir fällt was richtiges ein. Werde Dich dazu noch fragen. Der Joske Agassi ist O.K., er war es, zumindest, noch vor 20 Jahren, nur wollte er immer, daß ich ein commitment mache zu ihm, oder zu Popper oder zu sonstwas, ich schien ihm also etwas zu reserviert zu sein. Seine Frau kenne ich, auch sein Töchterlein, welches immer ins Bettchen pißte, nachdem ich ihr eine gute Nachtgeschichte erzählt hatte (das geschah auch mit dem Töchterlein des Watkins – auf so junge Damen scheine ich eine lösende Wirkung zu haben) – jetzt sind die Damen erwachsen und halten ihren Urin, was immer man ihnen auch erzählt. Lese eben Rubinsteins Autobiographie – ein wunderbares Buch – könnte auch heißen »Zwischen dem Schoß und dem Klavier«, denn darauf läufts hinaus – ein wunderbares Buch, voll von Lebensfreude, Klugheit, Freundlichkeit. Ich wünsche, es gäbe mehr Menschen wie ihn. Las eben Lloyd on Magic and Science – viel besser als die übrigen Professionellen auf diesem Gebiet, aber nicht gut genug. I shall do it better (und meine liebe dritte Frau, von der ich vor 20 Jahren geschieden wurde, wird mir dabei helfen, denn sie schreibt inzwischen ein Buch über Mythos – klassisch – und das wird sich gewaschen haben, denn außer arabisch, lateinisch, spanisch, italienisch, französisch, deutsch kann sie auch noch 36 altgriechische Dialekte. Her favourite word in German was brunzen – des *Klanges* wegen. Na ja. Alles Gute

Paul

6. März 1980

Lieber Paul,
 eine Sache, die Du über die homerischen Griechen geschrieben hast, fand ich sehr interessant, daß für sie nämlich manches, das wir heute als Zustände unserer Seele betrachten, zur Außenwelt gehörte, beispielsweise Träume oder heftige Emotionen. Da wurde also die »innen-außen«-Grenze oder die zwischen Ich und Nicht-Ich an einer andern Stelle gezogen. Ich hab ja darüber geschrieben, daß eine analoge Grenze, die zwischen »Wildnis und Zivilisation« im Verlauf der Geschichte anders und *woanders* gezogen wurde, und das mit erheblichen Konsequenzen. Zur Ich-Nichtich-Grenze: ich hatte bei LSD schon Erlebnisse, die ich nur als »Erlebnisse« bezeichnen kann – denn es gab da garniemanden mehr, der erlebte. Mein Lehrer in philosophy of mind sagte mir damals: »Das ist unmöglich, absurd, man kann nichts erleben, was *man* nicht erlebt!« Aber wie anders sollte man das beschreiben? Weißt Du, ich glaub, daß unter anderem durch halluzinogene Drogen wie bei der Schizophrenie, der rationale Zuckerguß abgetragen werden kann und daß dann der Organismus auf archaische »Wahrnehmungsweisen« zurückgreift. Dann lösen sich auch leicht die Grenzen zwischen den einzelnen Sinnesmodalitäten auf, dann werden Hören und Sehen *eins*, dann kannst Du Farben auch schmecken usw. Schizophrene und manchmal auch wir selber, können ja auch wie die archaischen Griechen so intensive Erlebnisse haben (z. B. »Stimmen«), daß wir sie niemals als Produkte unserer Seele betrachten würden. Ich finde, daß man diese Dinge zusammen mit der Entwicklung anderer Bereiche der Lebensformen darstellen sollte: z. B. die Entwicklung von Scham zur Schuld, Entstehung des Gewissens etc. Vor ein paar Tagen hab ich in Frankfurt den alten Norbert Elias kennengelernt, der über diese Dinge gearbeitet hat. Kennst Du sein Buch »Über den Prozeß der Zivilisation«? Es erschien das erste Mal kurz vor dem Krieg, wurde dann Ende der 60er wiederentdeckt. Das solltest Du unbedingt im Zusammenhang mit Deinem Buch über die Entstehung des Rationalismus lesen!
 Agassi hat mich besucht und mir moralische Vorhaltungen gemacht, weil ich nicht den Feyerabendschen Irrationalismus bekämpfe. Außerdem wollte er mich zur Lehre Spinozas bekehren, man müsse *alle* Menschen (vermutlich mit Ausnahme der Irratio-

nalisten) lieben, worauf ich ihm sagte, daß sich dann meine Freunde beschweren würden, wenn ich keinen Unterschied mehr machte zwischen ihnen und x-beliebigen anderen. Ja, der Trottel auf der Party war Psychologe, er hat eben mit Albert einen an Langweiligkeit unüberbietbaren Sammelband herausgegeben. Er hat den originellen Titel »Theorie und Erfahrung« oder so ähnlich. Der Arne Naess, um über erfreulichere Leute zu reden, hat mir gestern ein Päckchen geschickt, in dem es ganz merkwürdig klepperte. Als ich's aufmachte, fielen mir hunderte von Glasscherben entgegen. Ich hatte ihn um ein Photo für den PKF-Band gebeten und er hatte mir ein riesiges Wandbild mit Rahmen und Glasscheibe geschickt. Du kannst Dir vorstellen, wie das schepperte, als der norwegische Postbeamte seinen Stempel draufgehauen hat. Dafür ist das Photo aber schön: Naess am Dhaulagiri, auf einem Eisklo sitzend. Schreibst Du mir, wann ich Dir in Zürich die Manuskripte geben kann? Bis dann

Hans Peter

[13. März 1980]

Lieber Hans-Peter,

zwei Bände PKF-Misere? Schrecklich! Mit Naess auf dem Klo? Wunderschön. Naess liebe ich sehr, aber auch den Joske, den letzten wohl darum, weil er vor langem, als ich noch in einer Art Traumzeit lebte, zu den Erscheinungen gehörte, die dann auftauchten.

Hier verschwinde ich gegen Ende März und dazwischen (d. h. zwischen Ende März und April 7) gibt es mich nicht. Schon packe ich Kisten, auch mit einer Menge von Physikbüchern, denn in der letzten Zeit haben viele Physiker an mich geschrieben, die mit dem Aufbau einer neuen Physik beschäftigt sind und die möchte ich verstehen. Wenn ich mich in der Schweiz akklimatisiert habe, dann werde ich mich mit einem Notizbuch auf den Weg nach Heidelberg machen zwecks Beantwortung verschiedener Fragen durch Dich. Literatur, Inhaltliches etc. etc. Denn mir steht mit diesem Buch über the rise of rationalism eine zwar sehr interessante, aber auch sehr beschwerliche Reise bevor. Und natürlich werde ich auch meine liebe Frau Barbara besuchen und dann Dir von ihren Ideen berichten (ihr Hauptproblem ist, daß sie nicht glauben kann, daß die ›Autoritäten‹, die über den Mythos schreiben, solche Trotteln sind. Und zwar scheint es ihr so, daß sich die gelehrten Herren nicht in einer sehr schwierigen Sache irren, sondern sie sehen nicht was sich vor ihrer Nase abspielt und was, nach Barbaras Meinung, sonnenklar ist). Inzwischen aber muß ich noch schnell einen amerikanischen Trottel vernichten, der eben über mich geschrieben hat. Der Jantsch sagt da immer: Aber Paul, stell einfach Deine Sache in die Welt und streite Dich nicht fortwährend. Vielleicht hat er Recht. Aber ich kann einfach mein Maul nicht halten und für einen, der das Alleinsein sehr liebt, bin ich ganz schön streitsüchtig. Aber wenn ich sehe, wie so ein Trottel sich aufs hohe Roß setzt, dann muß ich einfach zeigen, daß das Roß eine Kröte und er selbst ein Floh ist – soweit geht selbst mein Relativismus nicht. Mit dem Naess bleibe in Verbindung, *sende ihm Dein Buch* und wenn Dich wer in Schweden oder sonstwo da oben einlädt, dann besuche ihn, denn Du wirst Dich mit ihm sehr gut verstehen. Oft besuchen ihn gelehrte Akademiker mit Krawatte etc. etc., den berühmten Spinoza-Scholaren wollen sie besuchen. Jawohl, sagt Naess, Sie können bei mir wohnen, bitte kommen Sie! Und die gelehrten Herren kommen und finden dann zu ihrem Entsetzen, daß ›bei mir wohnen‹ heißt in einer Hütte wohnen, wo man das Wasser aus einem Brunnen schöpfen muß, wo das Klo hinter dem Haus ist und aus einer Sprosse über einem Loch besteht auf der man baren Hinterns auch während des Winters sitzen muß, und Naess verzieht keine Miene: »Es freut mich so, daß Sie hier einige Tage bleiben können, gerne möchte ich mit Ihnen Ihren letzten Artikel diskutieren« – und die gelehrten Herren wissen nicht, wie sie, ohne unhöflich zu sein, schnell abreisen können. Weißt Du, daß der Naess einmal eine Anti-Expedition durchgeführt hat, in Nepal, wo die Berge Götter sind, die man beleidigt, wenn man auf ihnen herumtrampelt? Er bestieg einen der heiligen Berge, aber nur bis zur Mitte, hing dort einige Tage, dem Gotte Ehrfurcht erweisend und das war ein Protest gegen die Welttouristen – Bergsteiger, who don't give a fuck for the feelings of the natives. Ich kenne ihn jetzt schon 30 Jahre. Na ja. Alles Gute

Paul

[19. März 1980]

Lieber Hans Peter –

Hast Du Burkerts Buch über die griechischen Götter gesehen? Ich habe sogleich das Kapitel »Religion der Philosophen« aufgeschlagen, wo das Problem behandelt wird, wieso es gelang, die lebendigen Götter Homers durch Abstraktionen, wie das Xenophaneische Kugelmonster zu ersetzen. Keine Antwort (or a trite answer). I have asked Burkert when I met him a few years ago, but he did not know. I want to know. Any ideas? (Meine Ansicht ist natürlich, daß die philosophischen Gottheiten nie um sich gegriffen haben, das war nur Spezialistengeschwätz, das wegen der einseitigen Perspektive unserer Herren Historiker die ganze Szene einzunehmen scheint).

Ah well

Paul

12. April 1980

Lieber Hans Peter,

aus dem Umschlag kannst Du die Wichtigkeit entnehmen, die man einem Schweizer Professor hier zumißt. Daß ich mich mit vollem Titel als Absender unterzeichne liegt daran, daß die Kouverts überall in der Schweiz eingeworfen werden können und gratis transportiert werden, auf Kosten der Eidgenössischen Technischen Hochschule Zürich, deren wohlbestallter halber ganzer Professor ich ja bin. Die vielen Druckfehler im Brief erklären sich daraus, daß mir die Maschine (eine IBM, die mir auch von der ETH zur Verfügung gestellt wird), noch nicht geläufig ist. Du siehst: hier ist man eben wer. Und wenn ich nicht schon wüßte, daß ich ein ganz anderer wer bin, als der wer, als der ich hier gelte, würde ich mir auf den falschen WER eine ganze Menge einbilden. Daß Du mich besuchen willst, freut mich sehr, vor allem, da ich eine ganze Menge von Fragen an Dich stellen will – aber bitte, kann das zwei-drei Wochen warten? Die erste Woche hier in der Schweiz hat mich etwas hergerichtet – Auto kaufen, Autoschein beschaffen, Wohnung einrichten, Kaufhäuser finden, offizielle Dokumente beschaffen, meine Kisten, die ich per Luftfracht geschickt habe, sind schon eine Woche lang in Zürich, aber es ist der Frachtgesellschaft noch nicht gelungen, sie zu mir weiterzubefördern – alles das ermüdet. Auch fand sich am ersten Tag eine gute Freundin bei mir ein auf eine Woche, eine Bewunderin der *Traumzeit*, was das Leben sehr verbessert, den Energieverbrauch aber erhöht. Und dann kommt meine Vorlesung und dann möchte ich mich wirklich einmal ausschlafen, und niemand sehen für zwei drei Wochen. Ich werde Dir wieder schreiben, wenn ich soweit bin. Übrigens – warum zahlt Dir der Suhrkamp nicht den Aufenthalt in einem Luxushotel hier, etwa im *Hotel Zürich*, wo man im 18. Stock wohnen und eine herrliche Aussicht haben kann und wenn man läutet bekommt man Speisen und Getränke und selbst eine Zimmerdame (bin aber der letzten Sache nicht so sicher). Sag dem Unseld er soll Dir ein Zimmer in diesem Hotel zahlen, es kostet ja nur 140 SFr. pro Tag und das kann sich der fette Suhrkamp ja sicher leisten. Und wenn der das nicht tut, dann zahle ich Dir einen Tag, sodaß wir in Ruhe plaudern können – und sag das dann dem Unseld, daß er sich schämt. Es freut mich, daß der Arne Naess was geschrieben hat, den liebe ich heiß. Es wundert mich gar nicht, daß der Jantsch Dich zu seinem deutschen Vertreter machen möchte, solche Sachen tut er immer – gelehrte Herren sollen bei seiner geistigen Verbreitung (und auch bei seiner Verbreitung am Papier mithelfen), hilfreiche Frauen sollen seinen Leib per Auto natürlich von einem Ort zum anderen befördern, von mir hat er auch das eine oder das andere gewollt, aber ich nehm das einfach nicht so ernst, er ist ein kleiner Bub, einmal geb' ich ihm, was er will, dann wieder nicht – und daran muß er sich gewöhnen (ich laß ihn auch nicht immer bei mir herein, wenn er läutet. Manchmal steht er draußen und läutet und ruft: ›ich bins, Paul‹ und ich mach die Tür einfach nicht auf, weil ich keine Lust habe). Niemand (oder, besser, sehr wenige Leute) haben sich die case studies angesehen. Sogar Historiker sind sofort zu den philosophischen Zusammenfassungen weitergeeilt und haben diese kritisiert – but not a fart about the case studies. Dein Beitrag albern? Glaub ich nicht. Wenn Du ihn nicht hineinnimmst, mach wieder eine *Collage*, wie einst das Narrenschiff – niemand hat je eine so schöne Besprechung bekommen. Genau den Prozeß, den Du beschreibst, will ich mir näher ansehen – was dabei herauskommt? Wer weiß. Meine Wohnung hier ist eine richtige Professorenwohnung, aber in sehr schöner Gegend, in Berkeley lebe ich in einer Art Studentenbude. Ich hab mir auch einen riesigen Farbfernsehapparat angeschafft (gemietet) – jetzt sitze ich davor und bestaune die Farben – der Rest ist meistens eh Blödsinn.

Alles Gute und bis auf bald

Paul

[18. April 1980]

Na sowas – ich hab' mich zu Tode gelacht mit Deinem Dialog und ich lach noch immer. Nur einmal ist mir das Lachen verstummt und zwar wie Du meinen guten Freund MODESTO Lanzone als FRANCESCO Lanzone angeführt hast – eine ganz unglaubliche Entstellung, vor allem da der FRANCESCO, den es auch gibt, nicht Speisen macht, sondern Bücher schreibt. Aber sonst – warum sagst Du, der Dialog sei blöd? Was Deine Anreise betrifft – ja komm so gegen Ende des Monats, oder Beginn des nächsten, und sag' mir dann, *wann und wo ich Dich in Zürich telefonisch erreichen kann* (mein Telefon ist nämlich *immer* abgestellt). Dann werde ich Dich anrufen und entweder selber aus Zürich abholen (Todesgefahr! Mein Auto und ich harmonieren noch nicht und auch kenn' ich die Züricher Straßen noch nicht so gut), oder Du kommst mit dem Zug (Lokalbahn Zürich-Meilen) nach Meilen, ich hole Dich dort am Bahnhof ab und dann spaziern wir in den Hügeln zwischen Kuhfladen herum und reden über dies und das. Oder wir treffen uns in einem *Freßpalast* in Zürich-Dinger zum Essen. Mittwoch und Donnerstag habe ich Vorlesung, *da komm lieber nicht*. Und dann muß ich Dir auch erzählen, was man hier in der Schweiz alles machen muß, um eine Identität zu erhalten. Vorläufig existiere ich nämlich noch gar nicht.

Alles Gute, und einen schönen Gruß an den Herrn Unseld und sag' ihm, er soll Dich besser bezahlen.

Paul

War das Häufchen Asche Du, oder gibt es Dich noch?[6] Wenn Du um 22 Uhr bei mir warst, dann war ich schon im Bett (ich ging sehr früh schlafen) und bei offenem Fenster und rauschendem Bach höre ich gar nichts (auch ist der Summer sehr leise, was so seine Vorteile hat). Den Bruno Frei habe ich angerufen – nichts. Deine Freunde habe ich angerufen – nichts. Was mich weiter gar nicht erstaunt hat, denn was mich erstaunt, ist, wenn etwas so wie geplant abläuft. Auch mein Besuch in Tübingen lief nicht wie geplant ab, sondern viel besser und das gibt mir ein weiteres Motiv mit dieser ganzen gelehrten Chose aufzuhören. Die Schimpffschrift lese ich langsam durch, na, die Margherita ist nicht schlecht und sehr nett (ich habe die Dame nur einmal kurz gesehen, mag sie aber sehr), der Musgrave hat ein sehr gutes fachtechnisches Papier geschrieben, so majestätisch gelassen, und dabei ist er doch mehr als 20 Jahre jünger als ich – na das imponiert mir. Mein Fleischer hier in Meilen sieht genau so aus wie der Musgrave und ich muß immer lachen, wenn ich ein Huhn oder sonstnochwas bei ihm bestelle, und er weiß gar nicht warum. Den Unseld werde ich nicht treffen, denn zur angegebenen Zeit bin ich out of town – auch gut, denn so am Stehbuffet reden, das wäre mir gar nicht gelegen. So, und jetzt bis zum nächsten miss alles Gute

Paul

20. Mai 1980

Lieber Paul,
ich will das doch ein bissel ausführen, was ich in den letzten Briefen angedeutet hab, und möglicherweise hilft's dir ein wenig weiter. (Ich persönlich bin skeptisch gegenüber »Anregungen«: mir hilft's mehr, wenn mich die Leute voll und ganz das tun lassen, was ich mir vorgenommen hab, Zuneigung hilft mir viel mehr als Poppersche »Kritik in Permanenz«). Du fragst: wieso wird das vielfältige homerische Weltbild, werden die Götter durch blasse Abstraktionen abgelöst. Deine Vermutung, die große Verwandlung sei nur in den Köpfen der Intellektuellen vor sich gegangen, ist nicht von der Hand zu weisen, meine ich. Ich hab z. B. gesehen – bei der Vorbereitung der »Traumzeit« –, wie sich ganz archaische Kulte und Rituale in Volksmysterien usw. gehalten haben, in den Eleusinien, den kretischen Höhlenkulten, selbst in Delphi und in Olympia. Aber es hat sich trotzdem etwas grundlegendes verändert. Wieso? Ich glaube, daß man das *geistes*geschichtlich nicht aufhellen kann, sondern daß man die Veränderung der gesamten Lebensform anschauen muß. Was ging im 8. Jahrhundert vor sich?

Erstmal die Konsolidierung der Stadt-Staaten. Im »Dunklen Zeitalter« nach dem Fall der Mykenischen Zivilisation und auch noch im »Geometrischen Griechenland« gab es eigentlich keine ummauerten großen Städte, sondern locker gruppierte Dörfer. Soviel ich weiß gibt es buchstäblich nur eine Ausnahme: das befestigte Smyrna. Man nimmt an, daß nach den dorischen Eroberungen ein Bevölkerungsverlust von bis zu 80% zu verzeichnen war. So ziemlich alles ging flöten: die Heiligtümer, die Schrift, die Stadtanlagen, der Handel usw. Im 8. Jh. wandelt sich alles: von Asien her wird erneut die Schrift – wenn auch ne andere – eingeführt, mit der die Sagas festgelegt und verbreitet werden, gemeinsame, allumfassende Heiligtümer entstehen – vorher nur Lokalgottheiten. Die Bevölkerung verdreifacht (!) sich in kürzester Zeit: das Land wird knapp – Kriege und Beginn der Auswanderung und Kolonisation im Westen, blühender Handel mit dem Osten. Die Griechen entwickeln – auch durch Mithilfe der gemeinsamen Epik – ein Zusammengehörigkeitsgefühl, man trifft sich alle vier Jahre in Olympia, es gibt Orakel für alle, kurz: das Allgemeine verbreitet sich auf Kosten des Differenten und Besonderen. Wie die lockere Stammesorganisation der politischen Zentralmacht Platz macht, so das Verschiedene dem »Einen« in der Philosophie.

Ich leg Dir noch ein Interview bei, das im Sommer letzten Jahres in den »Berliner Heften« erschienen ist. Da hab ich Dich zur Abwechslung mal ein bissel kritisiert.

Bis zur kalten Platte am Dienstag (oder auch nicht)

Hans Peter

[Meilen, 28. Mai 1980]

Lieber Hans Peter – sehr schade, daß wir nicht länger miteinander plaudern konnten. Wir bilden ja einen merkwürdigen Gegensatz: für Dich spielt das Denken im Leben eine wichtige Rolle, bei mir gar nicht. Bei Deinen Produktionen (›Arbeiten‹ glaube ich, nennt man das) siehst Du seine Grenzen, während ich mich ganz auf Ideen konzentriere. Ich bin wie ein zaghafter Mann, der Romane über Mörder schreibt, Du ein Mensch, der den Mordtrieb am eigenen Leib verspürt, aber Menschen beschreibt, die auch von ganz anderen Motiven bewegt sind. Unsere kurze Unterhaltung hat es mir sehr klar gemacht, daß diese ganze Homerische Idee bei mir wieder so ein Intellektuellenballon ist und sich vielleicht völlig in nichts auflöst. Es wäre ganz interessant zu zeigen, daß der Rise of Rationalism etc. nichts war als the rise of little rationalistic clubs that started writing about each other, aber die Sache ist nicht so interessant. So kann ich mit Deiner Hilfe den Schlußpunkt hinter meine bisherige ›Produktion‹ noch emphatischer setzen. Eine große Befreiung, allerdings etwas spät, aber immerhin, besser spät, als nie. Und wenn ich ein wenig tun kann für eine Freundin, die bedrückt ist, und Gott sei Dank kann ich das, was mehr will ich denn da? Alles Gute und laß uns in Verbindung bleiben (heute schienst Du größer, als bei anderer Gelegenheit, drum hätte ich Dich fast nicht erkannt). Was hältst Du vom Pirandello?

Paul

PS: Übergänge, wie wir sie diskutiert haben (Achilles und die Ehre) machen bei Wittgenstein keinen Sinn. Das, glaube ich, ist eine große Schwäche bei ihm.

Lieber Hans Peter –

zur Spinner-Affaire fiel mir noch ein. Ich glaube, sie begann viel früher, als Du dachtest, so etwa um 1974 herum. Und sie begann mit den Übersetzungen. Dann war da ein Element, von dem ich nicht weiß, einen wie großen Einfluß es gehabt hat. Helmut hat immer vom Krira gesprochen. Ich sagte, das klinge wie ein häßlicher Käfer und warum er immer wieder über die Sache rede, es sei doch sehr unwichtig (ich glaube, es wurde noch viel mehr gesagt, aber das ist alles, woran ich mich erinnere). Dann, in meinem vorletzten Brief, schrieb ich, so in einer Randbemerkung, daß ich lange ein Atheist gewesen sei, hätte auch die Agnostiker für feige Kerle gehalten – entweder sei man ein Atheist, oder man glaube, aber so dazwischen, das sei Feigheit (Gott, war ich in jüngeren Jahren eingebildet!) – jetzt aber, so schrieb ich, würde ich mir die Sache doch näher ansehen, denn an einem Gott und einem Gottesglauben, da sei doch was dran. Darauf hat der Helmut aber schon sehr sauer reagiert – zur anderen Seite gehe ich über, die ohnehin schon schwachen Kräfte lasse ich allein und was er da sonst noch sagte. Und darauf hab' ich ihm einen Brief geschrieben, da erinnere ich mich noch ganz genau darauf, da sagte ich, so schwach seien diese Kräfte ja gar nicht, denn mein Austritt aus der Reihe der Gottesverächter würde durch sein großes Maul ja mehr als zehnfach wettgemacht. Und seit diesem Brief hörte ich nichts mehr von ihm. Auch warf er mir bei meiner Antwort an Agassi (Agassis Rezension von AM) Feigheit vor. Ich fragte ihn: Feigheit, wieso? Feigheit setzt voraus, daß man Angst hat. Aber wovor hätte ich bei meiner Antwort Angst haben sollen? Was ihn nicht beeindruckte, denn er sagte, er meine eben Feigheit in seinem Sinn, wo man keine Angst zu haben brauche. Worauf ich sagte: na ja, nun verstünde ich ja auch, warum er ein so schlechter Übersetzer sei – aber das war früher. Das mit dem Lieben Gott, das war der letzte Brief und das hat, scheint es mir, dem Faß den Boden ausgeschlagen. Und da ich mich nun daran erinnere, weiß ich nicht so ganz, ob ich den Helmut treffen möchte. Nicht weil ich nun etwas *gegen* ihn habe, gar nicht, sondern weil ich kein Argument *für* ein Treffen sehen kann. Für mich ist ein Treffen mit Leuten immer was besonderes, gewöhnlich bleib ich lieber allein. In diesem Fall sehe ich kein gutes Argument für das Treffen, außer Sentimentalität über alte Zeiten und Leute mit einem cause langweilen mich überhaupt. Also, *falls Du nicht ein gutes Argument hast*, lassen wir die

Sache Spinner fallen. Drogen. An halluzinogenen Drogen habe ich kein Interesse. Du sagst, das sei eine Generationssache. Ich weiß nicht. Ich hab' vor vielen Jahren Bücher über Poltergeister zu lesen begonnen etc. Da hab' ich eine große Angst bekommen: lese ich viel über sie, dann kommen sie auch zu mir. Dann kannte ich eine Dame, eine sehr eindrucksvolle Dame, die war ein Medium. Sie sagte, sie würde uns gerne Geister vorführen, aber nicht mir. Ich dachte mir so: na ja, wenn man mit Geistern in Verbindung treten kann, dann hat man überhaupt keine Ruhe und kein Privatleben, die tauchen dann immer und überall auf. Und dann hatte ich einen Traum: ich lag in meinem Bett, von einer Kugel aus kugelsicherem Glas umgeben. Außerhalb ging es bunt zu, Geister aller Schattierungen, wie auf den Versuchungen des St. Anton. – Sie drückten sich die Nase platt am Glas, schauten zu mir hinein, aber ich lachte: zu mir könnt ihr nicht, sagte ich, vor euch hab' ich Ruhe. Auch hatte ich oft den Eindruck, daß eine gründliche Befassung mit meinem ›Unbewußten‹, das ja so eine andere Art ist, über Geister und Drogenerlebnisse zu sprechen, zuerst zu einer großen Katastrophe führen müßte und ich glaubte nicht und ich glaube auch heute nicht, die könnte ich überstehen. Also pfusche ich lieber so herum, wie ich bin. Eine bewußte Verbindung zu meinem mangelnden Interesse an den Drogen sehe ich nicht, das scheint mir ganz separat zu sein, vielleicht besteht die Verbindung aber doch. Auch hab ich, als ich jünger war (und selbst noch vor 5 Jahren) so Werwolferlebnisse gehabt, d. h. Eindringen großer Kräfte in mich zum Tun von Bösem. Das kam gelegentlich über mich, als ich in Begleitung in Wälder hineinging, und gesagt habe ich gar nichts, auch nichts getan, aber meine Begleiter, Frauen, bekamen große Angst und wollten umkehren. Alles das ist aber wieder gar nicht mit meinem sogenannten abstrakten Tun verbunden, d. h. mit meinen ›philosophischen‹ Produktionen – das läuft so nebenher ab und ist ganz abstrakt. Nur in jüngerer Zeit, da ich sanfter werde und meine Beziehungen zu anderen Personen mehr bewußt erlebe (früher ging das wie im Traum) kommt mir vor, daß die Elemente, die bei solchen Beziehungen auftreten, doch viel bessere Philosophien ergeben würden als das abstrakte Denken, und dann glaube ich zu entdecken, daß sich manche Theoretiker der Geisteswissenschaften und vor allem viele Künstler gerade auf diese Beziehungen stützen wollen, sodaß also die Tätigkeiten der Kunst viel bessere Mittel wären, sich der Wirklichkeit zu nähern, als das abstrakte Denken und dabei meine ich, wirkliche Berge, Menschen, Tiere und nicht akademische Ideen (für die letzten sind die Abstraktionen natürlich hübsche Shortcuts). Aber siehst Du, das ist wieder so ein Gerede und ob man darüber Bücher schreiben soll, ist mir noch sehr fragwürdig. Also schreib' ich meine Antwort fertig (einige Watschen werd ich da wohl austeilen) und damit basta.

Wie war die Suhrkamp-Veranstaltung?

Alles Gute

Paul

Lieber Hans-Peter,

also wenn der Petrus, sich über mein Benehmen mokierend, ausrufen sollte: »ein Popperianer!« – oder was sonst noch, dann werde ich, falls ich ihn überhaupt höre, mich umdrehen und sagen: »Bitte, machen Sie doch nicht solchen Lärm – sehen Sie nicht, daß ich mir dieses Fernsehprogramm ansehe?« Und damit hast Du auch die Antwort zur Anfrage die irrationalen Wissenschaftler betreffend. Ja, damals schien mir die Sache noch interessant, jetzt scheint sie mir noch immer interessant, aber etwas interessant finden, und seinen eigenen Kren dazu hergeben, das sind zwei verschiedene Dinge. Das erste ist angenehm, das zweite involviert Arbeit, Arbeit bestimmter Art, Artikulation, in Form eines Artikels, über die Wissenschaften, und *davon* hab' ich für meinen Geschmack schon genug getan. Gestern war ich bei einer party bei van der Waerden, der ein sehr netter Herr ist, und noch einigen Herren von der ETH und der Universität, alle sehr nette Herren. Thema: die Politik oder die Forschung. Und da haben sich die Herren auch an mich gewendet und mich gefragt, was ich so mit meiner Zeit tue und ich sagte, ich koche, putze die Fenster und so weiter, was Frau van der Waerden sehr gefiel aber die Herren etwas gepuzzled zurückließ. In den nächsten Jahren werde ich mit der Vorbereitung der Vorlesungen meine Hände voll haben: diesmal Plato, und 14 Stunden schon sind vergangen, und erst 11 Seiten des Theaitetos habe ich behandelt, weil ich die historische Situation, linguistische Sachen etc. alles behandle. Und das braucht Vorbereitung. Das nächste Jahr wird es der Aristoteles sein, seine Physik, das ist alles auch interessant und bringt mir außerdem Geld, eben mein Einkommen an der ETH – aber mehr will ich schon gar nicht mehr tun, also mit dem *Schreiben* ist es zu Ende. So, also, für das Syndikat, leider, no dice. Ich schreibe bald wieder, denn jetzt muß ich *einkaufen gehen*.

Alles Gute

Paul

Lieber Hans Peter –

Der Lakatos hat den Petrus-Effekt (Deine Sailor-Geschichte) genau gekannt. Er wollte, daß ich Poppers *Objective Knowledge* bespreche. Ich lehnte ab. Er schickte mir Rezensionen. Alle voll von glühendem Lob. Ich lehnte ab. Er schickte mir Besprechungen in populären Journalen, voll von Lob. Ich lehnte ab. Er schickte mir eine Rezension, in der der Stil Poppers mit dem von G. B. S. verglichen wird – da riß mir der Faden der Geduld und ich schrieb die Besprechung. Aber seither habe ich viel gelernt und aus meiner Höhle werde ich mich jetzt nicht mehr herauslocken lassen, auch nicht von der süßesten Melodie. Und daß Du mir die Nutzlosigkeit des noch geplanten Buches gezeigt hast (nicht direkt, sondern so im Verlauf der Diskussion ging mir die Sache auf) dafür bin ich Dir sehr dankbar. In München war ich auf einer Fernsehdiskussion, aber nur darum, weil mich Hochkeppel auf Knien bat zu kommen, als hänge sein Leben davon ab – ich bin darauf hereingefallen, der Schuft tut das ja immer, wenn er was will and so I made a fool of myself on TV. You will be able to see the mess some time in July – Bavarian 3rd programme. Den Pirandello lese ich – habe ihn schon immer gemocht – und den Fritz Heer habe ich entdeckt, zuerst bei einer Fernsehdiskussion, dann sein Buch *Die Dritte Kraft*. Der gefällt mir. Und wieder lesen, tu ich den Feuchtwanger, vor allem den Josephusroman, na, das ist ja eine Sache. Und heute Nachmittag wieder mehr Schmalz über Plato. Alles Gute

Paul

Eben Deinen Brief erhalten. Komme zum österreichischen Fernsehen nur, wenn auch die Nina Hagen da ist – da hab' ich nämlich so meine Pläne. Sonst aber nicht. Die FAZ kann mich... (sag ihr das aber mit anderen Worten). Desgleichen der Spinner: schick mir sein MS *nicht*, ich habe schon auf ihn geantwortet, auch ohne das MS und möchte nicht wieder von vorne anfangen. Wirklich. Meine Antwort ist *fertig*, wird nur noch *poliert* und dann an Dich abgeschickt. Gut daß Du mir die Leute vom Leib hältst – setze das weiter fort. Die meisten Dinge, um derentwillen mich Leute besuchen wollen, interessieren mich ja gar nicht mehr. Musgraves Beitrag habe ich sehr gern gehabt, er schreibt sehr klar, einfach elegant und behält doch noch immer seinen Sinn für Humor. Ich hab' schon geglaubt er sei es selber, denn der Fleischer argumentiert fortwährend mit mir, gestern haben wir uns über die Qualität eines Huhnes gestritten mit Argumenten, die mich an Poppers Seminar von vor über 30 Jahren erinnert haben.

Aber den Musgrave mag ich gerne. Auch die Noretta – die mußt Du einmal kennen lernen. Das mit dem Fernsehen etc. etc. meine ich wirklich – der ganze Rummel liegt mir nicht, mei Ruah wüll I habn. Auch kommt ja bald das Ende des Semesters (Gott sei Dank) und dann werde ich mich mit meinem Wagen auf Reisen begeben und überhaupt unauffindbar sein. In Amerika gibt es viel weniger Aufruhr um die Intellektuellen oder jene, die dies zu sein glauben oder die von anderen dafür gehalten werden – und das scheint mir sehr gut. Den Henry Miller hab ich auf dem TV gesehen in einem Interview, der hat mir sehr gut gefallen. Auch seine Schriften habe ich gelesen und sein Stil – ja, wenn ich so schreiben könnte. So, und jetzt wende ich mich wieder meinem Huhn zu – jenem nämlich, über das ich mich mit der Meilener Version von Musgrave gestritten habe. Alles Gute und nochmals, halte mir bitte die Leute vom Leib

Paul

Eben trifft ein Brief vom ORF bei mir ein – habe auch schon abgesagt.

[16. Juni 1980]

Lieber Hans Peter –

[...] Mein Fleischer hat mir inzwischen ein paar Schweinshaxen in die fehlenden fünf Seiten des Instrumentalismuspapers eingepackt geschickt – jetzt weiß ich also ganz bestimmt, daß es der Musgrave ist, vor allem da das ganze im Traum stattfand. Der Axel von Ambesser hat sich neulich sehr freundlich darüber beklagt, daß die Linken, staatsubventioniert, die ganze Freude aus dem Theater herausnehmen – er hat recht.

Alles Gute

Paul

[23. Juni 1980]

Lieber Hans Peter – Hier regnets, in den Straßen gibt es Umzüge, am Freitag bin ich zum erstenmal auf den deutschen Autobahnen herumgefahren, mit großer Angst, aber doch sehr schnell, da ich das Auto nur mit einer Hand steure, wie eine Kaffeemühle, hatte ich bald schreckliche Schmerzen am Hals und in der Schultermuskulatur, schwarz wurde mir vor den Augen, aber es ging alles gut, ich kam rechtzeitig in Tübingen an, fuhr am nächsten Tag schon wieder zurück und heute gibt es Schmerzen überall. Bei meinem morgendlichen Spaziergang begegnete ich einem elegant gekleideten Herrn mit Dobermann an der Leine, der Dobermann sah mich, verlor den Verstand (so geht es manchen Hunden, wenn sie mich mit der Krücke sehen), raste auf mich los, zerrte seinen Herrn an der Leine hinter sich her, der Herr fiel, wurde durch Pfützen und Morast geschleppt, sah gar nicht mehr elegant aus, aber den Hund hielt er an der Leine und das war gut so, denn auf einen Kampf mit dem Hund hätte ich es nicht ankommen lassen wollen. War wohl ein verkappter Rationalist, oder eine weitere Manifestation des Alan Musgrave (von dem ich mir heute übrigens ein Kalbsschnitzel kaufen werde). So, und jetzt ist RUHE im Haus. Dank sei dem Himmel!

Paul

[26. Juni 1980]

Also gestern trat vor meiner Vorlesung ein beleibter Herr mit starkem Alkoholgeruch auf mich zu, hinter sich eine scheu sich im Hintergrunde haltende Dame und fragte mich: wer, denken Sie, daß ich bin? Ich hatte keine Ahnung. Es war der Unseld. Den habe ich zwar vor etwa zwei Jahren in Frankfurt gesehen, nach einer Vorlesung dort, hatte ihn aber ganz anders in Erinnerung, viel kleiner und viel weniger jovial. Im Juli will er mich wieder beglükken. Die Dame schleppte er in die Vorlesung mit, wobei ich ihr sagte, sie solle sich einen anderen Freund aussuchen. In der Vorlesung gabs einen kleinen Krach, denn seit den Unruhen wandern da viele Leute mit Dokumenten zum Unterschreiben herum der Art, daß die Ethnologen wegen der akademischen Freiheit und wegen des ethnologischen Berufsethos ein Anrecht auf ihre Daten haben und sie nicht weitergeben wollen und das unterschreibe ich nicht und da fragt man mich immer warum und ich sage, daß ich gegen die akademische Freiheit und für eine demokratische Universität bin und die sagen mir, darum gehe es nicht und ich sage, worum es ›eigentlich‹ gehe, davon sei im Dokument nicht die Rede und die sagen mir, man dürfe die Sache nicht so wörtlich nehmen, es gehe um größere Dinge und da sage ich, na ja, man werfe ja dem establishment vor, daß sie eines sagen, was anderes meinen, wieder was anderes tun, und jetzt tun die angeblich guten Leute auch dasselbe, also Lügen überall und die Pest auf eure Häuser und so geht das fort. ›Viele Professoren haben unterschrieben‹, sagt man mir, ›viele Professoren sind für eine Verschärfung der Prüfungsordnung – soll ich da auch dafür sein?‹, sage ich. Na ja. Hab schon lange nicht mehr solche Diskussionen gehabt aber das Ergebnis ist, daß Leute aus der Fakultät nicht so gut über mich denken (weil ich gegen die akademische Freiheit bin) und Studenten (weil ich nicht unterschreibe). In zwei Wochen hab' ich eine Diskussion über die ganze Misere angesetzt, vorausgesetzt es findet sich dazu Zeit in meinem Seminar. Wie gesagt, in diese Sache kam der Unseld hinein mit seiner scheuen Freundin.

Na ja.

Alles Gute

Paul

[27. Juni 1980]

Also, daß Dir meine Rede so einigermaßen gefällt und zwar nicht nur Dir, sondern zwei ganzen und miteinander eng verbundenen Generationen, das freut mich. Ich habe die Misere ab Seite 22 auch meiner Freundin gezeigt, als sie hier war und vor Angst zitternd erwartete ich ihr Verdikt – denn ich habe ja nie eine Ahnung, wie sich meine Schreiberei von außen ausnimmt. Und ganz unvorhergesehen, und mich sehr überraschend, hat sie mich hinterher mehr gemocht als vorher. Ihr verdanke ich übrigens auch, was an der Sache gut ist, d. h. nicht ihr direkt, sondern meinem Gedankenbild von ihr, denn wenn ich irgendeinen Blödsinn zusammenschrieb, sah mich dieses Gedankenbild sehr kritisch an und fragte: »Na, was soll das?« und so hab' ich die Sache wieder ausgestrichen. So, und jetzt kann ich mich mit gutem Gewissen zur Ruhe setzen – d. h., zu tun hab ich noch immer genug, Vorlesungen vorbereiten (ich tu jetzt immer ganz neue Dinge, nächstes Jahr also den Timaios vom Platon und die Physik vom Aristoteles), proofsheets lesen (für die englischen Gesammelten Werke und die deutschen) und dann, zuletzt noch die Korrekturen für den ›Rückblick‹. Da wirst Du mir wohl nicht böse sein, wenn ich alle Austriazismen und vielleicht auch einige andere Sachen wiederherstelle, denn mit perfekter deutscher Zunge möchte ich eigentlich nicht reden. Den Vertrag habe ich noch nicht, werde Dir schreiben, sobald er ankommt. Den Unseld habe ich kurz gesehen, nicht wiedererkannt, einige Scherze ausgetauscht, im Juli will er mich wieder beglücken (ob mit oder ohne Freundin, das ist mir noch nicht ganz klar). Vor mir liegt das Buch BIEDERMEIERMORDE vom schönen Grafen Jaroschinski, dem Raubmörder, den alle Damen geliebt haben, vom Dichter Scholz, der Leute vergiftet hat und andere interessante Dinge. Gott sei Dank – bald ist das Semester vorbei und ich kann dann wieder gute Bücher lesen, wie dieses. Die Dame, die Du zu Beginn Deines Briefes erwähntest, war das auch die Dame, die Du zu Ende erwähntest? Dann verstehe ich den Beginn des Briefes schon besser. Alles Gute an Euch alle

Paul

Lieber Hans Peter,

ich habe über Deine Bemerkung nachgedacht, daß ich wirkliche Freunde, die mich aus Freundschaft frontal angreifen in meiner Antwort schlecht behandle, nur scheinbare Freunde aber, die leere Freundlichkeiten schreiben (das sagst Du nicht, aber es scheint Du meinst es) viel besser. Aber ich meine: wenn Agassi und Spinner frontal angreifen und doch meine Freunde bleiben können, dann kann ja auch ich frontal zurückschießen und doch *ihr* Freund bleiben. Und überhaupt, scheint es mir, kommt die Freundschaft da nicht herein. Agassi führt jetzt einen harten Angriff, und Spinner hat ihn in der Vergangenheit geführt – da bin ich eben ebenso grob in meiner Verteidigung und das ganz unabhängig davon, ob es sich um Freunde handelt oder nicht (Du hättest hören sollen, wie Imre Lakatos und ich uns befetzt haben in öffentlichen Debatten oder noch früher der Herbert Feigl und ich – und dann gingen wir nachhause und haben uns ins Fäustchen gelacht.) Wenn ich richtig vermute, paßt es Dir nicht ganz, daß der Hans Albert (den meinst Du wohl mit »Freund« in Anführungszeichen, denn sonst gibts da keinen, auf den die Beschreibung paßt) eine so weiche Sache geschrieben hat und ich habe darauf auch weich reagiert. Nun, als ich den Hans Albert las, kam mir die Frage gar nicht in den Sinn, ob er mein Freund sei oder nicht; ich verglich seinen väterlich-scherzenden Ton mit meinem eigenen etwas hektischen und sagte mir: das mußt du noch ändern. Das war mein erster Eindruck und unter diesem Eindruck habe ich ein paar sehr wilde Stellen ausgestrichen und dadurch die Antwort, glaube ich, verbessert. Dabei habe ich gar nicht über meine Beziehung zum Hans nachgedacht, denn diese Sachen beeinflussen mich gar nicht in sehr direkter Weise. Dann schau Dir die von Brentano an. Die hat mich ja sehr hart angegriffen und außerdem hat sie (so scheint es mir eben) ein paar Sachen ganz mißverstanden, aber sie hat so nett geschrieben, daß ich auch von ihr vorübergehend etwas Milde gelernt habe, und dafür war ich ihr dankbar, und das habe ich gesagt. Und außerdem bin ich ja mit dem Spinner gar nicht so schlecht umgegangen, in meinem Buch und in meiner Rückantwort, ich habe ihn einfach geteast (gepflanzt – gehänselt – jetzt weiß ich schon gar nicht mehr, was der rechte Ausdruck ist) d.h. ich habe persönlich zu ihm gesprochen, wenn auch etwas frech, und das tut man doch nur zu Freunden oder, besser, nahen Bekannten, denn was ein Freund ist und was nicht, das kann ich, für mich, sehr schwer entscheiden.

Der Agassi aber, na ja, der hat ja schon sehr scharf geschrieben, und da hab' ich eben scharf zurückgeschrieben und zwar vor allem, weil er so mit gossip dahergekommen ist, vermischt mit Kirchenideologie. Ich habe übrigens inzwischen entdeckt, warum ich auf die Popperei so sauer reagiere (ich weiß nicht, ob ich Recht habe, aber ich glaube schon). *Da wird nämlich immer persönliche Freundlichkeit verwechselt mit Beitritt zur Kirche.* Mit Popperianern habe ich mich unterhalten; auf ihre Probleme bin ich eingegangen; in ihrer Sprache habe ich mit ihnen gesprochen, weil sie eben meine Freunde waren. Aber meine Freunde waren sie ja nicht, denn die Freundschaft haben sie gar nicht erkannt – sie haben sie sofort als Loyalitätserklärung zu den Grundsätzen der Kirche aufgefaßt und als solche publiziert. Es hat lange gedauert bis es mir klar wurde, daß es *das* ist, was mich so gewurmt hat und zwar weil ich damit aus einer Person, einem Freund, in einen Gegenstand, einen Popperianer verwandelt wurde. Ganz abgesehen davon, daß ich die Poppersche Kirche für eine miserable Latrine halte, voll von üblen Gerüchen. Der Imre Lakatos war da ganz anders – der hat immer genau unterschieden zwischen den öffentlichen Erklärungen, die er als Propagandist abgab und den persönlichen Beziehungen, die er betrat. Er war ein reiner Propagandist, hat aber gerade darum Freundschaften niemals in Kirchenbeiträge verwandelt. Übrigens: auf Seite 35, Zeile 15 schreibe statt »Vergnügen« »*Wollust*« (wieso bin ich eigentlich auf Vergnügen gekommen?). *Alles Gute* an Euch alle

Paul

21. Juli 1980

Lieber Paul,

na, also so elend, wie Du sagst, ist Dein Geschreibsel ja nun bei Gott nicht, denn immerhin – viele freuen sich darüber, manche ärgern sich und außerdem gibst Du vielen Leuten immer wieder Anlaß, aus Empörung etwas zu Papier zu bringen, was sie in gedruckter Form zudem noch in Stolz versetzt. Ist das denn nichts?

So, jetzt schreit schon wieder meine schizophrene Nachbarin, eine sehr nette und gebildete alte Dame, damit ich zu ihr komme, um sie zu unterhalten. Letzte Woche schrie und rezitierte sie während der Nacht so laut zum Fenster hinaus, daß ich mich anzog, zu ihr rüberging und ein paar Flaschen Sekt mit ihr trank, worauf sie guter Dinge war. Stell Dir vor, ich war seit 12 Jahren der erste Mensch, der ihre Wohnung betrat, denn alle hatten sie Angst, ihre Schwelle zu überschreiten, weil die alte Dame ja wahnsinnig ist, und weil sie glaubten, von ihr erstochen zu werden. Ich habe mit der Polizei, dem Psychiater und dem Pfarrer gesprochen, alles eiskalte Charaktermasken und daraufhin beschlossen, diesen Umgang künftig zu meiden und stattdessen öfter meine Abende sekttrinkenderweise mit geisteskranken Damen zu verbringen.

Bis zum nächstenmal

Hans Peter

Lieber Hans Peter,

danke für Deine Aufforderung, das Beschmieren von Papieren doch nicht so schnell aufzugeben. Well, vielleicht nicht – aber im Augenblick habe ich die Nase voll. Erstens bin ich ja schrecklich faul und das Abfassen eines Buches ist schwere Arbeit. Zweitens ist mir die Unbefangenheit verloren gegangen. Früher, ja, da setzte ich mich hin und schrieb drauf los – schon als vierjähriger beschmierte ich gerne Papierstücke mit Buchstabenzeichen, eines nach dem anderen und fand dabei großes Vergnügen. Seit aber Against Method heraußen ist und die Kritiker ihre Rezensionen schreiben, wird dieser Prozeß zu einer ganz anderen Sache. Ideen werden produziert. Ein Standpunkt wird zusammengekleistert. Positionen werden bezogen. Und ich weiß gar nicht, ob ich sowas tun will. (Du darfst nie vergessen, daß das Erwachen zum Bewußtsein, was man anders auch das Reifwerden nennt, bei mir erst sehr spät eingetreten ist – und seine Vorteile habe ich bis jetzt nicht bemerkt). Dieses Licht, das nun auf mir selber ruht, mag ich gar nicht und so nahm ich mir eben vor, wieder in der Dunkelheit zu verschwinden, d. h. nichts mehr zu schreiben. Zweitens aber hat die Selbstreflexion, die durch das Licht ausgelöst wurde (und die mir auch nicht hilft – lieber lebe ich dahin wie eine Eintagsfliege) zur fundamentalen Frage geführt: ja warum denn schreiben? Und darauf habe ich keine Antwort. Schwer ist es. Wenig Geld bringt es ein. Ja warum denn? Sir Karl hat eine einfache Antwort: um die Wahrheit zu verbreiten. Um seine Ideen zu verbreiten – und diese Ideen sind wichtig. Diese Antwort gibts bei mir nicht. Also – warum schreiben? Außer man unterhält die Menschen, aber das tu ich ja nicht. Unterhaltung ist was ganz anderes. Und schließlich hast du selbst mir ja gezeigt, daß meine Ideen zum nächsten Buch ja schon sehr trivial (trivial wahr oder trivial falsch) sind. Also lassen wir die Sache vorläufig auf sich beruhen. Meinen Rückblick habe ich nochmals gelesen und bin sehr unzufrieden, mit Ton, Stil etc. etc. *Elendes Gekrächz* (an dem ich aber doch einige Korrekturen anbringen möchte). Wenn Du nach San Francisco kommst, mußt du mir vorher sagen, wann Du wo sein wirst, sodaß ich Dich anrufen kann und einen Termin ausmachen, denn sonst bin ich entweder nicht zuhaus oder bin zuhaus, öffne aber nicht das Tor, oder bin gar nicht im Lande (habe die Absicht zu den Weihnachtsferien wieder nach Europa zu kommen für einen Monat oder so). Wenn ich aber da bin, und Du läßt mich wissen, wo Du bist und welche Telefonnummer Du hast, dann werde ich Dich anrufen, mit Auto abholen, füttern, *tränken* und den leblosen Leib mit Hilfe meiner Freunde wieder an der alten Stelle abliefern. So und jetzt geh' ich auf die Post und gebe eine ganze Menge von Briefen auf.

Alles Gute

Paul

Lieber Hans Peter
 in Eile
 Habe mir eben zwei Brillen angeschafft und es erscheint jetzt auch der größte Blödsinn sonnenklar. Lieber Himmel, so schön habe ich schon lange nicht mehr gesehen.
 In meiner Verwandtschaft haben wir etliche Verrückte gehabt. Alkoholiker, Gemeingefährliche, Vergewaltiger, Halbidioten etc. und alle die kamen uns an Sonntagen besuchen als ich ein kleiner Bub war. Mich setzt es heute noch in Erstaunen, wie ich alle diese merkwürdigen Menschen so einfach hinnahm. Nun ja, meine Mutter war auch etwas seltsam – und da dachte ich mir: so sind eben die Erwachsenen.

Alles Gute

Paul

[6. August 1980]

Lieber Hans Peter,

also einen großen Glückwunsch zu Deinem Projekt, das ›objektiv‹ fantastisch und subjektiv sicher sehr befriedigend sein wird. Auch bin ich schon neugierig auf Deinen weihnachtlichen Bericht – angenommen, wir treffen uns zu Weihnachten, oder so da herum, angenommen natürlich, es gibt nicht wieder so einen Unfall wie in Meilen (den ersten meine ich, wo wir uns nicht getroffen haben und nicht den zweiten, wo wir ineinander rannten). Aber wie: gedenkst Du den Suhrkamp zu verlassen? Und was wird der Unseld ohne Dich tun? Oder hast Du ihn beschwichtigt indem Du ihm versprachst, das Buch bei ihm herauszubringen? Aber was geschieht da mit dem Syndikat? Werden die nicht sehr böse sein? Oder fährt der Unseld mit, um Dir das MS blattweise aus der Hand zu nehmen (den Cheyenne kannst Du ihn als Deinen Assistenten vorstellen »etwas alt zwar, aber ich habe mich an ihn gewöhnt«). Daß Deutsche bevorzugt werden – das scheint nicht nur in Kansas so zu sein. Am Fernsehen habe ich eben eine der ausführlichsten Reportagen über den Castro gesehen, die es, glaube ich, je gegeben hat. Und auch die wurde von einem Deutschen organisiert. Der Mann in San Francisco, bei dem Du Deinen Durst stillen wirst (und der ihn sicher stillen wird) heißt übrigens Modesto Lanzone, nicht Francesco (das ist sein mißratener Bruder) – da sitzt man an der Bay, ißt wunderbar, genießt feinen Wein und vor allem die Mehlspeise, na, die hat sich gewaschen (ein Fedora cake, der zerläuft einem auf der Zunge). Hier bei mir gibts im Vergleich zu Deinen Nachrichten gar nix. Ich lese halt den Aristoteles, denn über den halte ich ja im nächsten Jahr Vorlesungen, auch den St. Thomas, St. Augustin, St. Anselm und die anderen Herren; der Aristoteles ist schwer und zähe and I must find a gimmick to make him interesting. Einen habe ich schon gefunden: Menander (das ist sehr weitläufig, aber lustig). Ein anderer ist natürlich die Scholastik. Dann die mittelalterliche Politik etc. etc. Alles das tu ich jetzt mit einer großen Brille auf der Nase. Das kam so. In den letzten Tagen (Wochen, Monaten) habe ich schon nicht mehr sehr gut gesehen. Oft geschah es bei einer Vorlesung, daß ich einen Text vorlesen wollte: »Also der Platon, der sagt das so...« und dann nahm ich den Plato her, schaute hinein, konnte aber gar nichts sehen und so habe ich den Text einfach erfunden und wenn Leute hinterher zu mir kamen und sagten: »Wo ist diese Stelle?« Dann schaute ich bei ihnen herum und sagte schließlich: ja so, Sie haben ja eine andere Übersetzung. Und, irrational wie ich bin, habe ich nie an Brillen gedacht. D. h. ich habe nicht an Brillen gedacht und gesagt nein, ich habe überhaupt nicht an Brillen gedacht. Da ging ich nun eines schönen Tages mit dem Präsidenten der Schweizer Forschungsgemeinschaft zum Mittagessen und, wie immer, wenn ich mit jemand zum Essen gehe, bat ich ihn, mir die Speisekarte vorzulesen. »Warum denn?« sagte er, »weil ich das nicht sehe«, sagte ich. »Sie brauchen eine Brille« sagte seine Frau und lieh mir ihre. Und, siehe da, ich konnte deutlich alles sehen. Hinterher gingen wir zu einem Brillenladen und als ich schließlich den Busen der mir die Brille aufsetzenden busenreichen Dame klar und groß vor mir sah, wußte ich, daß ich auf dem richtigen Wege war. Jetzt habe ich drei Brillen. Sehen tu ich klar, nur Kopfschmerzen habe ich immer, möglicherweise wohl darum, weil mir das so klar Gesehene Kopfschmerzen bereitet. Ein Herr Strasser aus Graz hat mir ein Buch geschickt und einen Artikel mit der Bemerkung, Du hättest ihm gesagt ich sei gierig nach solchen Dingen. Ich habe ihm geantwortet, das sei nicht wahr, Du wolltest mich nur wieder in die Philosophie zurücklocken, aber so leicht gehe das nicht, also wanderte besagtes Buch auf den Unlesungshaufen (dem Lakatos ist ein ähnlicher Scherz vor einigen Jahren noch gelungen aber inzwischen bin ich viel weiser, d. h. fauler geworden). So, und jetzt alles Gute an Euch alle

Paul

[7. August 1980]

Lieber Hans Peter,

noch einmal bin ich den ganzen Rückblick durchgegangen, habe die Spinner-Watsche eliminiert, den Text da und dort verbessert, neue Dinge eingeschoben, alte ausgestrichen. Aus reiner Neugierde habe ich mir die erste Seite vom Peter Strasser angesehen, da sah ich mich in erlauchter Gesellschaft, habe das sofort korrigiert wieder in einer Fußnote, nämlich in Fußnote 13. Einen sehr guten Stil hat der Peter Strasser und das schon so jung, während ich mich erst für Jahre durch akademisches Englisch hindurchkämpfen mußte. Also, diese neue Fassung des Rückblicks kriegst Du in *ein bis zwei Tagen*, sie ersetzt alle früheren Fassungen und ist die *wirklich und absolut und unweigerlich letzte Fassung*. Und bitte, laß mir ein paar grammatische Fehler und Viennismen drinnen und korrigiere mich nicht auf antiseptisches Deutsch und, wenigstens nicht ganz! Ich weiß, ich mache oft Fehler – aber so ist das eben. Sag einmal – von überallher bekomme ich Briefe von Leuten die mit Dir korrespondiert haben – wieviel schreibst Du eigentlich? Bist Du so ein moderner Mersenne? Und woher nimmst Du die Zeit? Und was wirst Du tun, wenn Du bei den Cheyenne bist? Fällt da nicht die ganze chose zusammen und alle Fahndungsbefehle, die man wegen der Traumzeit und aus anderen Gründen an Dich ausgestellt hat, verlaufen sich im Sand? Das wird ja sehr traurig sein für die Behörden, zumal da sie dann nicht einmal Deinen Leib als Beweis ihrer Erfolge vorweisen können – verschwunden bist Du, in dünne Luft. So, und jetzt fahre ich hinunter in das Dorf Meilen, gebe dort Dich und auch andere auf, esse zu Mittag, inmitten von italienischen Arbeitern, die Biographie von Fouché lesend, der mir nicht schlecht imponiert. Zuhause liegt der Aristoteles haufenweise bei mir herum, auch der St. Thomas, alles für die nächste Vorlesung. Alles sehr interessant nur leider läßt mein Griechisch viel zu wünschen übrig und auf die Übersetzer kann man sich gar nicht verlassen. Drei Worte Aristoteles, drei Zeilen in der Übersetzung und immer was anderes bei anderen Übersetzern. Es ist schon eine rechte Qual.

Alles Gute

Paul

PS: Seit ungefähr einem halben Jahr bin ich am Editorial Board einer Zeitschrift mit dem Titel ›Speculations in Science and Technology‹. Dahin wurde ich eingeladen, weil die Zeitschrift SCIENCE einen Artikel, mit Photographie vor King-Kong-picture über mich veröffentlicht hatte. Der editorial Board ist voll von berühmten Wissenschaftlern wie Prigogine, Jammer, Truesdell etc. Aber seit mein Name da steht, schreibt mir der arme Editor, bekommt er mehr Schund als vorher, und wenn er ablehnt dann sagt man, ich hätte bewiesen, daß Schund (d. h. also die Elaborate der Abgelehnten) erlaubt seien, und er bat mich, was dazu zu schreiben. Nun, auf Seite 8 und 8a der neuen Fassung habe ich eine Skizze dessen geschrieben, was ich dem Editor zu senden gedenke. Was denkst Du dazu? Übrigens – Seite 40 – ist der Humboldt der Humboldt-Stiftung der Wilhelm oder der Alexander? Ich glaube, es ist der Wilhelm, denn der hat sich ja viel mit Erziehungsfragen befaßt – aber ich bin nicht sicher. Habe übrigens eben einige Dinge von ihm gelesen – sehr eindrucksvoll. Diese alten Herren waren nicht übel.

Lieber Hans Peter,
aber natürlich – meine Bemerkungen zum Stil sind ja nicht ernst gemeint, ich pflanz' Dich ja nur.
Und so ist dieses Abenteuer glücklich zu Ende gegangen.
Und ein nächstes kann beginnen.
Welches?
Das ist schwer zu sagen.
Über mir sind nämlich neue Leute eingezogen und die ganze akustische Situation hat sich verändert. Man trampelt mir auf dem Kopf herum, mit Gebrüll füllen sich meine Ohren, so bin ich in ein Gewehrgeschäft gegangen und habe mir Ohrenschützer gekauft, der Schweizer Armee, »es gibt keine besseren Ohrenschützer« hat man mir erzählt, mit Stolz in der Stimme. Das kann ich nur bezeugen, aber was man mir nicht gesagt hat, daß es auch Denkschützer sind, denn wenn ich sie auf habe, dann fällt mir partout nichts ein. So habe ich die Wahl entweder des Lärmes wegen oder der Ohrenschützer wegen, nicht denken zu können, was wieder einmal die Idee nahelegt, überhaupt mit dem Denken aufzuhören.
Da stelle ich neulich den Fernsehapparat ein und auf dem Schirm erscheint ein vage bekanntes und sehr heruntergekommen aussehendes Individuum. Ja wer ist denn das, frage ich mich – und es stellt sich heraus, das bin ich selber. Lieber Himmel – ist es das, was die Leute von außen sehen? Katastrophe. Und der Blödsinn, den ich dahergeredet habe! Und dazwischen saß ich mit steinernem Gesicht auf meinem Stuhl und jagte dann und wann eine Fliege weg, wie ein seniles Rhinozeros. Na ja, Grund dafür hat es schon gegeben – vor der Affaire wurden wir alle für eine ganze Stunde in ein kleines Zimmer ohne Fenster gepfercht und die lieben Herren zogen alle ihre Zigaretten heraus und mir wurde schlecht. Ich wollte ja auch partout nicht kommen, aber der Hochkeppel hat so geweint, als hinge sein ganzes Leben davon ab und ich Trottel glaubte, das sei wirklich so und habe nicht begriffen, daß er immer eine solche Arie singt.
Im Lärm lese ich den Aristoteles, die *Physik*, der ist das Thema für meine nächste Vorlesung an der ETH, im nächsten Sommer, bin schon bis zum achten Buch vorgestoßen, vom unbewegten Beweger und daneben mache ich mir Notizen für eine neue moderne Fassung des *Amphytrion*, eine Geschichte, die mich schon immer sehr interessiert hat.
Ansonsten, nichts zu berichten. Wenn alle Zufälle sich auf die

rechte Weise vereinen, dann werden wir vielleicht *zusammen* den Vine Deloria in Arizona besuchen, der hat mich nämlich eingeladen zu einem Steak in seinem Haus, any time. Na ja, ist ja nur so ein Plan und der Zufall kann da noch viel dazwischenfunken.

Die Alberts besuchen? Ja sind die noch da? Und wie lange? Vielleicht reite ich einen Zug da hinauf eines schönen Tages.

Alles Gute und denk' nicht zuviel

Paul

13. August 1980

Lieber Paul,

anderer Vorschlag: laß die Kopfhörer vier Wochen auf und schreib dann ein Buch über sensory deprivation. Oder geh in dasselbe Armeegeschäft und kauf Dir ein Repetiergewehr. Dann wird es im Stockwerk über Dir bald wieder himmlisch ruhig sein.

Die Alberts sind bis zum 8. September in Österreich, komm doch dann mal, bevor du nach Amerika fliegst, bei ihnen vorbei, zusammen mit Deiner Tübinger Freundin. Die Alberts würden dann auch die Christiane van Briessen einladen, und die Gretl sicher auch mich. Du fliegst doch erst am 15. September, oder?

Ja, das mit Deloria ist eine gute Idee. Sein Vater war übrigens Bischof, deshalb will er, daß Du die Welt metaphysically leaderst. Wir werden dann auch den Soziologen Hans Sebald besuchen, der in der Wildnis von Arizona eine Hütte à la Naess hat und den Indianer Alfonso Ortiz, der in einem Pueblo in New Mexico, gleich neben Arizona, wohnt. Und wenn wir dann schon in Arizona sind, ist es nicht mehr weit nach Oklahoma zu den Cheyenne, bei denen ich ja dann wohnen werde.

Bis bald

Hans Peter

[13. August 1980]

Lieber Hans Peter,
da fällt mir gerade auf: begrüßt hast Du die Tatsache, daß ich die letzte Zeile aus meiner Agassi-Fußnote weggelassen habe. Sicher, denn das war eine blöde Bemerkung. Aber, warum hast Du mich nicht darauf aufmerksam gemacht? Du hast schon gesagt, ich soll nicht auf den Agassi schimpfen, aber nicht spezifisch, was und wo. Findest Du in der neuesten Fassung weitere blöde Bemerkungen, dann laß es mich bitte wissen, denn so die richtige Perspektive habe ich leider nie. Es gelingt mir gelegentlich, aber nicht immer, und darum ist äußere Hilfe sehr willkommen.

Die Aristotelische Physik habe ich eben beendet – jetzt kommt die Schrift über den Himmel. Über mir: große Stille nach großem Lärm gestern. Sollte da ein Multimord geschehen sein?

Wenn Du Leute an mich schickst mit dem Hinweis, ich könnte ihnen Fragen über Dich beantworten, dann werde ich sie, falls sie mich je erreichen (was ich bezweifle) zum Hans Albert schicken mit der Bemerkung, der verstehe Dich am besten. Also sei vorsichtig!

Für einen Vorteil hältst Du es, daß die Leute nach dem Druck meines Nachworts wieder etwas zu schreiben haben werden. Was für eine öde Sache! Gestern habe ich eine Aufführung der Gschichten aus dem Wienerwald des Ödön von Horvarth gesehen. Da lernt man was über die Menschen, aber nicht so, daß man jetzt etwas über sie schreiben kann, sondern anders verhalten wird man sich, ein besserer Mensch wird man werden, hoffentlich. Von der Schreiberei wird niemand ein besserer Mensch, höchstens ein mehr eingebildeter. Und insbesondere wenn es um so sekundäre Sachen geht wie die IDEE der Wahrheit, oder die Vernunft, oder die Wissenschaften. Wie Fliegen auf einem Kuhfladen – und darüber ist der blaue Himmel. Nein, das alles ist Zeitverschwendung und Energieverschwendung und es tut mir leid, daß ich selber zu dieser Misere beigetragen habe. Wenn Dir die Sache mit den Cheyenne gelingt, dann tust Du, wennzwar auch schreibend, etwas sehr viel besseres, Du bringst Menschen anderen Menschen nahe (falls Dir Deine intellektuellen Neigungen nicht zusehr dazwischenfunken, etwa in Form von Fußnoten über den Wittgenstein).
Alles Gute   *Paul*

18. August 1980

Lieber Paul,

nein, auch ich glaube nicht, daß all diese drittrangigen Artikelchen in die Geschichte eingehen oder, was wichtiger wäre, die Menschen erfreuen werden. Aber sie erfreuen meist ihre Verfasser, und das ist ja auch was wert. Viele Leute freuen sich über ganz merkwürdige Dinge. So vor 15 Jahren hab ich manchmal meine damaligen Professoren betrachtet, wenn sie einen Artikel zu Gesicht bekamen, in dem sie zitiert wurden: plötzlich kam ein kindliches Strahlen in diese professionellen Gesichter, so, wie wenn Du einem dreijährigen Mädchen ein dickes Aprikosen-Eis kaufst.

Nicht nur ich schicke Dir seltsame Leute – manchmal schreiben mir auch Verrückte, die meine Adresse anscheinend von Dir haben. So unlängst die Reinkarnation eines balinesischen Prinzen oder ein Schweizer Tänzer, der uns beide zu einer homosexuellen Feier auf eine Schihütte eingeladen hat. Ich hab ihm die Adresse von Erich Jantsch gegeben.

Vorgestern haben wir im Wald eine wuselige, noch blinde Babymaus gefunden, die einsam vor sich hin hoppelte. Wir haben sie mit nachhause genommen und Tag und Nacht mit der Pipette und verdünnter Milch gefüttert. (Fressen konnte sie noch nicht.) Wir haben sie richtig lieb gewonnen, aber heut mittag ist sie doch gestorben. Wahrscheinlich war die Kuhmilch trotz der Verdünnung mit Wasser noch zu fett, auch war die Prozedur des Fütterns vielleicht zu anstrengend für das kleine Ding – der kleinste Schnuller war noch zu groß und wir mußten sie zwangsfüttern. Sie hat ganz kläglich gefiepst, aber wenn man sie in die Hand nahm und fest umschloß, hat sie sich wohlgefühlt und ist gleich eingeschlafen. Heut war ich im Zoogeschäft und hab zwei Wüstenspringmäuse bestellt. Ich hab sie schon gesehen, sie werden noch von ihren Eltern, d. h. von ihrer Mutter gesäugt, aber in 14 Tagen kann ich sie abholen. Wenn sie dann ihrerseits Junge kriegen, werde ich Dir einen Wurf nach Berkeley schicken. Du kannst sie unter anderem zur Papierzerkleinerung verwenden. Die Leinenausgabe der »Conjectures and Refutations« schaffen zwei adoleszente Wüstenmäuse in einer Stunde, zum Nachtisch kannst Du ihnen dann noch die Taschenbuch-Ausgabe von »Erkenntnis für freie Menschen« beigeben.

Herzlich   *Hans Peter*

7. September 1980

Lieber Hans Peter –

Langsam lerne ich griechisch für meine nächste Vorlesung, über den Aristoteles. 14 Worte kann ich schon – nein, das war vorgestern, heute kann ich 16! Auch habe ich den Jack London entdeckt (wie Du vielleicht schon bemerkt haben wirst, bin ich sehr ungebildet – hatte noch keine Zeile von ihm gelesen). Das war ein großer Schock (ich las den Martin Eden). Was für eine Fantasie! *Die* Verarbeitung der Wissenschaften und der Vernunft lasse ich mir gefallen. Auch las ich die Autobio von Claire Goll – kennst Du die? Und vom Feuchtwanger, den ich sehr verehre, den Goya. Dann und wann fahre ich in die Stadt und sitze in einem Kaffeehaus, nicht aber in jüngster Zeit, denn da gibt es Straßenkämpfe fast jeden Tag und es kann einem geschehen, daß man mitsamt Auto einfach umgedreht wird. Wie Berkeley 1968! Was da wohl herauskommt? Die Behörden sind ganz hilflos.

So, und jetzt alles Gute

Paul

[13. September 1980]

Lieber Hans Peter,
 den Erckenbrecht habe ich einmal am Telefon gehört, aber gesehen habe ich ihn nicht. Ich kenne aber ein kleines Büchlein von ihm und ich halte es für sehr gut. Ich wünsche, ich beherrschte die Kunst der heiteren Ironie wie er. Gerne hätte ich was zu ihm gesagt, auch wenn er kritisch ist, aber dazu ist es jetzt zu spät.
 Also, eine Menge Arbeit scheinst Du mit der Sache schon zu haben, schwäbische Meteoriten eingeschlossen. Ich weiß wie das ist – ich war selbst zweimal Herausgeber, einmal für eine Konferenz, wo ich alle Reden und Diskussionen vom tape in genießbares Englisch umsetzen mußte und zwar im Briefverkehr mit verschiedenen gereizten Herren, und ein zweitesmal, als ich eine Festschrift für den Herbert Feigl herausgab. Beidemale fragte ich mich am Ende: hat es sich gelohnt? Und ich sagte: nein. Ich glaube nicht, daß Deine Antwort anders ausfallen wird. Meine zweite Entdeckung nach dem Jack London ist der Cyril Hare – eine ganz andere Sache. Ein Schreiber kultivierter Detektivgeschichten. Aber sehr gut. Es ist wirklich erfreulich, wenn man lesenderweise neue Menschen entdecken kann mit solchen Talenten.
 Na, und jetzt alles Gute bis wir das nächstemal ineinander laufen, am Bahnhof in Zürich, Du auf dem Wege zur Pflicht, ich, sie vermeidend.

Paul

Berkeley, 30. September 1980

Lieber Hans Peter,
   hier haben wir 35 Grad Hitze, ich liege im Garten und lese abwechselnd Giordano Bruno und Ruth Rendell (ungebildet wie Du bist, weißt Du natürlich nicht, wer die letzte Dame ist. Sie ist eine englische Mystery Writerin). Auch male ich die Außenseite des Hauses, 10 cm² jeden Tag. Sieht schon sehr gut aus. Im Garten habe ich zusätzlich zu den Waschbären, Stinktieren, Eichhörnchen, Hunden und Katzen jetzt auch noch eine Minischlange, etwa 10 cm lang.

Alles Gute *Paul*

16. Oktober 1980

Lieber Hans Peter,
 viele Glückwünsche an alle Beteiligten bei der neuen Menschwerdung. Bald wirst Du einen ganzen Stamm beisammen haben. Wenn ich das nächstemal nach Europa komme, muß ich mir die ganze chose mal von der Nähe ansehen. Der Dreyfuß ist nicht ein Freund, sondern ein Bekannter, er ist ein Kollege am Department hier, seine Spezialität sind Kierkegaard und Heidegger und Computer und als Beweis kann er eine Postkarte vom Heidegger selber vorweisen, enthaltend eine Einladung, ihn, d. h. den Heidegger an einem Mittwoch zwischen 15 Uhr und 15 Uhr 15 zu besuchen. Versprochen habe ich Dir einen Beitrag zum Eliade? Schon möglich – aber im Augenblick fällt mir partout nichts ein zum Thema.
 Wählen, ja, das kann ich nicht, nicht hier in den USA und was in Österreich vorgeht, weiß ich nicht. Das mit den Grünen ist auch so eine Sache. Wäre ich in Deiner Situation gewesen, so hätte ich so gedacht: angenommen, es besteht wirklich die Gefahr, daß der Strauß drankommt, dann hätte ich die SPD gewählt. Angenommen, die Gefahr besteht nicht, dann hätte ich die Grünen gewählt, um der Öffentlichkeit zu zeigen, daß sie da sind. Aber ganz sicher wäre ich mir der Sache auch nicht gewesen und zwar vor allem darum, da ich dem Strauß gegenüber nicht die Schreckreaktion hatte, ich habe den Wahlkampf am Fernsehen verfolgt, die viele Menschen hatten. Der Jantsch, der ist hier, er schreibt ein Buch über Elefanten, für Kinder, ich habe ihn vor einer Woche gesehen, die Zeit, die man braucht um ihn herumzugehen, wird länger und länger. Heiß war es hier, über 35 Grad, ich lag im Schatten und las Frances Iles, Ruth Rendell, Marcia Mueller, John Macdonald und Aristoteles, der gar nicht so uninteressant ist. Übrigens, mein Assistent in Berkeley hättest Du nicht werden können, denn ich habe keine Assistenten und was es an Assistenten gibt, die gehören dem Department und keiner einzelnen Person. Und beim Department wärest Du nicht angekommen, denn die haben sehr hohe Maßstäbe; und meine Unterstützung hätte Dir nichts genützt, ganz im Gegenteil, that would have been the kiss of death. Alles Gute an Euch alle

Paul

Berkeley, 25. November 1980

Du sagst, »alle Leute« sagen, daß Dein Dialog keine Parodie ist. »Alle Leute«, das schließt wohl kaum die Leute ein, die mich kennen. Dein Dialog trifft wunderschön einen *Charakter*, den ich mir gelegentlich umhänge – und dann rede ich auch übertrieben Wiener Dialekt, weil das die Leute ärgert – aber mit MIR hat das alles nix zu tun. Da las ich eben ein Buch, ein sehr schönes Buch, »The Confessions of Phoébe Tyler«, die Autobiographie einer Schauspielerin, die in einer daytime television series, einer sogenannten soap opera mitwirkt. Im Fernsehen spielt sie eine sehr aggressive Dame. Auf der Straße wird sie oft angehalten und beschimpft: »How can you do the things you did to poor soandso?« Ein anderer Schauspieler der Serie wurde erschossen. Eine Woche später sieht ihn ein Mann auf der Straße mit allen Zeichen des Entsetzens an: »My God – but you are dead!« Die »Alle Leute« von denen Du redest, gehören »alle« in diese Kategorie. Ich aber, so scheint es, muß ein sehr guter Schauspieler sein.

Ich lege bei eine kleine Plauderei, die ich für das Bulletin der ETH in Zürich geschrieben habe. Als ich das MS einschickte, rief mich die Herausgeberin des Bulletins an: »Bitte, besuchen Sie mich, ich habe große Probleme.« Ich besuchte sie. Ihr Problem war, daß sie die ganze Sache nicht verstand. So erklärte ich ihr, daß ich mich über mich, über mein Fach und über die ETH lustig mache – und dann war ihr sofort alles klar: »Ja, jetzt verstehe ich alles...« und dann fing sie zu lachen an, wurde aber sofort wieder besorgt: »Aber was werden die Leser denken?« »Das werden sie sicher in den Leserbriefen schreiben«. »Ja«, sagte sie, nicht sehr glücklich.

Hier war es Sommer für lange Zeit. Jetzt ist es neblig. Ich lese eben die Autobiographie von John Huston – ein wunderbares Buch.

Alles Gute an die Gefährtin, Kind und, natürlich, Dein WERK

Paul

Da habe ich ganz vergessen: der Norddeutsche Rundfunk wollte ein einstündiges Programm mit mir machen: PKF der Mensch, PKF der Lehrer, PKF und seine Kritiker, die Ideen des PKF und anscheinend solltest auch Du dabei beteiligt sein. Ich kenne solche Programme. Da sitzt ein armer Mensch steif vor seinem Piano und spielt schlecht irgendeine Melodie; das ist »der Mensch« (so bei einem Programm über Bloch). Da sitzt derselbe Mensch inmitten einer kleinen Gruppe steifer und steinern dreinschauender Jünglinge und Jungfrauen und redet unverständliches Zeug. Das ist »der Lehrer«. Dann sieht man ihn frontal, vor Erregung glühend über eine Sache, die sonst keinen Hund hinter dem Ofen hervorlocken würde: das ist »der Denker mit seinen Ideen«. Und schließlich reden ein paar Dummköpfe über ihn, ordnen ihn ein oder rümpfen die Nase: das sind die Kritiker. Nein, ohne mich. Für eine Sekunde überlegte ich mir, den Leuten vorzuschlagen, daß ich allein der Regisseur der Stunde sein solle – dann hätte ich eine Kamera hier beim Modesto Lanzone angebracht, eine andere an der Union Street und hätte alle Damen, die ich daselbst kenne, eingeladen, sich in die unmöglichsten Kleider zu werfen und eine Vorstellung zu geben... aber sowas läßt kein deutscher Rundfunk zu. Also habe ich abgesagt. Mei Ruah wüll I habn. Glaube übrigens nicht, daß der beiliegende kleine Aufsatz eine Rückkehr zur wissenschaftlichen Tätigkeit ansagt. Das fiel mir so an einem Nachmittag ein und solche Gelegenheitsschmierereien tu ich ja noch immer. Grüße übrigens den Hans und die Gretl sehr schön von mir, wenn Du beide wieder siehst.

Paul

Berkeley, 2. Dezember 1980

Lieber Hans Peter,
eben ist der blaue Band bei mir angekommen. Er ist nicht so schön himmelblau wie dieses Papier, etwas dunkler, aber man kann es ihm nicht verargen, denn die Materie ist ja auch etwas schwer. Ich hab' ihn durchgeblättert und bin ganz gerührt über dieses Spektrum von Ernst über höheren Blödsinn zu niederer Burleske. Auch Deinen Dialog hab' ich nochmals durchgelesen und jetzt kenn ich mich schon gar nicht mehr aus:
> Halt dir den Spiegel vors Gesicht
> Bist du's, oder bist du's nicht...

Und daß Du das Bild vom Wrestling hinzugefügt hast, finde ich ausgezeichnet. Aber, wo sind die Zeiten! Der Kinji Shibuja ist retiriert, der Pat Patterson leitet eine Garage, und ihre Nachfahren sind genau so farblos, wie die Nachkommen anderer interessanter Damen und Herren. Interessant waren auch die Bilder für mich. Also so hab ich mir die Leute gar nicht vorgestellt – nicht die Flossie Lewis, die ich nie getroffen habe, nicht den Diederich, nicht den Deloria.

Übrigens hat sich der Jantsch beklagt (wenn auch nicht bitter), daß die Mary Ann aus dem Bilde weggelassen wurde und er hat auch gefunden, daß man seinen Namen auf der Hinterseite des Buches misspelled hat – welch ein Verbrechen! Aber don't hold it against him: er leidet eben sehr. Er war etwas krank, ging auch auf Vortragsreisen und als er nach langer Zeit wieder bei der Mary-Ann, der Eselin, auftauchte, wollte sie nichts mit ihm zu tun haben. Nicht einmal seine Karotten fraß sie, sie drehte sich um, als ob es den Jantsch nicht gebe und überließ ihn seinem Elend. Ich habe Erich eine halbe Stunde nach dem Ereignis gesehen – er wurde von zwei Studenten herumgefahren, ich war gerade auf meinem Spaziergang durch den Wald – und, ich muß sagen, es hat ihn arg mitgenommen. »So sind die Weiber«, sagte er. »So ist die Liebe«, sagte *ich*. Auch höre ich, daß der Naess ursprünglich ein Bild von sich in einem outhouse geschickt hat und auch dieses hast Du unterdrückt – beginnst Du langsam die Moral der höheren gesellschaftlichen Schichten anzunehmen, die Dich bezahlen? Was diese höheren Schichten betrifft – ich habe eben einen Brief vom Unseld bekommen (beigelegt) wo er sich mit seinem »sense of humour« brüstet. Der Mann ist verrückt. Da er aber offenkundig sehr leidet darunter, daß er nicht in einem ernsteren Kontext vorkommt, habe ich einen Kompromiß vorgeschlagen.

Nochmals habe ich eine Einladung zum Fernsehen bekommen, diesmal von Kreuzer in Wien. Der Kreuzer ist nicht schlecht. Der zieht den Leuten die Würmer ganz schön aus der Nase. Aber das ist es eben – meine Würmer möchte ich selbst behalten und ohne sie gibt es ja kein Interview.

So, und jetzt bis zum nächsten Brief alles Gute

Paul

[22. Dezember 1980]

Lieber Hans Peter,
 ich hab' meinen Irrationalismusaufsatz noch einmal durchgelesen – also mich muß eine tolle Sau gebissen haben. Schmeiß den Schmarrn sofort in den Papierkorb. Ersatz kann ich Dir leider nicht bieten – ich bin ein sehr langsamer Schreiber – aber Du hast ja sehr viele gute Leute in Deinem Band.

Langsam dämmert es mir, daß Deine Fußnote nicht als ein Gegen*witz* gemeint war – nein, das hast Du zum Teil auch ernst gemeint. Und Du rechnest mir noch vor, wie viel (wenig) Du vom Suhrkamp bekommen hast. Du hast also den Briefwechsel zwischen dem Unseld und mir so interpretiert:

Unseld: *Lieber* Herr Feyerabend – daß ich im Rückblick vorkomme, das ist mir sehr unangenehm; außerdem haben sich die Dinge nicht so zugetragen; also tun Sie mir bitte den Gefallen und lassen Sie die Stelle weg.

Ich: *Lieber* Herr Unseld – es ist mir sehr unangenehm, daß ich Ihnen Unannehmlichkeiten bereitet habe; ich habe volles Verständnis für Ihre Forderung, hoffe aber, daß Sie auch Verständnis haben werden für meine Bitte; so ohne weiters kann ich nämlich die Sache nicht weglassen, ich nehme ja später noch darauf Bezug; aber warum wälzen wir nicht die Chose auf den Hans Peter ab, der wird ja (chuckle, chuckle) dafür bezahlt, und so sind wir beide aus der Tinte.

Gemeint war die Sache aber so:

Unseld: wie oben

Ich: ich glaube, Sie regen sich über nichts auf; als Historie war die Chose ja nicht gedacht und selbst als Historie stimmt sie – lesen Sie doch nur etwas genauer; aber warum machen Sie es nicht, wie Sie es immer tun und wälzen die Verantwortung auf einen Ihrer Angestellten ab?

Warum habe ich nicht geschrieben: gut, nehmen Sie die Stelle heraus, aber dann müssen Sie schreiben: vom Verleger zensiert? Der Grund ist einfach: mich stach der Hafer; denn zugleich mit dem Unseld wollte ich auch Dich ein wenig pflanzen (= tease = aufziehen). Das, dachte ich, schadet nicht, denn Du kannst Dich ja weigern, Deinen Namen (»Herausgeber«) für die Sache herzugeben. Und der Unseld, den ich insgesamt nur etwa drei Minuten gesehen habe, und immer wenn ich ihn sah, habe ich ihn aufgezogen, kennt mich gut genug, um zu wissen, daß das auch diesmal der Fall ist. Nun, der Unseld hat die Sache anscheinend nicht kapiert. Aber auch Du hast Dich nicht geweigert und hast unseren Briefwechsel auf Anhieb im ersten Sinn interpretiert. Das überrascht mich doch. Mißtraust Du Deinen Mitmenschen so sehr, daß Du im Zweifelsfalle, d.h. wenn ihr Verhalten etwas ungewöhnlich ist, sofort zu einer pseudomarxistischen Deutung übergehst? Und glaubst Du wirklich, daß der Unseld – denn den meinst Du wohl mit den »höheren gesellschaftlichen Schichten« – mir so nahe steht und für mich so wichtig ist, daß ICH im Zweifelsfalle sofort auf *seine* Seite trete? Also die ganze G'schichte geht mir nicht in den Kopf. Was aber das Geld betrifft – denn auch das erwähnst Du – so hab' ich vom Suhrkamp bis jetzt keinen Cent erhalten: mein Vertrag ist mit den *New Left Books* in London, einem kleinen Verlag, dem Syndikat ähnlich, und die zahlen sehr wenig. Als ich *Science in a Free Society* ins Deutsche umschrieb und dabei etwa zur Hälfte neu verfaßte, da habe ich dafür weder von der Neuen Linken noch vom Suhrkamp nur einen Groschen bekommen, beide Verlage haben miteinander verhandelt und für mich kam dabei nix heraus (bei den Neuen Linken versteh' ich das, die sind, wie gesagt, ein kleiner Verlag und haben Mühe, sich über Wasser zu halten).

Vielleicht war es gar nicht nötig, diese Dinge zu schreiben, d.h. vielleicht hast Du die Fußnote wirklich als einen Gegenwitz gemeint – in which case forget everything I said. Aber ich habe das ungute Gefühl, daß da etwas Ernst dahintersteckt. Und so habe ich mir meine Reaktion darauf von der Leber geschrieben. Ein paar Tage nach meinem ersten Brief an den Unseld, nachdem ich weitere Zeugnisse seines Verhaltens zu Dir und Groffy erhalten hatte, packte mich dann wirklich der Ärger und ich schrieb ihm einen groben Brief – auch den hast Du sicher inzwischen erhalten.

So, und jetzt alles Gute zum Neuen Jahr etc. an Dich und Deine Familie

Paul

Heidelberg, 24. Dezember 1980

Lieber Paul,
 so, jetzt aber zu Deinem Ms. Ich schreibe Dir einfach, was mir bei der Lektüre so in den Sinn gekommen ist: Bei den *ganz* alten Völkern, den Wildbeutern, gab's überhaupt keine Kriege, nur kleine Scharmützel, bei denen kaum jemand verletzt wurde. Kamen Konflikte auf, zog man sich meist unter Verwendung von Lügen (»...ach Gott, da fällt mir ein, daß ich ja schon lange meine Tante besuchen wollte...«) und Ausreden zurück. Im Sinne unserer Zivilisation etwas weiter entwickelte Jäger und Sammler wie die Eskimos haben stark ritualisierte Kämpfe wie Singwettbewerbe, die australischen Ureinwohner beleidigten sich meist, die Schlachtreihen standen sich gegenüber und warfen sich Obszönitäten (»Arschloch«, »Motherfucker«) an die Köpfe, bis sie keine Wut mehr hatten. D. h., entwicklungsgeschichtlich stehen Tapferkeit, Mut usw. nicht am Anfang, sondern ziemlich am Ende (Pflanzer, Hochkulturen, Nomaden). Der Wildbeuter-Held ist eher eine Mischung aus Nestor und Odysseus, weise, gutmütig, aber auch raffiniert – er *überlistet* als Jäger die Tiere eher als daß er sie mit Stärke und Mut verfolgt. Besonnenheit und Gerechtigkeit sind Wildbeuter-Tugenden par excellence, d. h. wir (homo sapiens) waren 99% unserer Geschichte besonnen und gerecht – das ist ein ganz anderes Bild von unserem Archaikum als das, was wir sonst so vorgeführt bekommen. Die Wildbeuter kennen auch keine Häuptlinge und keine institutionelle Macht, sie sind empfindlich anti-autoritär. Allerdings diskutieren sie die Dinge nicht wie unsere Antiautoritären ad nauseam durch, sondern weichen einfach den Problemen aus – ihre Wirtschaftsform erlaubt ihnen das. Sie haben auch keine *tiefen* Wahrheiten – das kann man sehr gut bei den Mbuti-Pygmäen sehen, die über die Mythen und Rituale der Bantu-Neger feixen und sich amüsieren, aber hinter dem Rücken der Neger, denn sie wollen die Neger ja nicht vor den Kopf stoßen. Den Ethnologen gegenüber verhalten sie sich oft nach dem Motto »Wie hätten Sie's gerne« und liefern ihnen, was immer die Letzteren wollen. Oh, die Seite geht zu Ende und ich muß den Christbaum schmücken. Im nächsten Brief schreib ich weiter!

Dein *Hans Peter*

29. Dezember 1980

Lieber Paul,

also erstens, was Deinen Irrationalismus-Aufsatz anbelangt: es ist der erste Aufsatz von Dir, in dem der Name »Popper« nicht einmal in einer Fußnote auftaucht, und das bedeutet, daß Du wirklich eine neue Phase im Papier-Teil Deines Lebens begonnen hast. Nein, ich finde Deinen Aufsatz nicht schlecht, vor allem die zweite Hälfte nicht, ich werde Dir noch ausführlich dazu schreiben. Ich habe Dir übrigens früher so selten etwas zu Deinen Sachen geschrieben, weil ich dachte, daß Du das als Aufdringlichkeit empfinden könntest. Außerdem war (und bin) ich der Meinung, daß Du direkte Anregungen, d. h. Anregungen, die als Anregungen gedacht sind, ohnehin kaum aufnimmst, sondern lieber Deine eigenen Wege gehst. Ich kann das gut verstehen, denn mir selber geht's ähnlich. All die vielen Rezensionen, die ich zur ›Traumzeit‹ gekriegt hab – es müssen mittlerweile bald hundert sein – haben mich unvergleichlich viel weniger zu neuen Gedanken angeregt als irgendwelche Zufälligkeiten, die gar nicht für mich bestimmt waren.

So, Du schreibst Deine Autobiographie – das ist eine schöne Sache. Neulich habe ich die von Allan Watts gelesen. Ach, da fällt mir ein, daß ich ja mal vor einigen Jahren eine Autobiographie herausgegeben habe, und zwar die des Anarchisten Rudolf Rokker, eines liebenswerten und gütigen Mannes aus Mainz, der in den 50er Jahren in Amerika starb. Wenn Du sie haben willst, schick ich Dir ein Exemplar. Ich bin noch in gutem Kontakt mit seinem Sohn Fermin und seiner amerikanischen Frau, die in London leben, außerdem mit seinem Freund Augustin Souchy in München, ebenfalls ein alter Anarcho-Syndikalist, fast 90 Jahre alt und ständig unterwegs in Mexiko, Portugal, Schweden und sonstwo. Ich hab in den letzten zehn Jahren viele alte Anarchisten kennengelernt, Spanier, Franzosen, Russen, Holländer. Im Gegensatz zu fast allen Marxisten, die mir begegnet sind, waren es sehr aufrichtige, oft auch naive Menschen, die mich sehr beeindruckt haben. Viele von ihnen erschienen mir einer versunkenen Epoche anzugehören, wie Don Quichotte, und es ist vielleicht kein Zufall, daß viele Anarchisten, wie Bakunin oder Sacco mit großer Liebe den Don Quichotte gelesen haben. Die Marxisten dagegen sind ein moderner Menschenschlag, und auf alle Fälle erstreben sie eine Welt, in der Leute wie Du oder ich keinen Platz hätten.

Noch kurz zu Unseld: der Unseld ist ein Unternehmer wie aus den Tagen der Gründerzeit: er neigt zur Brachialgewalt, zu Geschmacklosigkeit und Rücksichtslosigkeit. Das hat natürlich auch seinen Reiz, weil er sich so deutlich von den farblosen Intellektuellen unterscheidet, die das Hauptkontingent seiner Autoren stellen, und ich hab ihn irgendwie gern, weil er so grenzenlos naiv und ungeschickt ist, ich kann ihm einfach nicht böse sein, werde aber wohl nach der Eliade-Festschrift, die ich ihm schon lange versprochen hab, nichts mehr für seinen Verlag machen. Was hältst Du übrigens von folgendem: ich lasse quer über die Stelle drucken: *zensiert*. Sonst nichts. Meine betroffene Fußnote lasse ich natürlich weg, denn Du hast mir ja die Sache erklärt.

So, jetzt muß ich mit dem Geklappere aufhören, denn Frau und Baby-Tochter beschweren sich schon lauthals über den Lärm.

Viele Grüße, auch an den Erich

Hans Peter

Ich habe eben gehört, daß der Jantsch gestorben ist. Das macht mich sehr traurig, denn obwohl er mir oft sehr auf die Nerven gegangen ist, hatte ich doch a kind of affection for him, denn er schien mir trotz seiner Reisen und seiner Ideen etc. immer wie verloren und sehr allein. Aber er schien zum Sterben bereit zu sein, denn er redete des öfteren so, als hätte er seine irdische Aufgabe erledigt. Nun – hoffentlich geht es ihm gut.

Grüße

Paul

[5. Januar 1981]

Lieber Hans Peter,

also meinen Irrationalismusschmarrn willst Du doch drucken – ich weiß nicht, ich weiß nicht. Ich hab' die Sache nochmals durchgelesen, s' ist OK stellenweise, viele Wiederholungen alter Dinge (da hätte der Erckenbrecht wieder was auszustellen!) und das Ende, das mir fast am wichtigsten ist (das Leben im Grunde sinnlos) sehr schlecht dargestellt. Deine Wildbeuter scheinen mir da noch am vernünftigsten zu sein: wird die Sache komplizierter, dann lügt man oder redet von der Tante. Das ist wunderschön – muß ich mir merken. »Archaisch« – da meinte ich nur den Homer. Aber wenn Du die Chose schon publizierst, warum fügst Du nicht eine *Fußnote von Dir hinzu* mit allen diesen Bemerkungen, vor allem daß der archaische Mensch (dabei nicht Homer gemeint) viel besonnener war, als was nach ihm kam (ich lege Deinen Brief bei, im Falle daß Du keine Kopie hast, denn alle diese Dinge hast Du hier sehr schön gesagt). *Aber bitte, überleg Dir's noch einmal* – mein paper ist wirklich nicht sehr gut. Und ich sollte endlich zu schreiben aufhören!

Von der englischen PKF-Beschimpfung weiß ich noch nichts – was, kommt das wirklich auf englisch heraus? Dann möchte ich, bitte die englische Übersetzung meines Rückblicks durchsehen, auch zum Teil umschreiben, für englische Verhältnisse, denn sonst passierts mir noch, daß ein Carnapianer mich übersetzt und wer weiß, was dabei herauskommt.

Ein Foto für den W&I-Band – beiliegend. Aufgenommen von einer Dame anläßlich einer Vorlesung, die ich in Trier gab, beim Radnitzky. Und hinter mir steht der Eusebius von Caesarea auf der Tafel.

Der Jantsch ist vor einigen Tagen in Feuer aufgegangen, auf meine Kosten, heute oder morgen wird seine Asche auf seinen Wunsch in den Pazifik verstreut – und dann werden wir sehen.

Alles Gute *Paul*

[6. Januar 1981]

Lieber Hans Peter,
  na, mit dem Weihnachten ist das schon so eine Sache. Briefe, die in der Reihenfolge A, B, C, D etc. abgeschickt werden, kommen in der Reihenfolge C, D, A an und gelegentlich (Dein letzter Brief) drei Wochen nach ihrem Absendedatum. Nein, verletzt hat mich Deine Fußnote nicht, und wäre ich sicher gewesen, daß Du sie als einen kräftigen Gegenwitz gegen meine Witzelei eingesetzt hast, dann wäre mein Vergnügen an ihr ungestört gewesen. Aber ich hatte da so meine Zweifel. Ist das ein Witz, fragte ich mich, oder meint er es ernst; d. h. *meint er wirklich*, daß ich mich an den Unseld anbiedern wollte? Und da ich über diese Sache im Zweifel war, habe ich Dir einen erklärenden und, falls Du es ernst gemeint hättest, leicht kritischen Brief geschickt (den wirst Du aber höchstwahrscheinlich erst zu Ostern kriegen). Aber jetzt ist mir die Sache klar – auf einen groben Klotz (mein schlechter Witz) kam ein grober Keil – und ich kann aufatmen. Nein, nein, laß die Fußnote nur drinnen, das gibt wenigstens den Marxisten eine Gelegenheit, wieder ihr Maul zu wetzen und was würden sie doch sonst wohl tun? Auf diese Maulwetzerei solltest Du übrigens nicht zuviel Gewicht legen. Whatever you do, somebody will criticize you for it and give you a nice name. Drum lasse ich mich auch nicht auf Interviews ein, oder auf Fernsehdinge. Ich weiß, viele Damen und Herren sehen darin eine wunderbare Gelegenheit sich zu »rechtfertigen«, und ich wurde gelegentlich auch mit dem Hinweis auf diese Möglichkeit eingeladen, oder aber mit dem Hinweis, daß ich nach Publikation von Büchern nun die Pflicht hätte mich der Öffentlichkeit zu stellen (einige Leute um den Beuys haben mir das gesagt). Auf das letzte war meine Antwort: nun, niemand war gezwungen meine Bücher zu lesen. Die lagen einfach so herum, einige Neugierige schlugen sie auf, andere kauften sie, aber das war nicht meine Schuld. Schließlich hat es sich ja um reife Leute gehandelt. Und wenn sie nicht reif waren, so kann ich sie in einer Vorstellung vor der Öffentlichkeit auch nicht reif machen. »Rechtfertigungen« halte ich für ganz nutzlos (so rede ich allerdings nur in meinen hellen Momenten; in meinen weniger hellen Momenten spielt mir meine Streitsucht oft einen Streich). So, was die Leute betrifft, die da Gerüchte über Dich in Umlauf bringen – fuck them. Es ist zwar möglich, solche Dinge zu beeinflussen, indem

man gegenintrigiert, dort ein bißchen schiebt, da ein wenig drückt und Tag und Nacht den Spiegel des eigenen Rufes zu polieren versucht, aber es gibt viel bessere Dinge zu tun. Ich rede da nicht als einer, der souverän über den Dingen steht und aus der Höhe seiner erstaunlichen Einsicht den weniger Einsichtigen guten Rat gibt. Ganz im Gegenteil, solche Dinge regen mich auf, deprimieren mich, versetzen mich in Wut, veranlassen mich, gelegentlich ganz idiotische Dinge zu tun, to make a fool of myself in many ways, aber langsam, glaube ich, werde ich ein wenig vernünftiger und lasse die Dinge sein. Was zählt, sind einige Freunde da und dort – das ist alles. Über den Rest hat man ohnehin keine Kontrolle, außer man »entschließt sich, Politiker zu werden«. Las übrigens heute ein Interview mit der Françoise Sagan; sie zitierte Proust: ein Buch mit einer message ist wie ein Geschenk mit einem Preiszettel daran. Das gefiel mir – und überhaupt das ganze Interview. Das ist eine kluge Frau und Menschen wie sie sind da und dort, wie die Sterne weit verteilt, und manchmal trifft man sie und hat seine Freude an ihnen. Das Elend in der Welt wird davon nicht geringer, aber es wird sicher nicht geringer von den papiernen Reden der Neomarxisten. Ich habe übrigens in den letzten Wochen (auf Dein Anraten) einige offprints und Büchlein von verschiedenen jungen Herren bekommen (keine Dame, so far – schade), die über verschiedene Dinge schreiben, Philosophie, Soziologie, einige sehr streng formuliert, andere etwas loser und was mir dabei auffiel, ist, daß alle diese Leute einen sehr lebendigen Stil schreiben, plastisch, leuchtend, daß sie einen Sinn für Humor zu haben scheinen und daß sie die Welt nicht ängstlich um sich blickend, sondern leicht ironisch eingestellt betreten – da war eine Gruppe aus Wien, zwei Herrn aus Graz, einer aus der Bundesrepublik und so weiter. Diesen Leuten fühlte ich mich irgendwie nahe und dös is ka Hund, wie man in Wien sagt. Was aber, um auf Den Herrn selbst zu kommen, den Hitler und die ganze Nazizeit betrifft, so glaube ich, haben nur sehr wenige Leute dazu Dinge gesagt, von denen man lernen kann. Die Arendt, der Speer in seinen Tagebüchern. Ansonsten sind die komplexen Tatsachen, die die besten und die schlimmsten Züge *aller* Menschen enthüllen und an denen jeder sich selbst studieren könnte, zum großen Gewinn, unter einer Moralsoße begraben, die jedes Lernen unmöglich macht. Der Friedrich Heer hat mir da sehr imponiert. Als Student hab ich mit Verachtung auf ihn herabgesehen – »dieser wolkige Metaphysiker« – jetzt kann ich ihm stundenlang zuhören. Anläßlich eines Interviews wurde er gefragt (vom Günther Nenning, einem Sozialisten, und guten Freund von ihm): »Aber wie kommst Du als Katholik mit der Naziperiode zurande?« Und der Heer – »Die Gemeinschaft aller Menschen, der besten und der schlechtesten, der Verbrecher und der Gütigen ist für mich die Gemeinschaft der Heiligen – davon gehe ich aus.« Ich kann Dir nicht erklären, warum diese Äußerung einen so großen Eindruck auf mich gemacht hat, vielleicht darum, weil sie die Schöpfung so rückhaltslos bejaht und das ist für mich der einzige vernünftige Ausgangspunkt, abgesehen vom ganz anderen Ausgangspunkt, dem ich oft leider zu sehr verfalle, daß die ganze Chose eine Farce ist, ohne Sinn und Zweck. Aber es ist alles sehr subtil und komplex und gerade diese Komplexität wird verdeckt durch die Moral, die leichte Moral.

Na ja, wie der Hans Albert sagen würde – das also von einem Neonazi zum anderen.

So – und jetzt zurück zum Aristoteles – da hab' ich mich wirklich auf eine schwere Sache eingelassen, mit meiner Ankündigung eines Aristoteleskollegs. Die zweite Veranstaltung in Zürich, eine Diskussionsreihe, wo kritische Fragen über die Wissenschaften erhoben werden, fängt bereits an, Staub aufzuwirbeln. Mein »gutbezahlter Mitarbeiter« (siehe die Erckenbrecht-Fußnote) wurde höchstpersönlich eingeladen, den Arsch eines vielfach honorierten Medizinhistorikers zu lecken, Briefe gingen zum Rektor hinsichtlich meiner »Demagogerie«, »übler Geselle« und so weiter, mein gutbezahlter Mitarbeiter hat die Ankündigung abschwächen wollen, ich will das nicht und so geht es hin und her. Es ist gut möglich, daß die Veranstaltung abgesagt wird, bevor sie noch beginnt. Na ja, an mir solls nicht liegen.

Und nun, alles Gute, gib der Gretl einen sinnlichen Gruß von mir und lange lebe der Neofaschismus der Traumzeit!

Paul

[12. Januar 1981]

Lieber Hans Peter,

»zensiert« ist O.K.[7] – aber Du hättest auch Deine Fußnote beibehalten können. Nicht sie war das Problem, sondern was Du Dir dabei gedacht hast, und das hat sich inzwischen aufgeklärt. Daß die »höheren gesellschaftlichen Schichten« *von mir* sind, habe ich ganz vergessen, erinnere mich auch jetzt nicht daran, denn hätte ich mich erinnert, dann wäre mir die chose von allem Anfang an klar gewesen und ich hätte schrecklich gelacht. Gut auch, daß ich für die Irrationalismusmisere noch einige Zeit habe – ich dachte, die Frist wäre schon lange um. So werde ich das paper zunächst einmal ein wenig liegen lassen, dann wieder lesen und gehörig umschreiben. Daß der Popper nicht drinnen vorkommt habe ich nicht bemerkt; daß er früher so oft vorkam, hatte anekdotische, nicht tiefe Gründe. In meinen Vorlesungen kommt der Gute schon seit 15 Jahren nicht mehr vor. In meinen papers auch nicht; Against Method schrieb ich für den Imre, der darauf antworten sollte, und so habe ich natürlich kräftig auf den Popper geschimpft, um den Imre zu pflanzen; dann lud mich der Radnitzky ein, für zwei seiner Bände je einen Aufsatz zu schreiben; er setzte mir mit seinem Charme sehr zu, ich gab nach und da die beiden Bände Popperbände waren, so habe ich da natürlich auch auf den Popper geschimpft, vor allem, da ich inzwischen in Kassel und auch sonst in Deutschland gewesen war, und da hieß es an allen Ecken und Enden: Popper, Popper, Popper. Es war also der Popper außerhalb von mir und nicht ein Kampf mit dem Popper in mir, der den lieben kleinen Herrn sooft in meinen jüngeren papers auftreten ließ (when in Rome, curse the Romans). Und inzwischen ist der zehnte Jänner herangerollt...

Alles Gute

Paul

12. Januar 1981

Lieber Paul,
es ist schön zu wissen, daß die Asche des Erich jetzt von den Fischen des Stillen Ozeans geschluckt wird. Ich hab übrigens vor kurzem noch ein Interview mit ihm in der Zeitschrift *Psychologie heute* gelesen, in dem er gesagt hat, daß der Mensch auf jeder Stufe seiner Entwicklung, auch noch im Alter, zu Neuschöpfungen und grundlegenden Veränderungen fähig sei, und daß die Menschheit, wenn es ihr gelänge, im Laufe der Evolution wie bei einer Orgel immer mehr Register zu ziehen, schließlich an Gott heranreiche. Es ist seltsam, aber als ich das las, da fühlte ich mich gar nicht zur Gottheit emporgehoben, sondern ich dachte, daß der Erich sich vielleicht davor fürchtete, nicht mehr »schöpferisch« sein zu können, und ich habe auch gemerkt, wie fremd mir die Vorstellung eines Fortschritts der Menschheit zum Guten und zu Gott geworden ist – ich habe mich einfach zu lange mit Heiden und Wilden beschäftigt, und die wollen ja bekanntlich gar nicht »perfekt« werden, weil ihnen das Leben so gefällt, wie es ist. Wenn ich gerade von den Wilden schreibe – nein, ich möchte keine Fußnote in Deinen Irrationalen-Artikel reinsetzen, denn sonst heißt es, daß ich auch noch in die letzte Fuge meinen Senf reinschmiere. Bd. II der *Versuchungen* kommt im nächsten Monat heraus – im Personenregister hab ich listigerweise den Namen »Siegfried Unseld« mit Seitenverweis auf die Zensur stehengelassen, damit die Rezensenten auch wissen, wessen Name in der gestrichenen Passage stand. Zu den Lektoren hab ich am Telefon mit unschuldiger Stimme gesagt: »Damit wir Zeit sparen, und damit diese dumme Arbeit nicht Ihnen angelastet wird, korrigiere ich alleine das Personenregister und schicke es direkt an den Drucker zurück, was meinen Sie?« – denn sonst hätten die Lektoren womöglich Unselds Namen im Register entdeckt und gestrichen. Sie haben nichts gemerkt und gesagt: »Das ist aber nett von Ihnen, daß Sie uns die Arbeit abnehmen!«

Vor ein paar Tagen hab ich eine Nummer der *Neuen Zürcher* zugeschickt bekommen, in der Du und ich als Wegbereiter der neuen Jugendunruhen bezeichnet werden, aber gleichzeitig als Salon-Anarchisten, die mittlerweile nicht mehr so radikal seien wie früher. Ist der Medizinhistoriker, den Du erwähnst, der Erwin Ackerknecht? Wenn ja, dann ist das sehr lustig, denn den habe ich vor ein paar Tagen um einen Beitrag zu einem Buch über einen Bekannten von mir, den Psychoanalytiker Georges Devereux gebeten, und ihm als Entgelt ein Buch »über meinen Brieffreund Paul Feyerabend« versprochen, »das Ihnen sicher viel Vergnügen bereiten wird«. Da wird er sich ja wohl verarscht vorkommen, der gute Mann, er wird denken, daß ich ihn hochnehme. Der Spruch von Proust gefällt mir ganz ausgezeichnet, ich hab ihn zuerst garnicht verstanden, aber Annette hat ihn mir erklärt. Ja, ich schicke Dir die englische Übersetzung Deines »Rückblicks« – wie willst Du's machen, willst Du für den Cohen Deinen Text *auf deutsch* verändern, oder soll er erst übersetzt werden, und Du veränderst ihn dann? Der Kurt Hübner hat mir übrigens geschrieben, daß Reidel ganz gottserbärmliche Übersetzer hat. Der Übersetzer der Flossie Lewis ist ein Privatdozent für Amerikanistik in Frankfurt, ich hätt es gern gehabt, wenn er auch die anderen Texte übersetzt hätte, aber er brauchte seine Zeit für wichtigere Dinge.

Jetzt hab ich die Eliade-Festschrift in Angriff genommen, weil ich die Beiträger beisammen haben will, bevor ich zu den Cheyenne geh. Bislang haben mir zugesagt: der Leszek Kolakowski, der seit zehn Jahren in Oxford lebt und übrigens teilweise ähnliche Gedanken hat wie Du, dann der in Paris lebende Rumäne E. M. Cioran, der ganz vorzügliche Aphorismen und Romane geschrieben hat, dann Professor Vladimir Basilov aus Moskau, der dem Marxismus-Leninismus zu einem weiteren Sieg, diesmal über Eliade verhelfen wird, der Österreicher Agehananda Bharati aus Syracuse (komische Namen habts ihr in Österreich) und der Japaner Kitagawa aus Chicago, der befürchtet, daß die Festschrift zu unseriös wird.

Herzlich *Hans Peter*

[19. Januar 1981]

Lieber Hans Peter,

nein, der Erich der hat sich nicht umgebracht, ganz plötzlich wurde er krank, er ging zum Wong, hat ihm dort während der Akupunktur Vorlesungen gehalten, über die Natur der Gesundheit sehr zum Mißvergnügen des Wong, konnte dann aber die Schmerzen nicht aushalten, setzte mit der Behandlung aus, vor allem da er dem Wong nicht glaubte (Wong diagnostizierte Diabetes), wanderte einige Tage so herum, wurde schwächer, wurde ins Krankenhaus gebracht und starb dort nach einigen Tagen. Die Ärzte haben auch Diabetes diagnostiziert, und Blutvergiftung und eine zugrundeliegende Störung, die nicht ganz klar war, also wurde eine Autopsie angeordnet, deren Ergebnis ich nicht kenne. Die letzten Tage verbrachte Erich im Kreis seiner Schüler(innen) und es scheint, er war ganz bereit, aus dieser Welt zu verschwinden. Gehört habe ich von der ganzen Chose erst nach seinem Tode, denn da gelang es einem seiner Schüler erst auf Umwegen mit mir in Verbindung zu treten, ich erkundigte mich nach den Begräbnisarrangements, Erich hatte sich bei der Neptune Society angemeldet, aber nicht bezahlt, ich zahlte, und erhielt dafür nach einigen Tagen ein Zertifikat to the effect that Erich Jantsch's ashes »were respectfully scattered at x longitude and y latitude«, signed by the captain. Getroffen habe ich ihn zum letztenmal etwa 10 Tage vor seinem Tode, einer seiner Studenten chauffierte ihn im Tilden Park herum, wo ich manchmal Spaziergänge mache. Ich scherzte noch mit ihm vor seinen Studenten: »the difference between you and me«, I said, »is that you have ideas and like to talk about them while I have no ideas and don't like to talk about them«, und das stimmt ja auch so ungefähr. Auch liebte er die leuchtenden Augen seiner Zuhörer bei Vorträgen und Seminaren und hat mir oft davon erzählt, während mir beim Anblick leuchtender Augen einfach schlecht wird. Einsam waren wir beide, aber ich, weil ich gewöhnlich Menschen aus dem Wege gehe und er, obwohl er vielen Menschen nachrannte. Erfolg hatte er bei Herren und Damen mit gewissen Bedürfnissen, die wurden dann seine Schüler und haben ihn sehr verehrt. Nach seinem Tode hat der Fridtjof Capra (Tao of Physics – ich habe ihn nie getroffen) in seinem Heim mit vielen Damen und Herren eine Besinnlichkeitsstunde veranstaltet, »praying, meditating, talking about Erich

Jantsch«, as the social directrice of the event wrote to me, but I did not go, »these are private matters«, I said, »which I am not going to carry out in public«. Einige der Damen aus meinem Bekanntenkreis, denen ich ihn vorstellte, haben schnell das Weite gesucht. Erich hat mich gelegentlich besucht, manchmal ging er mir sehr auf die Nerven und ich wurde sehr grob zu ihm, aber als ich sah, wie er dann den Schwanz zwischen den Beinen hineinzog, da schalt ich mich selber und sagte mir, »hab doch mehr Geduld, du Schuft«. Ein komischer Kauz und ich hoffe, es geht ihm jetzt besser – und gerade das mußte ihm zustoßen, als er Aussicht auf einen eigens für ihn eingerichteten Lehrstuhl in Wien hatte. Er hatte Geldsorgen, denn er hatte keine feste Anstellung, die Posten, für die er sich bewarb, wurden von ihm weit unterlegenen Standardidioten besetzt, er war sehr generös, was, wie mir scheint, von einigen Leuten auf nicht sehr schöne Weise ausgenützt wurde (vor allem von Damen). Sein Tod, wie auch der Tod anderer Menschen, berührt mich und berührt mich auch nicht, es ist wie ein Traum, wie mir auch das Leben sehr oft wie ein Traum vorkommt. Was Du von den Wilden sagst – man nimmt das Gute, wie es kommt und versucht dem Schlechten zu entgehen, aber an ständiger Verbesserung arbeitet man nicht – das ist, so scheint es, unbewußt meine Lebensart gewesen, denn nie habe ich bewußte Entschlüsse gefaßt, sondern bin nur so in eine Sache hinein- und aus einer anderen herausgeschlittert.

Der Unseld im Inhaltsverzeichnis ist ein sehr guter Witz und er erinnert mich an einen anderen – in *Objective Knowledge* hatte Popper, nach langem Zureden, eine Bemerkung über Lakatos in einer Fußnote angebracht, er wollte es nicht, aber der Watkins übte moralischen Druck auf ihn aus, wie es eben nur der Watkins kann, hinterlistigerweise hat der gute Sir Karl dann den Namen von Lakatos aus den proofs herausgestrichen, aber im Namensverzeichnis tauchte er noch auf – worauf ich in meiner Besprechung verwiesen habe (der Lakatos hat mir die ganze chose erzählt). Wir in der Neuen Zürcher Zeitung als Vertreter oder Ansporner der Jugendunruhen? Ja wissen denn diese Leute nicht, daß wir beide Neonazis sind? Welche Nummer meinst Du? Die aus dem August? Oder eine jüngere? Wenn das letzte – schick mir bitte eine Kopie. Der Ackerknecht, ja das ist genau der Herr, der meinem »schwer bezahlten Mitarbeiter« sein vielfach honoriertes Hinterende (auf seinem Briefkopf steht Dr. h. c. *mult.*) zwecks Ehrerweisung angeboten hat und mich nennt er einen ganz üblen Demagogen. Na, wird der sich über Deinen Brief freuen!

Hast Du bei dem Irrationalismus an den Erwin Chargaff gedacht, einen der Vorentdecker der Rolle des DNA (und jetzt Gegner der DNA-Manie)? Er hat eine wunderbare Autobiographie geschrieben, *Heraklitean Fire*, voll von Spott über die Manien der Molekularbiologen, von denen er einer ist, Karl Kraus ist sein Held, er ist unter Biochemikern wohlbekannt, und er könnte für die Unsolidität kompensieren, die durch mein (und Dein) Vorkommen in den Band eingedrungen ist.

Sag einmal – woher kennst Du alle diese Leute? Dein Leben ist sicher ganz anders als das meine, viel ähnlicher dem Leben des guten Vaters Mersenne, der zur Zeit des Descartes ein Clearing House war of all ideas and non ideas. Ich kenne nicht einmal alle meine Kollegen hier in Berkeley, in meinem eigenen Department, und auch halte ich mich aus der Gemeinschaft der Heiligen heraus, nicht aus ideologischen Gründen, sondern mehr aus Bequemlichkeit und außerdem sind Ideen für mich nie hinreichend, um eine Verbindung herzustellen, they rather put me off.

So, und das ist alles für heute. Für noch eine Festschrift habe ich einen Beitrag versprochen, wollte etwas über den Protagoras schreiben aber auf meinem Morgenspaziergang kam mir eine glänzende Idee: ich werde eine kleine Notiz mit dem Titel ›Three Cheers for Evelyn‹ schreiben, über die Evelyn Keyes, eine Filmschauspielerin, die eben eine sehr schöne Autobiographie geschrieben hat, viel besser als die vom Hume, oder Einstein, und viel lehrreicher.

Alles Gute

Paul

[2. Februar 1981]

Lieber Hans Peter,

kaum zu glauben – am 27. ging Dein Brief ab, am 31. kam er an – die reinste Hexerei (erst gestern bekam ich einen Brief aus Zürich, der hat zwei Wochen gebraucht). Daß der Ackerknecht abgesagt hat, das wundert mich nicht – denn fast alle medizinischen Herren, die mein »gut bezahlter Mitarbeiter« in Zürich bewegen wollte, zu einer Diskussion über alternative Behandlungsmethoden zu kommen, haben abgesagt: »mit solchen Leuten reden wir nicht«. Da war der heilige Bernhard doch ganz anders. Der setzte sich auf seinen Esel, ritt mitten unter die Häretiker, forderte sie zum öffentlichen Wortkampf auf, mitten auf dem Marktplatz der Dörfer, und siegte gewöhnlich. Der christliche Rationalismus ist (war) eben sehr verschieden vom wissenschaftlichen Rationalismus. Ich weiß übrigens schon, daß Du die Leute, von denen und zu denen Du schreibst, nicht siehst, aber woher kennst Du sie? Schreiben sie Dir? Oder liest Du jede Zeitschrift, die es in der lieben Welt gibt? Du kommst mir in der Tat vor, wie der Father Mersenne, der wie eine Spinne im Netz in Paris saß als Vermittler wissenschaftlichen Gossips und Förderer der Interessen seines geliebten Descartes. Übrigens, wenn Dich Leute meinetwegen quälen, sag einfach: Du weißt nicht, wo ich bin oder, was wahr ist, daß ich nirgendwo hingehe, nichts lese, mit niemandem rede außer vier Stunden die Woche in Zürich und fünf Stunden die Woche in Berkeley. Diese fünf Stunden sind übrigens nicht so übel; ich hab' hier ein Seminar über den Aristoteles: in Zürich hab' ich den A angekündigt, so bereite ich mich hier vor, indem ich jede Woche jemand anderen über ein anderes Kapitel der *Physik* reden lasse, sie müssen die Arbeit leisten, und ich lerne, was der A gesagt hat. Das letztemal redeten zwei Psychologen über den Begriff der Zeit beim A, der eine stellte den Aristoteles selbst dar, der andere einen Schüler, und mittendrin verließ der Aristoteles erzürnt das Seminarzimmer, nachdem er von seinem Schüler beim Tarock geschlagen worden war. Am Ende wußten wir aber ganz genau, was sich der A über die Zeit denkt. Dem Cohen werde ich schreiben und wenn der ja sagt, muß ich mir genau überlegen, wie ich Deinen Dialog übersetzen soll, denn eine rein verbale Übersetzung geht da nicht, da muß auch eine Kulturübersetzung herhalten. Na, wir werden sehen. Seit zwei Wochen lese ich außerdem wieder einmal mich selber, zwei Bände Gesammelter bei Cambridge University Press, I certainly wrote a much more constipated style 30 years ago, aber frech war ich auch damals schon. Diese Sache ist die allerletzte, denn ich langweile mich schon zu Tode (nur die Druckfehler heitern mich ein wenig auf: footplate statt footnote, zum Beispiel). Also beim Syndikat komme ich jetzt heraus! Auch bei mir siehts wüst aus, Bücher am Boden, Bücher auf den Tischen, Papier überall, kaum noch kann ich den Fernsehschirm sehen, offene Koffer, denn ich packe schon jetzt, um eine Menge von losem Stoff loszuwerden, und in der Küche stöhnt das Huhn. So, und jetzt muß ich noch eine Einleitung zu einem Buch über theoretische Chemie schreiben (ja, auch das gibts) und dann, um 10 Uhr abends, die beste TV show dieser Tage: Hill Street Blues, das Leben in einer Polizeistation.

Alles Gute

Paul

[18. Februar 1981]

Lieber Hans Peter,
    vom Agassi hat mir der Imre Lakatos vor langer Zeit erzählt, er habe einen Bruder im Irrenhaus und habe Angst, daß er vielleicht selbst dem Irrsinn verfallen könnte. Ich weiß nicht, was daran wahr ist; der Imre hat gelegentlich maßlos übertrieben, er hat sich auch nicht gescheut, kleine Geschichten in Umlauf zu setzen, aber ganz unwahrscheinlich ist es nicht, Liebe gab es zwischen dem Imre und dem Joske keine. Eines Tages hörte ich mit eigenen Ohren – und ich konnte kaum glauben, was ich da hörte – wie der Imre zur Judith sagte: »Judith, you are either a vicious bitch or the most stupid woman I have ever met« – das war so der Ton der Unterhaltung zwischen den beiden, und mir blieb das Maul offen stehen. Zu mir sagte der Imre: »Paul, you are disgusting, everybody loves you; well, that just shows, that you have no character whatsoever.« Alle diese Dinge gingen mir zur Zeit beim einen Ohr hinein, beim anderen Ohr heraus und zwar nicht darum, weil ich solche Charakterstärke und Selbstsicherheit besaß, sondern weil ich einfach nicht ganz von dieser Welt war; ich hörte Worte, ich sah Gesten, aber die »tiefere Menschliche Bedeutung« entging mir, glücklicherweise, denn sonst wäre ich sicher aus dem Gleichgewicht gekommen (inzwischen bin ich ›reifer‹ geworden, bemerke viel mehr, freue mich aber durchaus nicht über diese erweiterte Sicht). Daß der Agassi so reagiert hat, wundert mich nicht, aber was beklagt er sich, sein eigener Beitrag war ja auch nicht gerade ein Ausbund an Milde: he can dish it out – but he can't take it. Der Jonathan hat sich aber die chose selber eingebrockt. Einen Witz hätte ich gemacht, sagte er, mit einem Verschreiben seines Namens. Keinesfalls – das war einfach ein Irrtum, aber da er einen Witz wahrnahm, so sollte er seinen Witz auch haben, und so also entstand der Jonathan. Den Unseld kenne ich gar nicht, habe ihn nur zweimal gesehen, etwa ½ Minute bei jeder Gelegenheit, das zweitemal, als er auf mich zukam mit einem breiten Lächeln habe ich ihn nicht einmal wiedererkannt, und beidemale habe ich ihn gepflanzt, denn irgendwie hat er meine Lachmuskeln angeregt. Deine Erfahrungen sind übrigenes ein Grund, warum ich das Telefon nicht beantworte, die Türe nicht öffne und keine Vorträge, Konferenzen etc. besuche – zuviele unnötige Irritationen. Gut ist es, denke ich, daß Du schließlich die Höflichkeit aufgibst, denn

Höflichkeit ist ja eine zweigleisige Straße, und wenn der Unseld wie ein Gorilla daherkommt, dann hat es ja kaum einen Sinn, ihn mit einer Verbeugung zum Tee einzuladen (obwohl ihn das vielleicht auch zum Stehen bringen würde). Übrigens, Gratuliere zum Dr. habil und der Vorlesungserlaubnis. Ja, ich gebe Dir zu, der Schmied-Kowarzik ist ein sehr netter und anständiger Mensch – der einzige, den ich [in] Kassel näher kennengelernt habe. Sein Vater war übrigens mein Geographielehrer an der Oberschule und von ihm, vom Herrn Papa, habe ich mir einige meiner Eigenheiten beim Vortrag angewöhnt, denn ich hatte ihn in einem Alter, in dem ich schonungslos imitierte. Papa war ein Universitätsdozent in Philosophie, hat zur Zeit des Krieges auf Mittelschullehrer in Geographie umstudiert und mit großem Vergnügen über das Britische Weltreich in unserer Geographiestunde vorgetragen. Auch der Sonnemann scheint OK zu sein, aber sonst gibts da eine ganze Menge stumpfsinniger Puritaner. Das wirst Du ja schon noch bemerken. Und jetzt, lieber HP, ruft die sogenannte Pflicht, das heißt, eine blöde Vorlesung muß ich halten und darum, vorläufig, good bye

Alles Gute

Paul

PS. Habe ich Dir erzählt, daß der Jantsch sein MS zuerst an den Unseld geschickt hat, der Unseld hat lange Zeit nichts von sich hören gelassen, als der Jantsch dann anfragte, ganz schüchtern-bescheiden, da schrieb ihm der Unseld, daß er, der Jantsch, mit solcher Ungeduld seiner Sache nur schade und außerdem habe er, der Unseld, wichtige Dinge zu tun und könne sich nicht jedem dahergelaufenen Autor widmen, und außerdem müsse ein Lektor erst sein Deutsch korrigieren (dem Jantsch seines) – nun kommt das Buch vom Jantsch beim dtv heraus, der ist ein viel größerer Verlag, als der Suhrkamp, und der Unseld würde höchstwahrscheinlich Dich beschuldigen, hättest Du mit der Sache nur leise etwas zu tun gehabt – jedenfalls wird er sich vor Wut in den Arsch beißen. Wie er den Jantsch behandelt hat, scheint es, daß er nicht einmal elementare Regeln der Höflichkeit kennt. Jedenfalls, als ich ihn das zweitemal sah, da war er mit einer Dame, die stand ganz schüchtern im Hintergrund: »Schaffen Sie sich einen besseren boyfriend an«, sagte ich zu ihr, »der, den Sie da haben« (auf den Unseld zeigend) »kann ja nicht sehr interessant sein.« Mein Gott, den Joske kenne ich jetzt schon 30 Jahre, seinen Kindern habe ich gute Nacht-Geschichten erzählt, von der Judith habe ich mich (wie oft vor Menschen) immer ein wenig gefürchtet. Erst vor etwa 8 Jahren habe ich meine Angst vor ihr verloren und habe sie lieb gewonnen und jetzt kommt der Joske mit solchem Schmarrn daher. Daß alle Popperianer Neurotiker sind, scheint mir übrigens nicht wahr zu sein, der Radnitzky scheint O.K. zu sein, der Lakatos war zwar ein Intrigant, aber kein Puritaner, der Hans Albert ist zwar aus seiner Stube nur sehr schwer herauszubringen, aber neurotisch scheint er mir nicht zu sein (außer daß neuerlich jeder, der ein bestimmtes Fach zu ernst nimmt und sich darin vertieft ein bißchen verrückt wird, außer er ist sehr unabhängig im Denken, und solche Leute gibt es wenig; selbst der Einstein ist da ein wenig ausgerutscht – und was man so von der Innenpolitik der Marxisten oder der Heideggerianer hört, na ja, unterlegen sind die dem Agassi sicher nicht. So ist es nicht die POPPEREI, sondern einfach jede EI, die die Leute verrückt macht, nur daß man eben von den Superkritikern etc. etwas mehr Reife erwartet hätte). Aber schau Dir doch die Sache an: da ist der Gerschom Scholem, der schreibt über die merkwürdigsten Ideen, die je ein Menschenhirn erdacht hat, er vertieft sich in sie, er trägt sie mit einigem Verständnis vor, aber wenn ihn jemand fragt »Wie würden sie sich verhalten, wenn sie einem außerirdischen Wesen begegnen« – da gerät er ganz aus dem Häuschen, denn das ist eben nicht die Verrücktheit, die er als Fachmann studiert hat. Und auch der Lem setzt sich auf seinen hohen intellektuellen – na ein Pferd ist es nicht gerade, sondern sagen wir: Hund. Und jetzt muß ich meinem Zürcher Mitarbeiter schreiben, der bereitet dort eine Diskussionsreihe vor und ist unter ständigem und ständig zunehmendem Flakbeschuß, und fast scheint es mir, daß meine Anstellung in der Schweiz nicht dauernd sein wird. Wer weiß, vielleicht bewerbe ich mich eines schönen Tages um die Stelle eines Lektors beim Suhrkamp.

[24. Februar 1981]

Lieber Hans Peter,
 habe soeben die Orange erhalten. Zu meinem Erstaunen sehe ich, daß viele der Herren, die ich als kleine Knäblein kannte, inzwischen bärtige Herren geworden sind, darunter der Musgrave und der Worrall. Und andere Knäblein haben sich in würdige ältere Herren verwandelt, wie der Margolis, der wie ein Kapitalist dasitzt, mit drei Millionen Besitz (als ich ihn zum letztenmale sah, da wanderte er wie ein Schatten den Korridor entlang, sich scheu umsehend) und der Grover Maxwell schaut genau so aus, wie er sein möchte, nämlich ein später Nachfolger Russells, sehr eindrucksvoll. Verglichen mit soviel Würde sehe ich mit dem King Kong wie ein verspäteter Teenager aus, was ich ja wohl auch bin. Auch bemerke ich, daß die Unseld-Mafia anscheinend auch das Inhaltsverzeichnis durchgeschaut hat, Dein schlauer Plan ist also nicht gelungen. Na ja, es ist ja noch nicht aller Tage Abend. Drei Büchlein plane ich noch, das erste, *Blähungen*, eine Reihe von Aufsätzen, das zweite *Zeitverschwendung* (›Killing Time‹ auf englisch) meine Autobiographie (vollständig, Tod und Nachleben eingeschlossen) und das dritte *Irrwege der Vernunft* eine Geschichte des Rationalismus im Westen, die wohl nie fertig werden wird, beginnt mit Homer und viel Platon, Aristoteles, St. Thomas darinnen, und dreimals also kann ich über den Unseld reden und zwar so, daß es niemand bemerken wird. Postkarten meine Hobbies – das stimmt schon, aber leider habe ich in den letzten Monaten nicht die richtigen Postkarten gefunden, darum so viele Briefe. Daß Du aber die Minna als Motto hereingesetzt hast, erstaunt mich baß, denn gerade diese Stelle wollte ich schon bei verschiedenen Gelegenheiten verwenden (wobei ich aber nicht angenommen hätte, der Tellheim wäre ein Rationalist, denn dazu ist er viel zu interessant).

 So, und jetzt mache ich mich wieder an meine Steuererklärung – eine öde Arbeit.

Alles Gute

Paul

[5. März 1981]

Lieber Hans Peter,
   vielen Dank für die neueste Fassung der Versuchungen des Herrn Unseld. In den Arsch könnte ich mich beißen, daß ich nicht prozentuell an den Büchern beteiligt bin, denn nichts feuert den Verkauf eines Buches sosehr an, wie ein kleiner Skandal. Wäre der Unseld klüger, so wäre ich geneigt die ganze Chose für ein wunderbares Propagandamanöver zu halten – aber das ist es wohl nicht. Und sehr dumm muß er sein, wenn er glaubt, daß er seine Fassung einfach mit Wiederholungen durchsetzen kann. Übrigens, was meinst Du, wenn Du sagst, seine Angestellten würden ihn unterstützen? Das heißt, der Groffy wird lügen, oder er fliegt beim Suhrkamp hinaus? Und wenn das der Fall ist, sollte man die Sache nicht bekannt machen und zwar in einer Weise, die dem Groffy nicht schadet? Schade, daß ich niemals empfangene Briefe aufbewahre. Hast Du zufällig nicht die zwei Briefe vom Unseld, die ich Dir geschickt habe? Den ersten, in dem er mich in angestrengt-humorvoller Weise bittet, seinen Namen wegzulassen und den zweiten, seine Antwort auf meinen strengen Brief, in der er ganz richtig vorhersagt, daß die Presse etc. sich sofort auf das ›zensiert‹ stürzen werden und außerdem den Namen der Wahrheit eitel nennt. Ich hab' keine Kopien, auch nicht von meinen Briefen an ihn, oder an Dich, ich hab' die beiden Briefe nur des Amüsements wegen an Dich geschickt und wenn Du sie zufällig noch hast, dann wäre das sehr gut, denn da sagt er selbst das Gegenteil von dem, was er jetzt behauptet. Macht aber nix – wenn die Fernsehleute mich fragen sollten, werde ich ihnen die Geschichte im Detail erzählen. Aber bitte, gib sonst niemand meine Privatadresse, sonst fühle ich mich zuhause nicht mehr sicher. Der Joske ist eine etwas andere Sache, der ist zwar auch verrückt, aber nicht auf diese unangenehme Weise und man kann mit ihm reden und nur moralischen Druck übt er aus. [...] Die letzten paar Tage habe ich schreckliche Schmerzen gehabt – wie gut doch, daß ich gleich zwei Fernsehapparate habe zur Ablenkung. Leid tust du mir, daß man Dich telefonisch erreichen kann; das ist natürlich in gewisser Hinsicht sehr angenehm, nicht aber in anderer, wie etwa im gegenwärtigen Fall. Ich weiß schon, warum ich mein Telefon nie beantworte; my home is my castle.
Alles Gute und ich hoffe, die Versuchungen lassen langsam nach
Paul

[14. April 1981]

LHP – vielen Dank für neuen Hexenflug, vergessenen Brief und Fleischmannbericht: den Herrn kenne ich, die Dame kenne ich flüchtig, nicht aber ihren Ausschnitt. Zwischen den Po und den Spi paßt mein Buch sehr gut, es ist ja auch eine Ausscheidung, wie der Schweiß, oder der Urin, nur eben aus Papier bestehend. Hell scheint die Sonne, warm ist die Luft, die Schafe blöken, die Kühe muhen, von den Bäumen hängen die Kinder und ich überlege mir auf wie idiotische Weise ich doch einen Großteil meines Lebens verbracht habe. Dieses sture Benagen der Wirklichkeit, Denken genannt, behagt mir weniger und weniger, und während sich andere im Verlauf ihres Älterwerdens ›profilieren‹, löse ich mich langsam auf – aber eben nur soweit um eben noch durch g'scheites Daherreden Geld verdienen zu können, denn das brauche nicht nur ich, das brauchen auch viele geborene und noch nicht geborene Kalifornische Kinder. Vor dem 7. Juni werde ich wohl einmal in Heidelberg ankommen, per Zug, oder per Auto oder einfach spirituell zu einem Tratsch, bevor Du in Oklahoma die Cheyenne besuchst. Inzwischen habe ich eine kleine Gelbsucht, lese Krimis, die Autobio der Lil Dagover und sehe mir das Fernsehen an. In *meiner* Autobio bin ich eben 8 Jahre alt geworden – und so fühle ich mich auch, nur eben ein müder achtjähriger

– Alles Gute

Paul

[22. April 1981]

Lieber Hans Peter,

vielen Dank für den heiteren Brief und die Memoiren. Memoiren lese ich schon gerne, aber keinesfalls jene, die angekränkelt sind von des Gedankens Blässe oder entlanggeschoben von des Gedankens unwiderstehlicher Gewalt. Am liebsten hab' ich Memoiren von Menschen, die in allerlei Dinge hineingeschlittert sind und so langsam, ganz langsam eine gewisse traurig-heitere Haltung sich dem Leben gegenüber angeeignet haben. Habe eben die Memoiren der Lale Andersen gelesen, der Lili Marlen – mein Gott, was für ein Machwerk ist doch dieser Film des Fassbinder! Da hat er eine wunderbare, sehr interessante, sehr komplexe Lebensgeschichte und er macht eine pseudoideologische Schnulze daraus. Lebendige Menschen verwandeln sich in Symbole, Zufall wird tief bedeutsames Geschehen und Wesenheiten, in Bilder umgeformt, prallen auf andere bildgewordene Essenzen. Eine Viechswut hab' ich bekommen – *so* werden wir einzelne Menschen und Perioden, wie die Naziperiode, nie verstehen lernen. Und dabei ist alles das so viel langweiliger als die ›wirkliche Geschichte‹, d.h., wie's die Lale Andersen (oder die Eulalia Buntebeck, so hieß sie ja eigentlich) geschrieben hat. Es wundert mich schon gar nicht, daß ein solcher Schmarrn das Prädikat ›künstlerisch wertvoll‹ bekommen hat. Dabei ist der Fassbinder nicht schlecht, er hat einige sehr gute Filme gemacht, die Petra von Kant zum Beispiel. Aber seine Lili Marlen ist Scheiße in Reinkultur.

Das Nichterkennen because of unsachgemäßem Aussehen ist mir oft geschehen. An der Freien Uni Berlin saß ich in meinem Büro, mit meinem zerrissenen Pullover, aber nicht würdevoll hinter dem Schreibtisch, sondern auf einer Bank an der Seite und die Leute, die mich besuchten, haben sich immer niedergesetzt, guten Tag zu mir gesagt, und auf den Herrn Professor gewartet. Da bin ich eben auch gesessen, habe ein Büchlein gelesen bis dann der Besucher sagte: ›Ach, der Herr Professor, der kommt wohl nicht?‹ ›Welcher Herr Professor?‹ ›Der Professor Feyerabend‹. ›Aber der ist ja schon da‹. ›Wie? Was? Wo?‹ – etc. In Berkeley war ich mehrmals chairman von Committees. Also, da bin ich in den Komiteesaal hineingegangen und hab' mich niedergesetzt. Der Reihe nach kamen die anderen Herren, machten die Tür auf, schauten herein, schauten mich an, machten die Tür wieder zu. Kamen wieder, schauten herein, schauten mich an, machten die Tür wieder zu – bis schließlich einer fragte, mit sehr zweifelhaftem Gesicht, ›isn't this the room for the...‹ ›Yes‹ I said, ›I am waiting for you‹ – und die Gesichter hättest Du sehen sollen.

Gut, rede nur mit dem Unseld! Vielleicht kann man mit dem noch was machen. Und, schließlich, dumme Dinge machen wir alle. Rütters, ja, das überrascht mich nicht, nicht wegen dem Rütters, sondern wegen der Dinge, die einem von Zielen besessenen Menschen in einem institutionellen Rahmen widerfahren. Das ergibt sich eben so aus der Menschennatur. Wer weiß, wo ich geendet wäre, hätte ich mich durch Zufall in richtiger Umgebung befunden, mit richtigen Freunden und so weiter. Aber, auf jeden Fall – *halt Dir den Suhrkamp warm!* Nicht nur aus opportunistischen Gründen, oder Geld, sondern weil ja der Unseld anscheinend auch seine guten Seiten hat.

Rezensionen hab' ich gar keine gesehen, ich lese ja nur die *Herald Tribune*, und da komm' ich nie hinein. Ja, wenn Du Exemplare über hast, schick mir welche. SF stories lese ich fast nie – Krimis sind viel menschlicher. Körperlich nach Heidelberg – ja bald. Muß nur noch einige Fahnen hier lesen für die englische Version meines Gesammelten Unsinns.

Alles Gute an Dich, Deine Familie, Hans etc. und vor allem GRETL. Hier sind über mir neue Nachbarn eingezogen, da gibts Lärm und ich klettere die Wände hinauf.

Paul

24. April 1981

Lieber Paul,

so eine Geschichte, wie Du sie erzählst, hab ich unlängst bei meinem Habilitationskolloquium in Kassel erlebt. Ich komme also rein in den Saal, wo die Professoren schon Platz genommen haben, zusammen mit einer Schar von Freaks und Fixern, die wegen meines Vortrags gekommen waren. Ich such mir mit Mühe einen Platz (»Entschuldigen Sie bitte, ist hier noch frei?« Musternder Blick: »Nein, alles besetzt!«), setze mich. Alles wartet und wartet. Der Dekan schaut auf die Uhr, blickt nervös zu Schmied-Kowarzik rüber und fragt: »Herr Kollege, wo ist denn Herr Dr. Duerr?« S.-K. (mit rotem Kopf): »Aber der ist doch schon da!« Dekan (verwirrt): »Wo denn?" (Alle Professorenköpfe blicken suchend umher.) Ich: »Hier, ich bin's!« Die Professorenblicke bleiben an mir kleben, an den riesigen Rissen in meiner Lederjacke, an den Haaren, dann an der Plastiktüte, die ich auf den Tisch gelegt hab und in der mein Habilitationsvortrag steckt. Dekan: »Äh, ähem, dann können wir ja beginnen.« (Und zu mir:) »Sie kennen doch die Habilitationsordnung?« Ich: »Nein.« Dekan: »Wie bitte?« Ich: »Nein, ich kenne sie leider nicht, es tut mir wirklich leid.« Dekan: »Ja, was sollen wir da jetzt machen? Soll ich sie Ihnen vorlesen?« Ich: »Ach bitte nein – machen Sie sich keine Mühe. Ich kann sie ja hinterher lesen, im Zug, wenn ich nach Heidelberg zurückfahre.« (usw.) (Der »Happening-Vorwurf« gründet sich übrigens in solchen Szenen, deren es im Laufe des Abends mehrere gab.)

Ich leg Dir hier zwei Rezensionen bei. (Die anderen, die ich hab, sind langweilig, die brauch ich Dir nicht zu schicken.) Über die FAZ-Rezension wird sich der Agassi freuen, d. h. *ich* werd sie ihm *nicht* schicken, denn ich bin nicht lebensmüde.

So und jetzt muß ich zuschauen, wie meine Tochter gebadet wird.

Liebe Grüße

Hans Peter

[17. Juli 1981]

Was die Gretl ausgelassen hat, ist das kleine Wörtchen ›vielleicht‹. Und jetzt ist es fast schon gewiß, daß ich am Samstag nicht kommen werde und zwar aus Gründen sehr ähnlich denen, die Du erwähnt hast: die Reise (Auto plus Bahn) braucht mehr als sechs Stunden in eine Richtung – und das ist eben sehr lange. Aber ich werde irgendwann einmal in der nahen Zukunft ganz unverhofft auftauchen, in einem Hotel in Heidelberg, und Euch alle zu einem reichen Mahle plus Trunk einladen. Wann, das kann ich nicht sagen. Ich bin ein wenig müde, hab' in den letzten Tagen viel Schmerzen gehabt und doch mit Hilfe von Pillen und Spritzen alle möglichen Vorlesungen gehalten und Veranstaltungen geleitet, und jetzt möchte ich mich einmal ein wenig ausruhen, fernsehen, Krimis lesen und sonst GAR NICHTS tun. In freudiger Erwartung dieser schönen Untätigkeit grüßt Dich aus dem nicht zu fernen Zürich

Paul

Lieber Hans Peter,
[...]
Meine Inauguralvorlesung war quite an event. Das Audimax war gestopft voll mit Menschheit, ich war gestopft voll mit Pillen, denn ich hatte große Schmerzen, hatte so ein mittleres high und sprach rasend schnell (Ich hab' mir das tape hinterher angehört, aus Neugier) aber zusammenhängend. ›Very smooth performance‹ sagte der Vorstand des Renaissance Instituts hier ›and more power to your elbow‹ whatever that means. Gott sei Dank, daß die ganze Misere vorbei ist – ich habe auch nachher viel Schmerzen gehabt, habe sie noch immer (nach drei ganz schmerzlosen Monaten) und erhole mich nur langsam.
[...]
Und ich schreibe jetzt langsam verschiedene Vorlesungen nieder, die ich gegeben habe, daneben ›Briefe an eine Freundin‹, Autobio (Titel: Killing Time) und eine Neufassung der Undine. Geht alles sehr langsam, denn es ist sehr heiß. Übrigens: hast Du Dich mit dem Unseld ausgesöhnt? Das schien im April so Euer beider Plan zu sein – aber die Sache kann sich ja geändert haben. Und, wenn nicht, wer ist jetzt Dein Verlag – denn das Syndikat scheint Dir ja auch nicht mehr zu liegen – Schwindler sind sie alle, oder sowas ähnliches hast Du mir einmal geschrieben. Nun ja – wenn meine Schmerzen nachlassen, dann werde ich einen Zug nach Heidelberg nehmen und mir von Dir selbst alle diese Dinge plus Cheyenne etc. erzählen lassen.
Alles Gute an Euch, die großen wie die kleinen, die jungen, wie die alten

Paul

Lieber Hans Peter – hier also ist die Chose, dem Himmel sei Dank. Sag' mir, was Du davon hältst und zwar unverblümt. Ich weiß, Du hältst Dich da zurück, denn Du willst die Leute nicht verletzen. Das ist schon eine gute Einstellung bei Mimosen, die man nicht kennt, nicht aber bei Freunden mit langsam sich verdickender Elefantenhaut, die außerdem sehr neugierig sind. Sag mir auch, wo ich den Hinweis auf den Mircea anbringen soll und wie das Zitat ist. Ich selbst lese mich inzwischen durch seine *Geschichte der religiösen Ideen* und finde vielleicht selber was Zitierbares. Ich habe mir die Sache kurz angesehen (drei Bände mit Quellenband – kennst Du das Opus? Beim Herder auf deutsch), und ich werde sicher was finden.

Danke Dir auch für die Hinweise für unsere Veranstaltungsreihe. Ich hab' die Adressen an meinen Mitarbeiter weitergeleitet. Wir hatten die Idee, das Thema – die Wissenschaften und das Seelische, oder wie man diese Sachen nennt – immer zwischen entgegengesetzten Vertretern einer und derselben Kirche zu diskutieren, also etwa ein traditioneller Jude schimpft auf die Wissenschaften, ein moderner Jude preist sie und erklärt, wie sie das Judentum geklärt haben. Dasselbe für Christen (Katholiken, Protestanten), Ayatollas etc. Du erwähnst die Kirche der Psychoanalyse – darauf wären wir nicht gekommen. Kennst Du vielleicht auch einige pro- plus contra-wissenschaftliche Buddhisten? Den Rahmen der Religionen haben wir gewählt, um den Diskutanten einen gemeinsamen Hintergrund zu geben, das ist ein Vorteil, denken wir. Bitte schreib' mir, was Dir sonst noch zu der Sache einfällt.

Ja, der Grover Maxwell. Mit dem habe ich mich eigentlich viel besser vertragen als mit dem Jantsch, der mir gelegentlich auf die Nerven ging. Als ich Grover zum erstenmal traf, hatte ich immer Angst, er würde mir eine herunterhauen – ich habe lange gebraucht, bis ich sein Gesicht richtig lesen konnte, dann aber entdeckte ich, daß es voll von Schmunzeln war. Er war dabei, als ich in einem Nachtklub made a fool of myself over a stripteaser, und er hat mir Geld geliehen, um sie in Sekt zu ertränken, und zwar wieder mit seinem ernsten Schmunzeln. Ich wollte ihn auf meinem Weg zurück nach Kalifornien besuchen – tja, daraus wird nun wieder nichts. Du hast es vielleicht bemerkt, er schrieb in einem Stil, den man sehr selten findet, klar, einfach, und doch mit Leuchtkraft. So berühmt wie etwa der Putnam war er nie, aber ich glaube, er war viel besser. Er hatte fünf Kinder, drei saftige Töchter, die mir die Besuche bei ihm immer sehr erschwerten, denn sie waren leider minderjährig und von der Mutter bewacht. Dennoch hat mich bei einem Besuch der Imre wegen meines »ungehörigen Verhaltens« kritisiert, wohl darum, weil er sich selber nicht getraut hat. Ja, daß Du den Imre nicht gekannt hast, das ist schade. Mehr und mehr gute Leute sterben und die Nagetiere leben für immer.

Alles Gute, ich hoffe, der Umzug hat sich gelohnt.

Paul

[Wien, 3. September 1981]

Also da bin ich nun in Wien. Verwöhnt bin ich schon von der ländlichen Ruhe in Meilen, denn im Hotel hier kann ich bei dem Verkehrslärm fast nicht schlafen. Möchte noch einige Theaterstücke ansehen, dann nichts wie zurück nach Meilen! Später im Herbst werd' ich einmal nach Heidelberg kommen und Deine luftige Wohnung besichtigen.

Alles Gute an Papa, Mama und die jüngere Generation.

Paul

[24. September 1981]

Lieber Hans Peter
[...]
Anbei Deine Tagebuchnotizen zurück. Die haben mir sehr gefallen. Wenn ich Erlebnisse, wie die Deinen lese, habe ich ein sehr merkwürdiges Gefühl. Ich weiß, daß ich selbst solche Erlebnisse nie haben werde, dazu bin ich nicht richtig gebaut (siehe weiter unten), aber den Bericht begreife ich ohne Schwierigkeiten mit dem Verstande zwar und doch so, als habe sich der Verstand in Gefühl verwandelt und nehme an der Erzählung teil. Zurückschrecken vor den Sachverhalten, an irgendwelche Grenzen anstoßen wie etwa ›das geht doch nicht‹ – das ist mir nie passiert. Jeden Morgen, auf meinem Morgenspaziergang, rede ich zu Kühen, Schafen und diversen Hunden, die schaun mich gütig an, lecken meine Hand, denken sich ›dieser arme Mensch‹ und fressen weiter ihre Gräser, Wurzeln, Knochen... Mit der Kravatte hätte ich aber nicht so schnell nachgegeben. Ich hab' Dir geschrieben, daß ich an der ETH eine Inauguralvorlesung gab – das paper für Onkel Mircea ist die Nachwirkung davon. Ich habe hinterher erfahren, daß die Leute Wetten eingingen: wird er diesmal einen Anzug tragen, oder wird er wieder mit seinem löchrigen Pullover auftauchen, wie bei allen Vorlesungen. Nun, ich zog mir ein schönes Hemd an and a sweatshirt (grellrot) underneath (Hemden trage ich sonst nie). Keine Kravatte, kein Rock. Knapp vor der Vorlesung, an der der Rektor, der Präsident, der Abteilungsvorstand und andere Würdenträger teilnahmen und zwar alle in wunderschönen grauen Anzügen und wunderschönen grauen Kravatten (oder waren sie blau?), erzählte mir jemand von der Wette. Das brachte mich auf die Palme. Ich betrat den Vorlesungssaal, die grauen Würdenträger gleich hinter mir. Der Abteilungsvorstand begann mit einer französischen Laudatio. Während er dahindröhnte, zog ich mir langsam das Hemd aus und als er fertig war, saß ich nur mehr mit dem sweatshirt bekleidet da. Viele Leute mußten an diesem Tag bezahlen – sie hatten ihre Wette verloren. Also, HP, mehr Mut! Es geschieht ja eh nichts.
Gestern fuhr ich zum erstenmal nach Konstanz. Als ich auf dem Hauptplatz herum wanderte in search of food, hielt mich eine Dame an und wollte mir die Stadt zeigen: sie hatte mich in Zürich in der Vorlesung gehört. Nein, die Stadt wollte ich nicht sehen,

essen wollte ich. Sie kam mit mir. Sie ist eine Schülerin vom Löffler, und sie hatte auch Vorlesungen bei Dir gehört – und gab mir eine sehr malerische Beschreibung davon. Dann unterhielten wir uns über die Frage, welchen Gegenstand sie wohl für ihre Prüfung auswählen sollte – denn das stellt ihr der Löffler frei. Und da erwähnte sie die Tagebücher vom Malinowski, wo er über die Wilden schimpft, wie langweilig sie sind, wie öde der ganze Aufenthalt war, der durch den Weltkrieg noch verlängert wurde, wie unsympathisch sie ihm waren. Ist das wahr? Und was ist der genaue Titel und Verlag der Tagebücher?

[...] Ich selbst habe mich erweicht und gebe nun doch zwei TV-Interviews, aber nur darum, weil ich dabei mit Freunden sprechen werde, also per Du und sehr informell, einmal im ORF, einmal in der Schweiz. Auch gebe ich mein erstes Zeitungsinterview für *Le Monde*. Ich wollte zwar nein sagen, aber die Dame, die mich interviewen will, schickte mir einige ihrer ›Arbeiten‹, auf einer war ein Bild von ihr – und das entschied die Sache. Ihr Name ist Guitta Plessis Pasternak (kennst Du sie?), sie kommt vielleicht nach Zürich, aber ich glaube, ich werde zu meinem ersten Besuch nach Paris fahren, denn sie versprach, mir die Stadt zu zeigen. Und der Radnitzky hat mich zu einer Moon-Konferenz nach Korea eingeladen, wo es anscheinend zu einer Synthese von Moonismus und Kritischem Rationalismus kommen soll – da hab' ich wieder abgesagt und zwar aus reiner Faulheit, denn die Konferenz ist im November und ich möchte bis zum Dezember hier bleiben und nicht hin- und herreisen.

So, und das ist alles für heute. Heut' abend gibts den Kirschgarten im Schauspielhaus, ich hoffe, der ist besser, als der Don Carlos, den ich vor einer Woche sah und bei dem sich selbst die Flöhe auf der Bühne in Symbole verwandelten. Alles Gute. Ist Dein Klo noch immer eine öffentliche Anstalt?

Paul

[30. September 1981]

Lieber Hans Peter –

vielen Dank für den Baxandall und die Malinowski-Angabe. Was Du schreibst, scheint mir sehr plausibel. Die Zombies – ja, gelegentlich sehe ich einen Film, wo alle Menschen sich in Zombies verwandeln, mit sichtlosen Augen und dann wird mir die Sache sehr unheimlich, denn ich kann keinen Unterschied entdecken zwischen den Zombies auf dem Bildschirm und vielen Zweibeinern in meiner Umgebung. Selbst die Hunde nehmen schon langsam diesen starren Blick an, obwohl, manchmal schauen sie doch wieder normal drein und sagen: ›Na hör mal, wie könnte ich sonst mit meinem Herren leben?‹ Gelegentlich habe ich geglaubt, daß das eben das Ergebnis der Erbsünde ist, aber Deine Berichte von den Cheyenne zeigen mir, daß das nicht so ist. Na ja – vielleicht besuche ich Euch in diesem Monat (fahre jetzt nach Wien), um Euer neues Scheißhaus zu inspizieren – alles Gute

Paul

PS: Für den *Fraß* hätte ich mir auch eine Krawatte umgehängt. Einmal lieh ich sogar einen Frack, um den Tito Gobbi als Carpia zu sehen.

[15. November 1981]

Lieber Hans Peter – vielen Dank für die beiden Bände und den Brief mit dem eindrucksvollen Briefkopf. Hast Du Dich nun endgültig vom Onkel Siegfried getrennt? Oder hat der Dich als einen mißratenen Neffen aus seinem (Suhrkamp)haus ausgestoßen? Was ist geschehen? Ich platze vor Neugier! Die irrationalen Bände sehen sehr gut aus, nur bei meiner Biographie ist Dir ein kleiner Irrtum unterlaufen. Nicht TheaterWISSENSCHAFTEN habe ich studiert, sondern Schauspiel und Gesang – und durch wissenschaftliche Betrachtungen hätte ich mir die nicht verpatzen lassen. In einigen Tagen wird dir mein ›gutbezahlter Mitarbeiter‹ einen Brief schreiben zwecks Einladung zu einer Rederei hier in Zürich. Auch wird er Dir einige Fragen stellen*. EIN berühmter Mann hat auch schon zugesagt, der Dürrenmatt, und er wird zeigen, wie sehr die modernen Wissenschaften die Dichtung angeregt haben. Auch wird er auf den Hoimar von Ditfurth schimpfen (kennst Du dessen Buch *Wir sind nicht nur von dieser Welt*?). Ich habe mich erholt, hinke nun wieder in den Wäldern herum und in zwei Wochen reise ich zurück nach Berkeley. Alles Gute

Paul

* Er ist ein Bewunderer der *Traumzeit*

[19. November 1981]

Armer Onkel Siegfried! So sehr hat er sich bemüht, so sehr hat er sich geärgert – und jetzt ist alles für nichts! Immerhin, ich bekomme Farbe, also kann ich mich nicht beklagen. Dein Angebot, mich vom Syndikat mit Büchern versorgen zu lassen, nehme ich gerne an und bestelle: TRAUMZEIT (mein ›gut bezahlter Mitarbeiter‹ hat die Kopie, die Du mir vor langer Zeit geschickt hast und läßt sie nicht aus. Und traumzeitlos möchte ich nicht leben), den Michael Oppitz, den Carlo Ginzburg und die Tagebücher vom Onkel Bronislaw. Woher ist dieses komische Zitat vom Habermas, das von den Dämmen der Rationalität? Er meint wohl Mauern und warum wundert er sich, daß die Leute aus diesem Gefängnis entkommen wollen? Also Du bist ein »deutscher Professor«, wenn auch einer mit Humor, und sogar eingerahmt. Entspricht das Deinem Selbstgefühl? Ich habe noch immer den Verdacht, daß Du trotz aller äußeren Anzeichen viel ›rationaler‹ bist als ich, das heißt, irgendwo willst Du Ordnung und Sinn in die Chose bringen, während ich mich damit abgefunden habe, daß das ganze ein verrücktes Durcheinander ist, in dem es da und dort ganz unterhaltsame Wirbel gibt. Bis auf bald!

Paul

21. November 1981

Lieber Paul,
 das Zitat von Habermas bezog sich auf mein Buch »Traumzeit«, das er für den Startschuß des bundesrepublikanischen Irrationalismus hält. Ich habe vor ein paar Tagen Habermas im Fernsehen gesehen, wo ihn ein Reporter über die Hausbesetzer, die rebellierenden Jugendlichen und die Indienfahrer befragte, und es war schon erstaunlich, wie der Habermas da in gestelztem linken Professorendeutsch überhaupt nichts zu sagen wußte. Habermas: »Man muß das Irrationale und den Irrationalismus ernst nehmen, man muß die Sache auf den Begriff bringen!« Reporter: »Ah, ja.« (Das ganze Interview hörte sich an wie mein »Interview« mit Dir in den *Versuchungen*.)
 Ja, das stimmt: ich bin ein genauso großer Rationalist wie Du, aber Du bist vielleicht etwas a-moralischer als ich (so wie Du gesagt hast, daß der ›Staat‹ a-moralisch sein sollte) und deswegen toleranter oder auch desinteressierter. Manchmal glaube ich auch, daß ein solches Desinteresse den Menschen gegenüber viel menschlicher ist, vor allem angesichts der Tatsache, daß es ja von aufdringlichen Welt- und Menschenverbesserern nur so wimmelt. Ja, Sinn will ich schon in die Sachen bringen. So beschäftigt mich unablässig, was meine Erlebnisse in Amerika neulich zu bedeuten haben, und ich denke immer, daß ich diesen Dingen auf den Grund kommen kann. Annette versteht das auch nicht. Sie sagt: »Schau mal, seit zehntausend Jahren stellen sich die Leute immer wieder diese Fragen, und können sie nicht beantworten, z. B. ob Hexen fliegen können. Und da ist es doch ganz unwahrscheinlich, daß es ausgerechnet dir gelingen sollte. Nein, nein, auf diese Fragen gibt es keine Antwort!«
 Bei den Cheyenne hab ich übrigens gemerkt, daß ich ein Wissenschaftler bin. Ich will immer *wissen* (»Erkenntnis«, die man dann auch aufschreiben kann). Die Cheyenne dagegen wollen nicht »wissen«, ob es Geister gibt, sondern sie wollen *zu* den Geistern. Und auch nachdem ich zu den Geistern gelangt war, da hab ich mir gesagt: »Verdammt noch mal, was war denn da los?« Der Arrow-Keeper versteht das, aber es ist nicht *seine* Sache, sondern *meine*. Nun ist es interessant, daß der Arrow-Keeper das nicht kritisiert, sondern sagt: »That's Peter Pan's way«. (Die Cheyenne sagen »Peter Pan« zu mir.) Kritisieren tun das aber die weißen

Wissenschaftler oder Freaks, die sich mit den Indianern identifizieren. Die sagen: »Der Duerr ist halt doch ein Wissenschaftler« (*nur* ein Wissenschaftler). Das stimmt. Nur sagen die Indianer: »Es gibt solche und solche«, während die Pseudo-Indianer sagen: »Es gibt nur die Indianer«, also etwa: die Geister gibt es, und die Wissenschaft ist Scheiße. Ich selber meine hingegen: Okay, vielleicht ist die Wissenschaft Scheiße, aber vielleicht ist das, was die Cheyenne meinen, auch nicht gerade die lautere Wahrheit, who knows? Und jetzt kommt wohl der Punkt, wo Du und ich uns unterscheiden: Du sagst eher: For heaven's sake, wer soll da Licht in dieses Durcheinander bringen. Und ich glaube vielleicht eher, daß das möglich ist. Weißt Du, die Hagazussa, die Hexe, die auf dem Zaun sitzt, mit dem einen Bein in der Wildnis, mit dem anderen in der Zivilisation, die hab ich als Bild genommen für den Wissenschaftler, wie ich ihn mir vorstelle: mit dem einen Bein in Heidelberg, mit dem andern bei den Cheyenne. Na ja, das ist ein weites Feld...

Die Bücher schick ich Dir nächste Woche. Malinowski-Tagebücher sind noch nicht heraus. Liebe Grüße

Hans Peter

[24. November 1981]

Lieber Hans Peter –

was Du da schreibst über Dich und Dein Verhältnis zu allen möglichen Dingen hat mich sehr interessiert. Ich bin nämlich in einer Art Übergangssituation und was dabei herauskommen wird, weiß ich gar nicht. In Wien habe ich nach langer Zeit wieder meine alten Spaziergänge wiederholt, ich bin dort herumgewandert, wo ich vor 45 Jahren ganz regelmäßig herumgewandert bin und ich bin mir begegnet, und meinen Eltern, und meinen Freunden dieser Zeit. Und ich habe mich daran erinnert, wie ganz anders ich damals war, als heute. Mehr in Träumen verfangen und die sogenannte Wirklichkeit war sehr fern. Sie war sehr ferne trotz meines sehr starken Interesses an der Astronomie, denn in der Astronomie, so schien es mir, gibt es eine sehr merkwürdige Verknüpfung von Unwirklichkeit und glasklarem Denken und das gefiel mir sehr (und das gefällt mir auch heute noch). Aber, so fragte ich mich, was ist daraus geworden? Ein Haufen Papier, viel Lärm und sonst gar nichts. In der Stadt traf ich dann beim Herumspazieren den einen oder den anderen Herrn, der mich aus irgendeinem Zusammenhang kannte. Und dieser eine oder andere Herr haben sich sehr merkwürdig zu mir verhalten. Sie haben mich behandelt wie einen Menschen mit einem Buckel, und sie haben geredet nicht zu mir, sondern eben zu dem Buckel. Zu mir hat niemand geredet. Da habe ich dann den einen oder den anderen Herrn und zwar vor allem wenn er sich in Damenbegleitung befand, mit in ein Beisl genommen und habe ihn gezwungen zu mir zu reden, was sehr schwer war (es war immer viel leichter für die begleitenden Damen, obwohl auch die ›wissenschaftlich‹ angehaucht waren). Vor vielen Monaten hat mich ein sehr netter Herr aus Karlsruhe besucht. Der wollte mit mir über mein ›Geschichtsverständnis‹ sprechen. Auch das kam mir sehr komisch vor und ich schrieb ihm zurück, ja, in ein Beisl würde ich mit ihm wohl gehen, aber von ›Geschichtsverständnis‹ und so kann keine Rede sein. Wir haben uns dann sehr nett unterhalten und er hat (was ich gar nicht wußte) darüber einen Bericht in den Anachronistischen Heften, Nummer zwei geschrieben. Und wieder bemerkte ich, wie schwer es ihm fiel, sich so durchzuarbeiten zu dem Ganoven, eben mich, der vor ihm saß. Vor drei Wochen dann bekam ich ein Telegramm aus Italien, wo alle Italienischen Universitäten (alle!) am Goetheinstitut in Rom eine Feyerabendkonferenz veranstalten. Da fühlte ich mich noch seltsamer. Hier sitze ich, ein wenig hungrig, auf Überraschungen wartend, jede Art von Überraschung, und jetzt kommt dieser Bericht, und der hat scheinbar etwas mit mir zu tun und in Wirklichkeit kommt er mir vor wie ein Bericht über einen fernen Tumor von mir – berühren tut mich die Sache nicht. Naja, das alles zusammennehmend ist es mir sehr klar, daß ich mich für 30 Jahre auf dem Holzweg befunden habe, denn Leben ist das ja nicht und auch andere gewinnen dabei für ihr Leben nichts. Also: von vorne beginnen. Geld habe ich. Zeit habe ich. Fehlt nur noch der richtige Weg und der scheint mir bei keinem der mir bekannten Leute etc. zu liegen. Da ist schon der eine oder der andere Teil festgefahren und das ist dann was der Mensch glaubt, daß er sei. Schopenhauer, der doch ein gescheiter Kerl war, hat gesagt: ›Wer bin ich?‹ und er hat geantwortet ›Ich bin der, der DIE WELT ALS WILLE UND VORSTELLUNG geschrieben und das große Rätsel der Welt gelöst hat‹. Und ich fragte mich: das ist er? und das ist alles? Und der Einstein schreibt seine wissenschaftliche Autobio und sagt, er werde nur von seinen Gedanken reden – denn das sei sein Leben. Und das ist ein Leben, frage ich mich? Und der Sokrates schickt seine Kinder und seine Frau weg, auf daß er noch mit seinen Sklavenseelen, lies Schülern, über abstruse Dinge schwatzen kann – und das ist ein Leben? Und der Schnitzler setzt sich hin und plagt sich und flucht und schimpft, aber Geschriebnes muß er zusammenbringen – und das ist ein Leben? Natürlich ist es ein Leben, aber irgendwie stell ich mir vor, daß es noch anders gehen muß und wenn auch nur nach Art der Kühe auf dem Feld oder nach meiner Art, als ich 15 war und noch ohne Höcker und Tumore. In Deinem Brief vergleichst Du Deine jetzige Lebensweise und Gedanken mit einem meiner Tumore, einem schon sehr weichen und aufgelösten, aber woraufs mir ankommt ist, jede Festigung zu entfernen, jede Einstellung. Das gelingt mir manchmal sehr gut in einer Unterhaltung mit einem Menschen, der vor mir sitzt (oder unter mir liegt) aber sobald die Sache allgemeiner wird, also übergeht von Kenntnis in Erkenntnis etc., hört es auf, mich zu befriedigen, obwohl es doch eine Darstellungsweise, oder Denkweise oder Seinsweise geben muß, die das ganz einmalig Individuell-fließende auch da noch beibehält – vielleicht gehts, wenn man sich die Welt so als Person vorstellt. Na ja – und jetzt habe ich genug geschwätzt, also zurück zu einem kleinen Pamphlet: da haben mich US-Grüne gebeten, etwas zu einer Grünen Philosophie beizutragen und ich schreibe ein freches Pamphlet: Don't philosophize, organize! (was, wenn man ›organize‹ mit ›love‹ ersetzt so meine jetzige Stimmung wiedergibt).

So, alles Gute (Habermas – ›ja es ist eben seine Art‹, aber andrerseits, wenn es seine Art ist, Gift zu verbreiten, was machen wir dann? Früher hätte ich gedacht, na ja, *allgemeines* Gegengift. Jetzt denke ich mehr: Freundschaft, das immunisiert die Freunde und *mehr* kann man *nicht* tun).

Paul

27. November 1981

Lieber Paul,
  gestern hab ich in Frankfurt die Bücher an Dich abgeschickt, und ich hoffe, daß Du sie noch vor Deiner Abreise nach Amerika erhältst!
[...]
Zu dem, was Du über Schopenhauer und Einstein schreibst: ich kann das schon verstehen, weil es mir selber ähnlich geht. Das bedeutet nun überhaupt nicht, daß es für mich kein anderes Leben als das intellektuelle gibt, oder daß das intellektuelle wichtiger wäre, aber für mich gehen beide Leben ineinander über, das hab ich Dir ja schon damals in der Wirtschaft in Zürich erzählt, und zwar kam das so: ich habe mich schon als Kind für Wissenschaft interessiert, und zwar nicht für irgendetwas Akademisches, sondern für einen Weg, der mich aus der normalen Welt rausführt in die Welt des Wunderbaren und Exotischen. Und nachdem meine Eltern arm waren und nachdem für mich das Wunderbare an fremde Völker geknüpft war, da blieb mir nichts anderes übrig, als Wissenschaftler zu werden. »Wissenschaftler« ist für mich ein Wort, das ich sehr weit fasse: für mich sind der Arrow Keeper, Eskimo-Schamanen oder ein indischer sadhu, der seit zwanzig Jahren auf einem Baum wohnt, auch Wissenschaftler, die etwas wissen wollen und die in der Tat vieles wissen. Aber in erster Linie – und das hab ich unter dem Einfluß von Drogen ganz deutlich gesehen – will ich nicht Erkenntnisse oder Wissen an sich den Leuten weitergeben, sondern ich will sie erfreuen, ich will sie ein bißchen fröhlich machen, indem ich ihnen Sonderbares erzähle, in meinen Büchern und Vorlesungen, auch Lustvolles, daher die vielen erotischen und sexuellen Sachen, über die sich meine »Kollegen« so aufregen. Liebe Grüße

Hans Peter

Lieber HP – der erste Absatz der beiliegenden Schimpferei ›erklärt sich selbst‹. Gefällt Dir die Sache, dann gib sie an das Pflaster weiter – wenn nicht, dann in den Mistkübel mit ihr! Kennst Du die zwei letzten Platten der Erika Pluhar? Kennst Du diese Frau? Wieder eine von der ich eine ganze Menge gelernt habe, vor allem von ihrem letzten langen Interview mit dem Fuchsberger. Das sind Menschen, die mir imponieren!

Alles Gute

Paul

1. Dezember 1981

Lieber Hans Peter –

vielen Dank für die Bücher und, nein, nach Heidelberg komme ich vor meiner Abreise nicht mehr. Ich wollte Euch allen, Hans, Gretl, Dir, einen Besuch abstatten, endlich Annette kennen lernen aber im letzten Augenblick bin ich darauf aufmerksam gemacht worden, daß ich vor langer Zeit jemandem einen gelehrten Artikel versprochen habe, der Artikel wird gerade fällig, also sitze ich am Tisch über -zig Büchern und schwitze. Titel: Die Theorie der Kontinuität bei Aristoteles – darüber habe ich zwar im letzten Sommer Vorlesungen gehalten, sogar sehr gute, aber so leicht ist das Schreiben auch nicht, und alle die Zitate, und die Kritiken des Galilei und die Verteidigungen des Leibniz. Einen Spaß macht mir die Sache schon, wie auch Dir alle möglichen Dinge Spaß machen, aber es braucht eben Zeit. Und darum bleibe ich hier.

Der Schnee ist eingetroffen, er hat mich eines schönen Nachmittags auf dem Spaziergang ganz plötzlich überrascht. Als ich so 1½ Stunden im Walde dahingewandert war, in tiefem Schnee schon und auf die Straße kam, auf der ich gewöhnlich zurückgehe, war es finster, die Straße war gefroren, ich konnte kaum aufrecht stehen, bin herumgerutscht, hingefallen, aufgestanden, hingefallen, um mich herum rutschten überraschte Autos, nein, das war mir zu gefährlich, also ging ich querfeldein oder vielmehr, ich ging nicht, auch da fiel ich zu oft, sondern ich legte mich einfach nieder, umarmte meinen Stock und rollte den Abhang hinunter. Auch mit dem Auto gibt es Sorgen, Winterreifen muß man haben, die habe ich aufmontiert, sind schön der Reihe nach beide geplatzt, also mußte ich sie wieder auswechseln, und das erstemal hat mir dabei der einzige schwarze Mann in Meilen geholfen. Die Luft ist aber wunderbar frisch, ruhig ist es, gleich mache ich wieder einen Spaziergang!

Mir tut es leid, daß Dein Ruhm Dir soviel Traurigkeit und Unannehmlichkeit einbringt. Meine Freunde, Gott sei Dank, wissen zum Großteil gar nicht, daß ich schreibe, auch haben sie nur geringen Respekt vor mir und meinen ›Ideen‹ und jene, die von meinen Büchern wissen (ohne sie gelesen zu haben) sagen nur: na, das muß ja ein schöner Blödsinn sein! Das sagen außerdem viele Reviewer – also bin ich in dieser Hinsicht safe. Daß ich auf japanisch, italienisch etc. etc. heraus bin, imponiert niemandem, außer daß sie sagen: na ja, da verdienst du also jetzt viel Geld, also wie wärs mit einer kleinen Anleihe. Also über meine Freunde habe ich keine Klage. Besuche von Gurusuchern – ist mir bisher nicht geschehen, aber nur darum, weil ich das Telefon nie beantworte und auf Klopfen an der Tür die Tür nie öffne. Es klopft aber kaum wer. Dann und wann schreibt wer einen Brief, dann sage ich: na ja, kommen Sie zu einem Essen, der Herr kommt (die Damen sind viel vernünftiger), und es wird immer nach einigen anfänglichen Bewegungen in Richtung ›großer Professor läßt sich herab zu kleinen Würstchen‹ sehr gemütlich – an mich anhängen hat sich bis jetzt noch keiner wollen. Das liegt aber eben daran, glaube ich, daß ich ganz anders und, wie Du selbst sagst, viel abstrakter daherrede, das heißt, der Popper ist noch immer mein Schutz und Schirm. TV-Interviews etc. habe ich bis jetzt abgesagt, wegen all dieses Professorgetues, das die Leute da anstellen, aber ich hab' mirs jetzt doch überlegt und zwar aus zwei Gründen. Erstens habe ich mich an ein Interview erinnert, das der Cohn-Bendit dem CBS in den USA gegeben hat. Da hat er die Sache selbst in die Hand genommen und hat sich köstlich amüsiert. Warum, so fragte ich mich, soll ich nicht dasselbe tun? Zweitens habe ich ein Interview gesehen mit der Erika Pluhar. Die hat eben ihre Tagebücher veröffentlicht, worin auch davon die Rede ist, wie sie von ihrem ersten Mann verprügelt wurde etc. Von der hab' ich viel gelernt, so, lebensweise, und ich sagte mir, wenn ich die chose richtig tue, dann kann irgendeiner, vielleicht nur ein kleiner Schoßhund, der niemals auf die Straße kommt, dabei was für sich herausschlagen.

Jetzt habe ich also am Samstag schon mein erstes Interview mit einer Dame von *Le Monde*. Zuviel mach' ich da nicht, denn ich bin faul, aber ein paar freche Gesänge auf der Tube wär' nicht so übel.

Heute habe ich einen Brief vom SPIEGEL bekommen, die wollen ein Bild von mir. Hab' ich keines. Wollten sie eines machen. Tu ich nicht, denn so gestellte Aufnahmen sind schrecklich. Also hab' ich sie an den Hans Albert verwiesen. Ob das was mit den VERSUCHUNGEN zu tun hat? Und schick' mir bitte eine Kopie nach den USA, wenn was herauskommt – reine Neugierde.

So, und für den Rest meines Lebens will ich gar nicht viel tun. *EIN* Buch, genannt TRANSITIONS, Besprechung verschiedener Episoden, wo aus einem etwas anderes wurde, etwa der Einbruch der Farbe in der französischen Malerei um die Jahrhundertwende, oder die Perspektive und ein Kapitel, das mir schon lange im Kopf herumgeht: Philosophy and the War Against the Poets (War against the Poets – das ist des Platons eigene Formulierung. Er spricht vom schon lange andauernden Krieg zwischen der Philosophie und den Künsten). Natürlich bin ich auf der Seite der Künste. Sonst nur ein paar Dinge da und dort.

So, und jetzt ist es Zeit für meinen *Spaziergang*. *Alles Gute* an Euch alle

Paul

3. Dezember 1981

Lieber Paul,

nein, Schnee gibts hier in Heidelberg leider noch nicht, nur so eine wäßrige Masse kommt ab und zu runter, die man nur mit sehr großer Freundlichkeit Schnee nennen kann. Trotzdem stehen die Fahnen wieder auf Sturm, und zwar ist die alte Werner Müller-Nazi-Sache wieder aufgewärmt worden und dabei sind natürlich auch wieder wir beide, Du und ich, als bewährte Anarchofaschisten unter Feuer genommen worden, und zwar an der Universität Tübingen. Nun hab ich mich, als ich von der Sache hörte, richtig gefreut, und hab die Flinte aus dem Schrank geholt, hab sie liebevoll geputzt und die Patronen eingelegt, aber dabei ist's dann auch geblieben, weil der Werner Müller mich inständigst gebeten hat, nichts zu tun. Er ist ein alter Mann und will keinen Pulverdampf mehr, er will seine Ruhe. Und weil ihm die ganzen Nazi-Verleumdungen so an die Nieren gegangen sind, hat er jetzt die zwei jungen Herausgeber seiner Festschrift gebeten, die Festschrift zu seinem 75. Geburtstag, die im Satz ist, zurückzuziehen, weil er Angst hat, daß bei Erscheinen der Festschrift die ganze Hexenbrühe noch mehr zu brodeln anfängt. Na ja, und jetzt haben die Herausgeber wirklich die Festschrift zurückgezogen, eine völlige Fehlentscheidung, wie ich meine. (Ich hatte mir alles so schön vorgestellt: ich wollte zu den linken Professoren, die Dich und mich als »Anarchofaschisten« bezeichnen, in die Vorlesung und wie in alten Tagen die Vorlesung unterbrechen mit der Forderung: »Herr Professor, packen Sie Ihre Skripten weg, jetzt kommt 'ne Diskussion über Anarchofaschismus!« Aber daraus wird wohl nichts werden.)

Ja, der *Spiegel* hat mich auch angerufen und ich hab ihm ein Photo von Dir geschickt. Er wollte, daß ich Dich interviewe, aber ich hab ihn abgewimmelt. Jetzt schreiben sie was über Dich, irgendwas in bezug auf Astrologie oder so. Und in der Weihnachtsnummer kommt ein Interview mit mir über die Probleme der Welt und ihre Lösung. Ich hab im Interview gesagt, daß mir die Umweltverschmutzung und die Neutronenbombe leid tun, aber ich würde trotzdem gerne leben. Draufhin der Interviewer: »Aber das geht doch nicht, Sie können doch nicht einfach so glücklich sein!?« Daraufhin ich: »Sie haben recht, es tut mir furchtbar leid, können Sie mir einen Rat geben, was man dagegen tun kann?« (Ich bin mal gespannt, ob sie das drin lassen.) Ich werd Dir auf alle Fälle die Spiegel-Sachen über Dich und mich zuschicken.

Liebe Grüße

Hans Peter

[6. Dezember 1981]

Lieber Hans Peter – aha, da sind also die linken Troglodyten wieder bei der Arbeit. Tja, s'ist was schönes, sich so moralisch entrüsten zu können, das kostet gar nichts, gibt einem ein gutes Gefühl, vor allem wenn man so da und dort den Marx, den Benjamin und ein paar andere Schnulzen zitieren kann. Andrerseits kann ich den Müller wohl verstehen, denn auch ich will eine Ruh' haben und warum soll man sie wegen einiger solcher Idioten verlieren? Vom *Spiegel* habe ich eben gehört: Da gibts eine neue Auswertung des Nostradamus, nach der geht Paris 1983 in Trümmer und auf den Papst wird noch ein zweites Attentat verübt, dazu hätte ich meinen Kren geben sollen (Du, so sagte der Brief, hast Deinen schon dazu gegeben), aber ich sagte: thanks, no. Leben besteht darin, trotz eines Sees von Plagen da und dort sich zu freuen – ein anderes Leben gibt es meiner Ansicht nach nicht und wird es nie geben. Und man hat die *Verpflichtung* sich zu freuen, denn man soll ja nicht mit seiner miesen Miene den Tag der anderen verpatzen. Und was geschähe wohl, wenn alle Menschen immerfort weinen würden? Gar nichts!

Alles Gute!

Paul

[7. April 1982]

Lieber Hans Peter –

vielen Dank für die Nachricht, daß die *Versuchungen* auch auf englisch erscheinen werden...

Vielen Dank auch zum HPD-PKF Material. Also so sieht uns *Die Zeit*? Schrecklich! Und in der *Psychologie Heute* habe ich mich auch nicht erkannt. Dastehend, als pisse ich mit Begeisterung an eine Ecke, mit viel zu großer Nase, während der Bhagwan so aussieht, als erfreue er sich eben einer kleinen Onanie. Bist Du sicher, daß der Kopf im Strahlenkranz nicht Du bist? So ganz verklärt? Zur Vettel Wissenschaft habe ich neuerdings das Beiliegende geschrieben:

Once, long ago, the belief in general laws of reason led to marvellous discoveries and so a tremendous increase in knowledge. Early physics, astronomy, mathematics were inspired by this belief as was the magnificent Aristotelian opus. In those times, and even more recently, during the rise of modern science and its twentieth century revisions, Lady Reason was a beautiful, helpful though occasionally somewhat overbearing, goddess of research. Today her philosophical suitors (or, should I rather say, pimps?) have turned her into a ›mature‹, i. e. garrulous but toothless old woman.

Und Poppers Po und der Ring des Papstes, das ist ja keine Alternative, das ist ja dasselbe. Eine Alternative wäre erst die Baubo der Ornella Muti (zum Beispiel). Ich selber segle inzwischen auf ganz anderen Wegen, auf dem Tisch liegt eine Prachtausgabe der Impressionisten, einen Videoapparat habe ich an meinen Fernseher angeschaltet, und da sehe ich alle möglichen Filme und shows aus den Staaten, vor allem die von mir sehr geliebten soap operas und so ganz nebenbei schreibe ich *Science as an Art,* was mir viel Freude macht, vor allem wegen der vielen Bilder. Über die Aristotelische Theorie der Mathematik und vor allem der Kontinuität habe ich eine lange Abhandlung geschrieben und, siehe da, ein klassischer Philologe hat die Sache sehr gepriesen, und dabei hab' ich erst mit dem Griechischen begonnen. Die Gründe, die mich berüchtigt machen, die langweilen mich schon sehr. Es war nett, einmal frech zu sein, aber auf die Dauer interessiert mich das nicht. Dann und wann gebe ich Interviews, am liebsten aber rede ich im Augenblick mit einem Schweizer Bauernmädchen – sie muß etwa 16 Jahre alt sein und wir gehen gelegentlich miteinander spazieren. Sie redet schweizerdeutsch, ich rede weiß gott was für ein deutsch, ich verstehe die Hälfte nicht von dem, was sie sagt, sie wird wohl kaum was von meinem Gerede verstehen, aber die Stimmung ist wunderschön. Was mehr braucht der Mensch? Und was gibt es wohl Besseres an menschlichen Beziehungen? Dir wirds mit den Mönchen ähnlich gehen und ich verstehe deine Wahl völlig, mich selber würde man nicht tot bei den Veranstaltungen finden, aber so verdiene ich eben Geld und gelegentlich ists ja auch ganz unterhaltsam. Alles Gute

Paul

PS: Lese gerade Kissingers Memoiren. Faszinierend!

[13. April 1982]

Lieber Hans Peter – erst jetzt habe ich Dein Interview genauer angesehen und es hat mir sehr gut gefallen. Was den Castaneda betrifft, so habe ich ihn immer für einen interessanten Geschichtenerzähler gehalten, auch sehr lehrreich, ganz wie Einstein, oder Darwin, oder Hoyle und es war mir gleichgültig, ob seine Geschichten auch ›wahr‹ seien. Insofern die Wissenschaften Geschichten wie diese produzieren bin ich von ihnen fasziniert und werde es immer bleiben. Aber interessante Geschichten machen nicht nur die Runde, sie werden bald standardisiert, gelehrt, systematisiert und in Normalscheiße verwandelt. Das geschieht in den Wissenschaften genau so wie anderswo und junge Göttinnen werden so zu alten Vetteln. Der Relativismus, glaube ich, ist nicht unbedingt mit Inkommensurabilität verbunden. Herodot, in seiner Geschichte vom Darius ist ein Relativist, aber die Ink. spielt in dieser Geschichte keine Rolle. Auch nicht beim Protagoras. Der Xenophanes schimpft nicht über die Ink., sondern über die Vielgötterei, wobei sich jeder die Götter so vorstellt, wie er selber es ist – *und diese Vorstellungen sind allgemein verständlich.* Ich glaube, diese Idee von der Ink. hat viel Unheil angerichtet und den armen Relativismus mit einer semantischen Sophisterei belastet, die ihm gar nicht gut tut. Wie es den Geschichten ergehen wird, die *wir* erzählen – tja, das ist so eine Sache. *Against Method* habe ich eigentlich rein zum Spaß geschrieben. ›Why don't we write a book together‹, fragte Imre Lakatos, ›you attack reason, I defend it, we are going to have lots of fun and will upset lots of people‹. Das schien mir ein guter Grund – also schrieb ich das Buch. Dann starb der Imre, der Schuft und mit dem Spaß war es vorbei. Es kamen die ernsten Rezensionen. Die hätte ich nicht gelesen, aber die diversen Damen und Herren schickten sie mir ins Haus, da las ich sie und war sehr erstaunt und gelegentlich auch ein wenig aufgebracht über die moralische Indignation und die intellektuelle Armut, die mir da entgegenschien und fast vergaß ich, daß die Sache ja zum Spaß geschrieben war. Heute ist die Sache sehr fern und meine Antwort in den Versuchungen klingt mir wie eine Arie aus einer anderen Welt. Und da bin ich eben nochmals erstaunt, wenn ich Dinge wie *Die Zeit* oder andere Dinge lese, die das alles so wichtig nehmen. ›Wir alle haben von Kant gelernt‹ oder ›Über Kant kann man nicht so einfach hinweggehen‹ las ich vor kurzem in der NZZ und ich fragte mich ›WIR‹ – wer ist das? Sicher nicht meine Tante Emma, die geht jeden Tag einfach über Kant hinweg und es schadet ihr gar nicht, nein, ganz im Gegenteil, es bewahrt sie vor vielen unnützen Sorgen und Gehirnverrenkungen. Das scheint mir auf fast alle intellektuellen Bemühungen zuzutreffen, AM und *Traumzeit* eingeschlossen. So, frage ich mich – wofür ist die Sache gut? Masturbationsmaterial für Intellektuelle – sonst nichts – und Staunen für den Rest der Menschen, die übrigens von einer soap opera viel mehr haben, als von ›der Erkenntnis‹, außer sie wird vorgetragen in interessanten Geschichten, oder Fernsehfilmen, aber da sind wir eben wieder im Bereich der schönen Märchen und NICHT der Wahrheit. Hier scheint die Sonne, die Luft ist frisch, bald werden die Bänder mit den US-Soap Operas ankommen, ich werde sie auf mein Videogerät spielen und dann wird mein Glück vollkommen sein. Inzwischen aber ein kurzer Besuch bei den Schafen, Kühen, Hunden und vielleicht treffe ich meine neue Freundin, die sogar ein Mensch ist

Paul

14. April 1982

Lieber Paul,

ich lege Dir hier einen Artikel über Castaneda bei, der Dich vielleicht interessiert. Castaneda hat mir übrigens ausrichten lassen, daß er mich gerne sehen würde, und da ich im Juni ohnehin bei den Cheyenne in Oklahoma bin, flieg ich mal rüber nach Malibu Beach, um mit ihm einen Kaffee zu trinken. Als deutlich wurde, daß Castaneda seine Erzählungen erfunden hat, da hat die akademische Welt so richtig aufgeatmet, denn jetzt hatte sie den Herrn, der ihr mächtig auf der Leber lag, endlich los. Das zeigt, daß Literatur, im Gegensatz zu Wissenschaft, in gewisser Hinsicht out ist. Das war wohl schon vor hundert Jahren so, denn der Nietzsche hat gesagt, daß ein Philosoph sich der Literatur zwar sehr annähern soll, aber gleichzeitig soll er genau drauf achten, daß er die Grenzlinie zur Literatur nicht *überschreitet*. Wenn ich die »Traumzeit« ohne die Fußnoten geschrieben hätte, dann hätte sich keiner drüber aufgeregt, denn dann hätten die Leute gesagt: Na ja, das stimmt ja alles gar nicht, das ist ja überhaupt nicht *wahr*. Und wenn Du nicht deine seriösen Sachen geschrieben hättest, dann hätte sich kein Mensch für Deine Frechheiten interessiert, denn einfach nur frech sind genug andere Leute.

Okay, die »Theaterwissenschaften« sind in Deiner Eliade-Bio getilgt. Ich habe übrigens meinen eigenen Beitrag, den ich Dir mal geschickt habe, die Tagebuchseiten meiner Reise zum Sonnentanz der Cheyenne, rausgenommen. Ich werde sie nicht veröffentlichen, weil ich keine Lust mehr habe, das intellektuelle Publikum mit Intimitäten zu bedienen – Du nennst das richtig Masturbationsmaterial, in Mannheim heißt das »Wichsvorlage«.

Dein Science as an Art-Buch wird eine schöne Sache werden, das spüre ich schon. Ich selber schreibe auch zwei Bücher, denn Bücherschreiben ist mein Hobby, eins über den Sonnentanz, und eins über die Frage, warum wir unbedingt eine Zivilisation entwickeln mußten, wo doch vorher alles so ziemlich okay war. Aber das dauert alles noch ein bißchen.

Liebe Grüße

Hans Peter

16. April 1982

Lieber Hans Peter – vielen Dank für den Artikel. Die ›Wissenschaft als Kunst‹ hat übrigens auch ein Kapitel über Literatur vs. ›Wahrheit‹. These (eigentlich trivial): es handelt sich um zwei verschiedene Stilformen des Redens (Schreibens) angesichts einer ›Wirklichkeit‹, die durch dieses Reden (Schreiben) erst konstituiert wird. Und wie sich die akademischen Maler aufgeregt haben, als man begann, nicht genau in ihrem Stil daherzupinseln und solche Erneuerer nur dann einigermaßen ernst nahmen, wenn sie ihnen auch eine ganz realistische Zeichnung, warts and all vor die Nase setzen konnten, genau so regen sich auch heute die Wahrheitsaffen auf, wenn man ihnen ein Gedicht, oder eine story vorsetzt und hören erst dann genauer zu, wenn es sich herausstellt, daß der Dichter einmal etwas gewogen, oder sonstwie gemessen hat und wenn er auch mit vielen Fußnoten schreiben kann. Auf Dein Buch, warum wir ausgerechnet eine Zivilisation entwickeln mußten, wo doch eh alles so schön daherlief, bin ich schon sehr neugierig, denn das ist ja auch meine Frage, und ich glaube, wir *mußten* es nicht tun und *wir* haben es auch nicht getan. Was geschah, war, daß einige alte Herren sich gelangweilt haben, und sie haben eine neue Lebensweise, einen neuen Stil des Lebens, Denkens, Redens entwickelt, eine Art neuer Ideenmalerei. *Warum* sie das getan haben, das ist nicht leicht zu eruieren, denn das liegt schon lange zurück. Außerdem ist nicht *das* die interessante Frage, sondern warum ihre aus der Langeweile, oder dem Unbehagen oder aus was sonst was geborene Lebensweise so um sich gegriffen hat. Na ja, da muß man eben sehen, OB sie um sich gegriffen hat und WARUM und *darauf ist die Antwort verschieden in verschiedenen Ländern*. Zum Beispiel Japan. Bis zum letzten Jahrhundert haben sich die Japaner von der in ihren Augen sehr unzivilisierten Umwelt abgeschlossen – dann begannen sie plötzlich mit den Wissenschaften. Und warum? Weil die Europäer Kanonen hatten, ihnen damit Unannehmlichkeiten bereiteten und weil sie, die Japaner glaubten, daß die Kanonen etwas mit der Wissenschaft zu tun hätten. Im letzten haben sie sich geirrt, genau so, wie sich der Kreis um Galilei den Älteren irrte, als er glaubte, die von ihnen erfundene Oper sei eine Rekonstruktion der griechischen Tragödie und genau so wie sich Leone Battista Alberti irrte, als er glaubte und schrieb, daß die Maler in der Antike großes Ansehen besessen hätten. So haben wir im Falle Japans einen äußeren Anlaß, eine politische Situation, die diesen Anlaß ernst nimmt, eine irrtümliche Annahme über den Hintergrund des Anlasses und die entsprechende Reaktion – und so ist ›die Zivilisation‹ nach Japan gekommen. Anderswo gab es andere Irrtümer oder, weil man ja heute die meisten Irrtümer Gründe nennt, andere Gründe. Und alle diese Irrtümer, zusammenfließend auf Grund internationaler Bedingungen und auch auf Grund einer Verbreitung der work ethics (sehr wichtig und noch gar nicht so recht untersucht) führten zur Misere ›unserer‹ Zivilisation – und genau so wie sie entstanden ist, wird sie wieder verschwinden. Allen diesen Zufällen, Irrtümern (nein, nicht allen, sondern einigen) will ich nachspüren. Es ist eine Untersuchung sehr ähnlich der Untersuchung der Frage, warum denn die Videospiele plötzlich so populär wurden, oder das Christentum or what have you. Man darf hier weder eine innere Vernunft, noch auch eine systematisch wirkende Unvernunft annehmen – wie im Leben eines Einzelmenschen gibts hier viele Zufälle. Das kann man nur erzählen, etwas stilisiert vielleicht, wie den Trojanischen Krieg. Na ja. Nicht heute, denn heute scheint die Sonne und ich mache wieder einen kleinen Spaziergang mit meiner neuen Freundin und ihrem Hund. Laß mich aber wissen, was Du so anstellst. Schade, daß Du Deine Tagebuchseiten aus dem Eliadeband herausgenommen hast – der war ja doch dem Onkel Mircea gewidmet und den sollte man doch darum nicht leiden lassen, weil sich andere vielleicht daran begeilen. Alles Gute

Paul

PS: Schade, daß ich zur Zeit Deines Besuches in Californien gerade hier bin!

PS: Warum, d. h. aus welchem Bewußtseinszustand heraus wurde der Ackerbau mit einem Diebstahl, oder sogar mit einem Mord verbunden? (Onkel Mircea, *Religionsgesch.* Bd. 1, Seite 46ff.). Das verstehe ich gar nicht.

PS: Wenn mich heute jemand darum zur Rede stellt, daß ich den Castaneda erwähne, wo der doch ganz erfunden ist, dann antworte ich, daß ich ja auch Behaviouristen, Rationalisten, Logiker erwähne und die sind noch viel schlechter dran, als der Castaneda, denn sie wissen nicht einmal, daß das, was sie vortragen, ganz erfunden ist.

Heidelberg, 17. April 1982

Lieber Paul,
was mich beschäftigt, ist folgende Sache: Abertausende von Menschengenerationen haben glücklich und zufrieden als Wildbeuter gelebt, die Frauen haben gesammelt, die Männer haben gejagt, wenig Arbeit, viel Muße (Zeit, die Höhlen vollzumalen usw.), kein Krieg (wenig Menschen, viel Platz). Gut. Aber plötzlich fangen diese Menschlein an, seßhaft zu werden und zu pflanzen, arbeiten viel, bekämpfen sich, werden unfreundlich, ihre Götter werden unfreundlich usw. Warum? Nun, früher ging man von der Prämisse aus, daß es den Bauern viel besser ginge als den Wildbeutern, und da war es ganz natürlich, daß sie irgendwann die Zivilisation entwickelten, und zwar dann, als ihnen die *Idee* dazu kam. Heute weiß man, daß das nicht stimmt. Erstens geht es den Bauern viel schlechter als den Jägern und Sammlern, und zweitens *haben* die Wildbeuter die Idee des Pflanzens, sie könnten es tun, aber sie haben einfach keine Lust dazu. Warum? Sie sind viel zu faul, sie haben keine Lust, an diesen langweiligen Pflanzen rumzubasteln, sie zu hegen und zu pflegen, wo sie doch auf die viel interessantere Jagd gehen können, von der sie dann ihre Stories abends am Lagerfeuer erzählen können. Also, warum Zivilisation? Na ja, ich neige im Augenblick zu folgender Hypothese: vor ca. 12000 Jahren hörte die Eiszeit auf, und in diesem Zeitraum ereignete sich folgendes: das Eis schmilzt, das Land wird kleiner, die großen Jagdtiere der Tundra (Mammut, Wollnashorn, Moschusochse, Rentier, Wildpferd, etc.) wandern ab oder sterben aus, und, vor allem, die Bevölkerungszunahme wird kritisch, und zwar kritisch für die Aufrechterhaltung einer jägerischen Lebensform ohne Vorratswirtschaft. (Man schätzt, daß es im Endmagdalénien bereits zehnmal so viele Menschen gab wie im Aurignacien.) Na ja, und da blieb den Leutchen nichts anderes übrig, als sich zu zivilisieren, ob sie nun wollten oder nicht. Ich denke übrigens auch, daß der *Dogmatismus* eine Bauern-Angelegenheit ist – ich hab das gemerkt am Unterschied des Verhaltens der Cheyenne (Jäger) und der Pueblo-Indianer (Bauern) gegenüber dem ›Übernatürlichen‹: die Bauern machen einen großen Pflanz um die Sache, schauen tiefsinnig-düster drein dabei, während die Jäger ziemlich lässig damit umgehen, die Skala reicht von »schöne Sache, dieser Verkehr mit den Geistern« bis zu »fuck them«. Warum? Ich denke mir

das so: die nomadisierenden Jäger sind sehr flexibel, wenn's irgendwie brenzlig wird, dann hauen sie ab, sie *vermeiden* Konflikte und *können* sie auch aufgrund ihrer Lebensweise vermeiden (die Cheyenne-Frauen haben in fünf Minuten ein Tipi abgebrochen und auf dem Pferd verstaut). Die Bauern, Pflanzer, hingegen stehen immer mit dem Rücken zur Wand, sie müssen bei ihren Salatköpfen bleiben, so wie die Hirtennomaden bei ihrem Vieh bleiben müssen, das macht die Bauern defensiv und verschlossen, die Hirtennomaden (Eroberer) aggressiv (neue Weidegründe fürs Vieh). Also, so stelle ich mir im Augenblick die Chose vor. Zu Deiner Frage Diebstahl/Mord: ich sehe da zwei Möglichkeiten der Erklärung: zum einen: einfache Pflanzer, die nur ein bißchen die Scholle mit dem Grabstock lockern, sehen im Vollblut-Bauern, der mit dem Pflug die Erde aufreißt, einen Frevler an der Mutter Erde: für sie wühlt der Bauer im Eingeweide der Mutter rum. Zum anderen – jetzt habe ich vergessen, was das andere war, aber vielleicht fällts mir wieder ein!

Was meinen Eliade-Beitrag betrifft: ich bin mir immer noch im Unklaren, was ich tun soll. Der Karl Schlesier, der zur Cheyenne-Religion »konvertiert« ist, findet die Sache zu rotzig dahingehudelt, und er bittet mich, sie nicht zu veröffentlichen, er ist ein sehr ernsthafter Mensch, und er mag an mir nicht, daß ich so »unheilig« bin, und zweitens will er die Welt zum Guten führen, während ich sie eher ein bißchen unterhalten will. Was meinst Du dazu?

Liebe Grüße

Hans Peter

[21. April 1982]

Lieber Hans Peter – was Du mir da schreibst ist eine sehr faszinierende Geschichte, und ich warte schon darauf, mehr darüber von Dir lesen zu können. Ich werde Dir bald mehr Fragen stellen. Ich selbst fange natürlich viel später an, mit den verschiedenen Minimiseren, die dieser Grundmisere aufgesetzt wurden. Aber lange wird es dauern, denn ich eile mich nicht, sondern schreibe dann und wann eine Zeile und wandere dazwischen in den Hügeln, oder zwischen den Seiten von Mordgeschichten, oder zwischen den Fernsehkanälen herum. Deinen Eliadebeitrag habe ich vor einem Jahr gelesen, habe mir auch sofort eine Xerox-Kopie gemacht, ich finde die verdammte Chose im Augenblick nicht, aber was ich finde, auch ohne sie, ist, daß Du diese Sache veröffentlichen solltest und zwar vor allem als Beitrag zum Onkel Mircea, der doch selber ein so schönes Tagebuch geschrieben hat. Ich fand Deine Schilderung überhaupt nicht »rotzig daher gesudelt«, nur eben nicht verkrampft, aber doch ernst und vor allem sehr lehrreich in einem guten und freundlichen Sinn. Denn bei Dir ist der Vorteil ja doch der, daß die Unterhaltung und die Belehrung zusammengeht. Sehr schön geschrieben wars auch und es würde dem Onkel doch Freude machen und viele Menschen würden es mit Freude lesen. Als ich Deine Seiten bekam, habe ich, wie gesagt, mir sofort eine Kopie gemacht und dann wollte ich weitere Kopien machen für Freunde, habe das aber nicht getan, denn Du hast die Sache ja mir geschickt, aber wünschen tät ich doch, daß andere davon etwas erfahren. Also, mein Gefühl: publiziere! Und der Eliade-Band ist dazu doch der beste denkbare Platz. Alles Gute

Paul

24. April 1982

Lieber Hans Peter

hier schneit es, ich habe eine Erkältung, einen schmerzenden Zahn, die Bänder mit den amerikanischen Soap Operas kommen nicht an, also bin ich ganz auf deutsche Fernsehkost angewiesen und die ist meistens nur dann gut, wenn sie amerikanische Filme bringt – was für ein elendes Wochenende! Die erste Veranstaltung meiner Reihe: Wissenschaft und Katholizismus fand statt, ich war ziemlich betrunken (mit Schmerztabletten), als ich sie einleitete, die heiligen Herren waren alle sehr tolerant gegenüber den Wissenschaften, aber als sie dann gefragt wurden, ob sie bereit seien, diese Toleranz etwa auch auf den Buddhismus auszudehnen, da sagten sie laut und vernehmlich NEIN. Laut und vernehmlich NEIN sage auch ich zum Projekt des SYNDIKATS, alte Papierleichen von mir auszugraben und wieder zu beleben. An die meisten Dinge im *Pflaster* erinnere ich mich kaum, ich weiß, sie waren nicht sehr gut, gelegentlich waren auch die Übersetzungen schlecht (obwohl ich bei ein oder zwei Dingen an den Übersetzungen mitgearbeitet habe) – die Hauptsache aber ist, die Dinge stammen aus einer Zeit, die für mich vorbei ist. Ich habe zwar beim Vieweg und bei der Cambridge University Press noch ältere Dinge publiziert, aber als Abschluß. Und jetzt möchte ich gerne für einige Zeit von der Bildfläche verschwinden, sonst glaubt man am Ende noch, daß ich nur Schurkenrollen spielen kann, und nie den Romeo, oder den Prinzen von Homburg, oder den – na wie heißt denn der Alte in den Webern? Weißt du, dieses Bild in Deinem Interview, wo wir drei Säulenheilige beisammenlehnen, der Castaneda, der Bhagvani und ich, hat mir gar nicht gefallen. Das dümmste, das einem Menschen passieren kann, ist doch, daß er zu einem Symbol wird, auch wenns nur ein Symbol für zwei, drei Leute ist. Also nix mit der Publiziererei. Ich selber entdecke allmählich, was ich schon seit langem hätte entdecken sollen, daß ich eigentlich gar nichts zu tun brauche. Natürlich, ich muß die Vortragsreihe vorbereiten, und meine Vorlesungen, denn dafür werde ich bezahlt, aber das ist eben das Geldverdienen und so schlimm ist es auch nicht. Sonst aber kann ich tun was ich will. Und so habe ich mir zuhause verschiedene Tische eingerichtet und ein bequemes Sofa. Am Sofa schaue ich mir Fernsehen an und lese disreputable Bücher. An den Tischen schreibe ich dann und wann, wenns mir gefällt und zwar jetzt zwei Bücher und einen Artikel. Der Artikel: Democratic Relativism in Antiquity, eine rein historische Sache. Die Bücher: das Malereibuch und ein anderes Buch mit dem Titel Aristotle for Scientists. Die Idee zum letzten kam mir gerade vor zwei Wochen. Da gibts den Prigogine, den Bohm, den Eigen etc., alle diese Herren sagen: ja, die Wissenschaften, so wie wir sie heute betreiben, bedürfen einer neuen Philosophie und ICH werde sie ihnen geben (der Bohm nur redet nicht so, denn der ist ein bescheidener Mensch). Nun, da fiel mir ein, daß der gute alte Herr von Stagira in dieser Hinsicht viel mehr zu bieten hat und da er mir gefällt, sort of, gedenke ich ihn vorzustellen. Alles das geht langsam und macht mir viel Vergnügen, so die Worte zusammenzustellen, daß sie einen gefälligen Sinn ergeben. Daneben kleine Essays mehr ironischer Art und Spaziergänge und, hoffentlich, Drehbücher, wenn nur mein Freund in den Staaten sich endlich dieses Angebots aus Hollywood annimmt. Aus dieser Perspektive gesehen kommt mir vieles, das im *Pflaster* erschienen ist, ziemlich infantil vor und so *beschränkt* (man kann auch auf beschränkte Weise gegen die Beschränktheit wettern, und das ist fast noch schlimmer. Denn eine einfache Beschränktheit ist klar zu erkennen, eine solche Metabeschränktheit führt aber den Autor und viele andere Menschen an der Nase herum). Na ja, das sind so meine Eindrücke und die Gründe, warum ich ihnen nachgehe. Und jetzt – auf zum Spaziergang in den Schnee!

Alles Gute

Paul

27. April 1982

Lieber Paul,

ja, von dem Bild in dem Interview[8] wußte ich auch nichts, bis das Heft erschienen ist, aber ich finde es nicht gar zu schlimm, denn ein Symbol bist Du ja allemal schon vorher gewesen: das habe ich auch bei den jüngeren Leuten im Kloster bemerkt, Du bist für viele ein Beispiel dafür, daß man sich im Leben nicht unbedingt prostituieren muß, daß man seinen eigenen Weg gehen kann. Nur, auf die Wolke hätten sie Dich deshalb freilich nicht setzen müssen.

Die Veranstaltung in Graz scheint übrigens anders verlaufen zu sein, als Deine mit den Katholiken in Zürich, sie war wohl eher so wie die in der Loyola Universität in Chicago, von der Du mir vor etwa zehn Jahren geschrieben hast: die heiligen Damen und Herren waren begeistert, als ich ihnen erzählt habe, wie es im Mittelalter der unfruchtbare Teufel geschafft hat, dennoch die Hexen zu befruchten. Er hat sich nämlich als Succubus einem Herrn nächtlings genähert, hat ihm ein wenig Samen abgezapft, ist in Windeseile zur Hexe geflogen und hat selbiger als Incubus den noch warmen Samen zugeführt. Die Diskussion drehte sich dann im wesentlichen um die Frage, ob der Teufel so schnell fliegen konnte, daß der Samen wohl temperiert ankam, und da waren die Damen und Herren verschiedener Meinung.

A propos Diskussion, sie hat vierzehn Stunden gedauert + 2 Stunden Vortrag, und da war ich leicht ermattet hinterher. Als ich dann im Zug saß, hatte ich eines der seltsamsten Erlebnisse meines Lebens. Ich hab, als der Zug noch in der Steiermark war, ein bißchen die Augen zugemacht, bin allerdings nicht eingeschlafen, das weiß ich genau. Plötzlich merk ich, wie ich langsam aus meinem Körper schwebe, ohne die geringste Angst dabei zu haben. So ist das also – das war das einzige, was ich dabei dachte, und dann hab ich mir noch gedacht, ob ich vielleicht an das Dach des Abteils stoßen würde. Aber ich bin einfach durchgeschwebt. Auf der anderen Seite bin ich indessen nicht im Himmel der Steiermark gelandet, sondern alles war schwarz um mich. Da hab ich für einen Moment angehalten, und da merkte ich erst, daß ich ja mein Schweben steuern konnte. Na ja, dann bin ich in die Schwärze reingeschwebt, eine ganze Zeit lang, und plötzlich sehe ich weit hinten einen hellen Punkt, der größer und größer wurde, und da wurde mir bewußt, daß ich durch eine riesige Röhre oder einen Tunnel schwebte. Als ich rauskam, war ich in einer Landschaft, so ähnlich wie die in Oklahoma, und da sah ich auch einen Cheyenne-Indianer, den ich kenne, den Sohn des Arrow Keepers, der vor kurzem gestorben ist. Er saß mit seinen zwei Kindern in einem offenen Auto, und alle drei lächelten mich an. Ich bin weitergeschwebt, und plötzlich sah ich lauter tote Cheyenne am Straßengraben liegen, und dann einige, die zwar nicht tot, aber verletzt rumlagen, aber ich konnte nichts für sie tun. Da war ich plötzlich wieder in meinem Körper, mache die Augen auf und vor mir sitzt ein junger Mann, der zu mir sagt: »Sie sind in Wirklichkeit ganz anders als ich dachte!« Ich antworte: »Na ja, so ist das wohl oft.« Da sagt der junge Mann: »Stört es Sie, wenn sich die Leute ein bestimmtes Bild von Ihnen machen?« Ich: »Nein, nicht allzu sehr.« Er: »Warum wohnen Sie jetzt in Salzburg?« Ich: »Ich wohne nicht in Salzburg.« Er: »Aber – sind Sie nicht der Peter Handke?« (Das ist ein bekannter Schriftsteller.) Ich: »Nein, ich heiße HPD.« Er: »Aber das ist unmöglich!« Ich: »Nichts ist unmöglich.«

Na ja, und jetzt bin ich also wieder zuhause. Hier gibts keinen Schnee mehr, alles ist grün, und eben bin ich mit meiner immer frecher werdenden anderthalbjährigen Tochter spazieren gegangen. Im Zoo hat sie einen Elefanten gesehen und jetzt will sie einen haben. Die aus Stoff kickt sie weg, sie will einen richtigen. Liebe Grüße

Hans Peter

Lieber Hans Peter – da Du im Kloster warst, bin auch ich ins Kloster gegangen, allerdings nur in Form eines Briefes. Der Pater Rupert, der der Rektor der Stiftsschule Einsiedeln ist und der einzige nette Mensch bei der Diskussion der Katholiken, auch der hat eine große Achtung vor den Wissenschaften gehabt. Und da hab' ich ihm den beiliegenden Brief geschrieben. Das gab mir übrigens die Idee zu einem Büchlein: ÜBER DIE RELIGION, oder: warum sich der liebe Gott nicht vor den Herrn Wissenschaftlern zu fürchten braucht. Na ja, wenn ich nicht so faul wäre. Wie der Mozart die Musik habe ich schon den ganzen Plan des Büchleins im Kopf, aber niederschreiben, das ist die Misere! Alles Gute

Paul

30. April 1982

Lieber Hans Peter –
 gestern haben wir die Juden bei uns gehabt. Zwei Rabbiner, zwei Wissenschaftler. Das war eine ganz andere Atmosphäre, als bei den Katholiken. Die Katholiken waren nett, einer war sogar sehr nett, aber etwas kühl und distant. Aber bei den Juden, da war wirklich eine Wärme im Saal, ganz abgesehen von den rabbinischen Witzen, die in Fülle über uns herrollten. Eine Freude an der Erkenntnis, aber die nimmt man nicht so objektiv auf, die rollt gewissermaßen im Bauch herum und man kostet noch den Nachgeschmack gründlich aus. Bilder, Bilder wollte der eine Rabbiner haben und als ich sagte, daß ja Gedanken auch Bilder sind, nur eben eingetrocknete Bilder und daß er sich daher vor den Wissenschaften in Acht nehmen müsse, auf daß die Trockenheit sich nicht verbreite, da stimmte er zu. Allerdings bin ich hinterher nicht vierzehn Stunden geblieben, solange mit Leuten zu reden, ja, das würde mich ganz erledigen! Aber ich fand eine sehr nette Dame, die ich schon lange nicht gesehen hatte, lud sie zum Abendessen ein, auf dem Wege dahin erzählte sie mir, wie sie gestorben und wieder zurückgekehrt sei und jetzt ist sie Vorstand der PR-Abteilung der Schweizer Elektrizitätswerke, will aber Mama und Hotelbesitzerin sein. Das mit den durch die Luft transportierten Samen, das ist eine Geschichte, die ich mit Genuß als das Beispiel einer rationalen Erklärung zitiere, denn es war doch eine Erfahrungstatsache, daß der Teufel einen kalten Schwanz hat, und auf die Frage warum?, gab (wenn ich mich recht erinnere) der Heilige Thomas diese Erklärung, die er sich aber vielleicht anderswoher hergeholt hat. Vom Handke habe ich eine ganze Menge gelesen, der ist zum Teil sehr gut, scheint aber so langsam ein großer Mann zu werden und das merkt man in seiner Schreiberei. Erlebnisse, wie das Deine, habe ich nie, wohl aber Träume dieser Art, manchmal sind sie selten, manchmal häufen sie sich wie zum Beispiel ein Traum, den ich vor langer Zeit hatte, wo ich in einem Boot an die Mauern einer Stadt heranfahre, ein kleines Tor öffnet sich, ich wandere hinein, auf einer Wiese sind viele Menschen, sie wandern herum, sie heißen mich willkommen und ich sage mir: endlich habe ich etwas gefunden, was sinnvoll ist, nämlich zu diesen Menschen sprechen. Ich rede zu ihnen, wie zu Freunden, aber plötzlich muß ich sie verlassen, warum, das ist nicht klar, alle sind sehr traurig,

ich gehe zum kleinen Tor, das Boot ist noch immer da, langsam schwimmt es weg, die Mauern entschwinden und man erklärt mir, das sei das Irrenhaus der Stadt gewesen. Es war ein sehr schöner Traum. In den letzten Wochen aber hat es zum Träumen gar nicht viel Zeit gegeben, ich habe eine Erkältung, hatte auch viel Schmerzen, zum Beispiel letzte Nacht und bin sehr müde. Langsam schreibe ich noch an der englischen Version meines Rückblicks herum, warum, weil ich umziehe, in eine andere Wohnung, eine ganz andere Wohnung und da will ich die Wohnung, die ich verlasse, in gutem Zustand übergeben – darum also alle diese Sorgfalt. Eine Periode meines Lebens ist zu Ende, sei das Ende gut gemacht. Hier ist alles grün, auch hier, aber zum zweitenmal gibt es Schnee, alles ist unter weißen Massen begraben.

Alles Gute

Paul

[5. Mai 1982]

Lieber Hans Peter –

Schreiben, na ja, das werde ich als eine Art Hobby weiter betreiben, genau so, wie Du das von Dir gesagt hat. Leider ist mir in den letzten Jahren so eine Art Bekehrungsfimmel in die Leber gefahren, aber ich habe einen guten Kreislauf, die Sache ging in die Blase und ich glaube, ich habe sie inzwischen ganz herausgebrunzt (oder gepißt, wie man bei Euch sagt). Viel schöner ist es ja, ein Buch zusammenzustellen, wie ein Bild, es zu komponieren, man freut sich, wie so allmählich die Farben zusammenpassen (so hat der gute Carnap einmal seine Schreiberei beschrieben). So geht das jetzt, sehr langsam, mit dem Kunstbuch, und so nebenher mit dem ›Aristoteles für Physiker‹ das mir richtigen Spaß macht. Ich wechsle übrigens meine Wohnung. Ich habe jetzt eine große Wohnung im dritten Stock, ich ziehe in eine viel kleinere im fünften Stock, wo es ruhiger ist, einen Dachgarten habe ich auch und es besteht keine Gefahr, daß Leute über mir einziehen und mir am Kopf herumtrampeln. Na ja, der Umzug, der wird so eine Sache werden, aber ich habe zwei Monate Zeit, so gehts ganz langsam, alle diese verfluchten Bücher.

Alles Gute

Paul

Keine Angst – ich werde Dich nicht verraten. Auch bin ich Dir nicht bös, ganz im Gegenteil, WENN mich die Leute einladen (was gar nicht sicher ist), dann habe ich ja wieder Gelegenheit, ihnen eine nette freche Absage zu schicken. Nein, Diskussionen habe ich *hier* genug. Die *muß* ich durchführen, denn dafür werde ich bezahlt. Aber anderswo – nein. Gelegentlich sage ich ja, wenn ich die Leute kenne, und wenn ich weiß, daß wir vielleicht ein bißchen Spaß haben werden. Aber Küng? Da sei Gott vor! Daß der Bhagvani vielleicht hätte vorkommen müssen, das gebe ich Dir zu, aber alle solche Veranstaltungen sind Kompromisse zwischen dem, was der Veranstalter will, was das Publikum will und was man kriegt und ›man‹ ist dabei ein Freund von mir, der Christian Thomas, der die Schweizer Szene gut kennt und der alles während meiner Abwesenheit organisiert. Der Bhagvani ist weder mir noch ihm eingefallen. Mir nicht, weil ich erst durch diese Trinität in Deinem Interview von ihm erfahren habe, ihm nicht – ich weiß nicht warum. Und jetzt stinkts in der Küche

Alles Gute

Paul

[1. Juni 1982]

Lieber Hans Peter – heute habe ich gleich zwei Einladungen abgelehnt, eine Einladung aus Innsbruck, die ich anscheinend Dir verdanke, und eine Einladung der Schwedischen Akademie in Stockholm, an einem Nobelsymposium mit zwei Dutzend Großkopferten eine Vorlesung über Fortschritt und Rationalität zu halten. Die schwedische Absage hat ein wenig Zeit gebraucht. Zuerst hab' ich mir gesagt: ›denen zeig' ichs!‹, habe zugesagt, bin in den Hügeln herumgerannt und habe mir eine schöne Rede zusammengestellt. Dann sah ich mir den Fahrplan an: VIER Stunden von hier nach Stockholm im Flugzeug. Und dann überlegte ich: *noch einmal* über dieselbe alte Chose? Und dann schickte ich einen zweiten Brief, eben die Absage. Nein, ablenken lasse ich mich nicht mehr, zwei Sachen will ich jetzt noch schreiben, dazu will ich mir viel Zeit lassen, also ganz gemütlich soll die Chose gehen und sonst nichts. Die einzige Ausnahme war eine Rede, die ich gestern beim Bischof an seinem Institut hielt (Du kennst den Bischof – Du hast ihn in Zürich getroffen): Das war sozusagen ein Tauschgeschäft. Er sagte er würde bei mir in der Diskussionsreihe auftreten, aber nur dann, wenn ich zu seiner Reihe käme. Na ja, da habe ich eben zugesagt. Er zeigte mir seine Kaninchen, Affen, Mäuse und dann auch seine Menschen und da hab ich dann volle zwei Stunden lang geredet – solange, wie schon lange nicht und dann noch eine Stunde Diskussion, und dann hatte ich Gott sei Dank zuhause einen Film mit der Joan Crawford zum Entspannen. Der Bischof gefällt mir sehr gut. Sein nächster Vortragender ist der Habermas. Da geh' ich nicht hin. Aber hingegen werde ich höchstwahrscheinlich zum Abendessen mit dem H, um mal zu sehen, wie dieses Vieh von der Nähe aussieht. Lesen tu' ich gerade in einem Buch *Einstein über den Frieden,* und ich muß schon sagen, der Einstein, der war schon was ganz besonderes. In einer Woche geht die Umzieherei los, in die Dachwohnung, da werde ich wieder wohnen auf kleinem Raume, wie ein Student aber ruhig, und die Aussicht, die hat sich gewaschen.

PS: Onkel Siegfried kommt nach ZÜRICH und ich habe ein Dinner mit ihm.

Höre eben, daß sich die Romy Schneider umgebracht hat. Das macht mich sehr traurig. Sie hatte so ein merkwürdiges Leben, sie war ein sehr empfindsamer Mensch, tja, diese verfluchten Menschen, die es zulassen, daß jemand soweit kommt. Alles Gute

Paul

2. Juni 1982

Lieber Paul,

dies ist vorerst mein letzter Brief, denn am Montag flieg ich ab zu den Indians. Es war seltsam, aber vor ein paar Tagen hatte ich plötzlich das Gefühl, daß mit dem Termin des Sun Dance etwas nicht stimme, und darauf hab ich in Amerika angerufen, und dort sagte man mir, daß der Sun Dance vorverlegt worden sei, was eine ganz ungewöhnliche Sache ist. Nun mußte ich auch meinen Flug vorverlegen, und ich hatte das Glück, daß gerade noch *ein* Platz frei war. Dann bekomm ich ein Telegramm von Castaneda, in dem er mich bittet, doch am 14. Juni nach L.A. zu kommen, obwohl er ja weiß, daß ich an diesem Tag eigentlich auf dem Sun Dance bin, aber nachdem er vorverlegt wurde, endet er am 13., so daß ich gerade noch eine Maschine nach L.A. kriege. Na ja, irgendwie kommen mir diese Dinge inzwischen alle »para« vor, aber wenn man mal angefangen hat, die Dinge so zu sehen, dann sieht man fast alles so.

Onkel Siegfried hat mich neulich zu einer Feier in seinem Haus eingeladen, aber ich hab dankend abgelehnt und ihm gesagt, daß mir der verlogene Ton auf seiner letzten Party für einige Zeit reiche, und das hat er nicht gerne gehört. Habermas, ja, das ist auch einer dieser Sesselfurzer, die die Welt mit der Macht des Gedankens verändern wollen, neuerdings mit einem 1400-Seiten-Werk. Du wirst keinen intellektuellen Schaden nehmen, wenn Du seinen Vortrag versäumst. So, jetzt muß ich die kleine Ira zum Zahnarzt bringen, keine leichte Aufgabe, denn das letztemal hat sie dem Zahnarzt dermaßen in den Bauch getreten, daß er eine weitere Behandlung abgelehnt hat.

Liebe Grüße

Hans Peter

Lieber Hans Peter – am Montag fliegst Du ab, am Dienstag kommt diese Karte an, um Dich bei Deiner Rückkehr am Mittwoch irgendwann im Juli oder August oder September zu begrüßen. Hoffentlich bringst Du wieder ein schönes Tagebuch mit und hoffentlich überreden Dich Deine puritanischen Freunde nicht dazu, es ganz für Dich zu behalten. Ich laufe überhaupt einigermaßen blind durch die Gegend, bedaure das aber nicht, denn wenn die Sehenden sehen, was Du siehst, dann bin ich lieber blind. Andrerseits, ich kann es den Menschen nicht verdenken. Der Lebenslauf ist wie eine längere Wanderung durch ein Schlammeer, langsam kommt man vorwärts, Dinge bleiben kleben, es zieht einem nach unten, übel stinkendes Zeug kommt einem ins Maul – ja, da kann ich es doch keinem verdenken, wenn er sich einen Schwimmanzug, oder sonst eine kleine Reisehilfe anschafft, etwa eine ›verfeinerte Professorenatmosphäre‹. Den Onkel Siegfried, den ich gestern zum erstenmal einen ganzen Abend von der Nähe sah, kann ich ganz gut leiden. Eingebildet ist er schon, sogar sehr, aber irgendwo auch naiv. Na ja, am 15. Juli kommt er wieder, und dann werden er, ich, der Dürrenmatt (den ich nicht kenne) etc. in ein Beisl gehen. Da war außerdem noch eine blonde Dame, sehr blond, in einer Wolke von Parfum, Arme hin und her werfend, nach Komplimenten lechzend, ich weiß nicht, was Du über sie gedacht hättest (eine Freundin von Onkel), aber mir kam das wieder wie eine Maskerade vor und darunter war ein sehr netter Mensch, den man richtig liebhaben konnte. Die Leut' sind eben sehr komisch. Gestern gab es bei unserer Veranstaltung (d. h. mein Mithelfer und ich) einen großen Auflauf: Kreation und Wissenschaft. Da haben sich die Vortragenden wirklich befetzt und das Publikum – ja, wir haben noch nie so viele Diskussionsvoten gehabt, und ich hab' die ganze Chose mit Eleganz als Diskussionsleiter geleitet und hinterher sagte ich mir: na, Pauli, weit hast Du's gebracht, jetzt thronst Du schon über Gelehrten und rufst sie mit Witz zur Ordnung – wo hast du das alles her? Und die Antwort blieb ich mir schuldig. Denn auch ich wundere mich gelegentlich, wie ich in dieses Spiel von Erwachsenen hineingekommen bin. Heute beginnt der Umzug in die Dachwohnung, die wieder wie eine Studentenbude aussieht (meine Wohnung jetzt ist viel größer). Entweder ist der Lift groß genug oder er ist es nicht – wenn nicht, dann gibts eine Katastrophe. Draußen scheint die Sonne, und in fünf Minuten beginnt am TV ein Film mit dem Hans Albers. Na ja – alles Gute an Dich und Deine Unternehmungen.

Paul

30. Juni 1982

Lieber Paul,

eben komme ich aus Amerika zurück und finde Deine Karte! Ja, Dein Eindruck von Unseld ist auch der meine: er ist auf rührend naive Weise von sich selber eingenommen, in einer Art, wie ich sie sonst von niemanden so kenne. Die blonde Dame war vermutlich die Dichterin Leutenegger – hat sie beim Reden den Kopf hin- und hergeworfen? Wenn ja, dann war sie's ganz bestimmt. Sie ist eigentlich *sehr* nett, aber ich habe den Eindruck, daß sie ein bißchen verheizt wird. Letztes Jahr, an dem Abend, an dem Du auch reden solltest (in Zürich), hat zuerst der Scholem stundenlang Schwänke aus seiner Jugend erzählt, dann kam der Literaturwissenschaftler Muschg dran, der völlig betrunken war, dann ich mit einer Drei-Minutenvorstellung (ebenfalls betrunken), und dann rezitierte die gute Leuteneggerin aus einem ihrer Werke, aber das paßte wie die Faust aufs Auge, und die junge Dame verließ weinend die Veranstaltung. Ich wollte sie noch trösten, aber da war nichts mehr zu machen.

Vor zwei Wochen hab ich den Castaneda und noch eine andere Dame der Zauberlehrlingsgruppe aus Sonora, mit bürgerlichem Namen Regine Thal, getroffen, und wir haben eine halbe Nacht lang teils geredet, teils im Fernsehen mexikanisches Frauen-Catchen (wrestling) angeschaut. Beides war sehr interessant. Immerhin glaube ich jetzt, daß der alte Zauberer Don Juan und die Gruppe existieren, aber mit diesem *Glauben* werde ich vermutlich alleine bleiben. Carlos fragte mich, ob ich Lust hätte, am nächsten Tag mit ihm zu seiner Gruppe nach Sonora zu fahren, aber ich mußte zurück nach Oklahoma zu den Cheyenne. Dort wartete diesmal kein übernatürlicher Adler auf mich, sondern schwere Regenfälle und eine von Fraktionskämpfen lädierte, traurige Atmosphäre. Das ist schlecht für die Indians, aber es war ganz gut für mich, die Indians auch mal aus dieser Perspektive zu sehen. Bislang kannte ich sie ja immer nur von den Ceremonies her, und ich hätte sie immens idealisiert, wenn ich nicht auch die andere Seite mitgekriegt hätte: die culture of poverty mit 1200 Dollar Familieneinkommen pro Jahr und den ständigen Zänkereien rivalisierender Fraktionen. Meine »Fragmente eines Tagebuchs« werde ich jetzt doch veröffentlichen, denn als ich die Indians fragte, ob ich so was veröffentlichen sollte, erwiderten sie nur »Why not?« Nicht die

Indians waren dagegen, wie sich's herausstellte, sondern, wie Du richtig vermutet hattest, mein Freund Karl Schlesier, der nicht darüber hinwegkam, daß in dem Text das Wort »fucking« vorkam. So, jetzt werde ich mich wieder der Fußballweltmeisterschaft widmen – ich habe nur ein Spiel im Mexikanischen Fernsehen gesehen – denn die Amerikaner brachten ja nichts, weil sie selber in der Qualifikation ausgeschieden waren.

Liebe Grüße

Hans Peter

Tja, da bist Du wieder. Schön wäre es, wenn ich einmal auch im Lande wäre und mit Dir diese Leute besuchen könnte (wenn sie es zulassen). Das mit dem Tagebuch freut mich – »why not?« ist eine sehr schöne Antwort. Gestern war ich beim Bischof zu einem Abendessen eingeladen mit dem Habermas. Habe lange gezögert, dann aber doch abgesagt und statt dessen zuhause die *Toten Augen von London* mit dem Fuchsberger und dem Kinski angesehen, viele schöne Morde. Wäre ich nicht so müde gewesen, dann wäre ich schon gegangen, denn so ein Tier aus der Nähe anzusehen, das wäre schon interessant gewesen. Der Lübbe ist in einer meiner Veranstaltungen aufgetaucht und hat eine Volksrede gehalten des Inhalts, daß ich die ganze Chose (Wissenschaften und Christentum, Islam etc. etc.) nur darum inszeniert hätte, um für »meine Ideen« bei den Religionen zu werben. Ich bin fast auf den Arsch gefallen, habe ihm aber geantwortet, daß ich für solche Feldzüge viel zu faul bin. Hinterher sprach ich mit ihm allein. Ja, siehst Du, der ist ein netter Herr und ist, wie wir alle von dieser Welt, ein bißchen verwirrt (ich nehme an, daß Du verwirrt bist – ich bin es). Und er glaubt eben, daß so ein bißchen Rationalismus ein gutes Boot ist auf diesem Scheißozean. Na ja, warum auch nicht? Zugeredet hat er mir: »Aber Herr Feyerabend, sehen Sie, wenn sie reden, dann lacht ja jeder, da nimmt sie doch niemand ernst« und das hat er als wohlgemeinten Rat gemeint. Und ich bin ihm dankbar, um seine Besorgnis. Ich weiß nicht, ob die Dame die Leutenegger war, sie war aus Deutschland, ich glaube eine Verlagsdame und sie wird am 15. noch einmal kommen, denn da kommt zu uns der Dürrenmatt und natürlich auch der Unseld (»ich hätte den Dürrenmatt groß machen können, aber leider hat er einen anderen Verlag gewählt – dafür habe ich den Frisch«) und hinterher gehen wir alle (wenn der Dürrenmatt mag) in ein Beisl und der Unseld zahlt wieder fürs Abendessen. Auch will der Unseld im nächsten Jahr einen neuen Gimmick einführen – jedes Jahr hat er einen anderen – nämlich: »Wir erinnern uns an...« und dann bringt er berühmte Wälzer der letzten 10 Jahre heraus, darunter auch »Wider den...«. Ich hab' mir darauf das »Wider...« angesehen und fast gekotzt. Eine solche Scheiße habe ich geschrieben! So unmenschlich rationalistisch. Jetzt will ich schnell noch umschreiben was umzuschreiben geht – warum eigentlich, das weiß ich nicht. Meine Vorlesungen hier sind jetzt viel, viel besser als alles, was ich jemals gemacht habe, Plaudereien sozusagen, aber auf Papier kann ich das wohl nicht bringen, das würde zu lange brauchen. Und trotzdem ist mir diese Tätigkeit fremd, wenn ich sie von außen ansehe – ich finde kein verbindendes Glied, aber während die Vorlesung dahinrollt, scheint mir die Rolle mehr oder weniger zu passen. Ganz absurd die ganze Sache. Vorige Woche war ich in Paris, eine mir bekannte Dame hatte mich angefleht, ihr ein Interview vor France Culture zu gewähren, na ja, da habe ich zugesagt, aus persönlichen Gründen, sie ist eine nette Person, aber als ich auf eine Frage von ihr auf den Prigogine losgezogen bin, lief sie plötzlich davon in Angst und Schrecken, denn der Prigogine ist ihr Freund, und so mußte ich so daherreden bis sie wiederkam und sich von ihrem Schrecken erholt hatte. Bin am Abend gleich wieder zurückgereist, um auf meinem neu gewonnenen Balkon in Meilen den Sonnenuntergang zu bewundern. Schön ist es schon da oben, auch trampelt mir niemand am Kopf herum, aber ich bin durch eine nur sehr dünne Wand von der Diele der Nachbarn getrennt und da toben die zwei Kleinen der Nachbarn mit ihren Gefährten herum, daß ich manchmal Mordgedanken bekomme. So – und das ist für heute alles – alles Gute an Dich und alle Familienmitglieder, die es sind, und die es noch werden.

Paul

Lieber HP – beiliegend ein Brief an Dich, in dem ich den Lemschen Brief ein bißchen durchleuchte. Gefällt er Dir, dann schicke ihn an die beiden Herrn zwecks Publikation. Gefällt er Dir nicht, dann schmeiß ihn einfach weg (für Klosettpapier ist das Papier leider zu hart). Alles Gute! Mein Umzug ist beendet, aber ich bin vom Regen in die Traufe gekommen: hier ist mehr Lärm, als weiter unten. Der Dachgarten ist aber wunderschön. Da kann ich mitten in der Nacht hinauswandern und mir die Sterne ansehen.

Paul

[12. Juli 1982]

Lieber Hans Peter – es freut mich, daß Dich mein Brief gefreut hat. Es ist in der Tat, wie Du sagst: in der Physik und in der Kosmologie geht das schönste Mythenbauen vor sich, während in den Sozialwissenschaften eine langweilige ›wissenschaftliche‹ Theorie nach der anderen das Licht der Welt erblickt. Keiner fragt dort, ob ein Vorschlag ›rational‹ sei – ob er interessant ist, ob er zu was führt etc. etc., darauf kommt es an. Aber in den Sozialwissenschaften winden und drehen sich die Herren und Damen bis sich ein kleines und sehr rationales Würstchen ihren Därmen entwindet. So eine langweilige Soße. Schade nur, daß du nicht einige der Dinge in der Kosmologie etc. lesen kannst, das würde Dir große Freude machen. Der Dirac überhaupt, ist einer der Herren, den die Experimente nicht sehr interessieren. Er setzt sich hin, baut sich eine schöne Theorie zusammen und dann ist er überzeugt, daß man früher oder später genau das finden wird, was die Theorie sagt, daß es existiert. Experimentelle Verifikationen interessieren ihn gar nicht sosehr und auch der Einstein hat sich oft über Leute lustig gemacht, die »Verifikationen durch kleine Effekte« preisen, die aber nicht »die Vernunft der Sache«, das heißt, den schönen inneren Zusammenhang sehen wollen. In der Philosophie feiert die Rationalität und der Respekt vor ›der‹ (Einzahl) ›Wissenschaft‹ Triumphe – aber eine interessante wissenschaftliche Entdeckung haben diese Herren nicht zu verzeichnen, nicht einmal eine kleine, unbedeutende Konstante haben sie gefunden. Schön, Dein Abenteuer beim *Kursbuch* – geschieht Dir eigentlich Recht. Den Mitterer kenn' ich, der ist ein Reiseführer und ein sehr netter Herr, nur eben auf nette Weise ein wenig verrückt. Nach ihm gibt es nichts als die Sprache. Auch die Spatzen gibt es nur, weil es Spatzengerede gibt und wenn das aufhört, dann hören auch die Spatzen auf. Der wird Dir schon was Schönes in Dein Buch hineinschreiben. So, und jetzt geh' ich in die Stadt – die Hitze hier ist unerträglich. Muß mir ein schönes kühles Kino aussuchen. Hast Du ›Bye Bye Brasil‹ gesehen? Ein sehr schöner Film – aus Brasilien. Sehe ihn jetzt zum zweitenmal. Alles Gute an Kind und Kegel

Paul

[16. Juli 1982]

Lieber Hans Peter – der Unseld hat einen Anschlag auf Dich vor, nämlich Dich einzuladen, eine Diskussion zu leiten zwischen dem Dürrenmatt und mir in Frankfurt. Der D, ja, der war gestern bei uns. Er ist zu spät gekommen – die Veranstaltung war schon im Gang – er hat dann sehr schön gesprochen und hinterher gingen wir alle ins Beisl, wo sich der Dürrenmatt sehr schnell auf den Schwingen des Weines in höhere Regionen entfernte (›Sie genießen das Leben nicht‹, sagte er zu mir, denn ich trank wenig – aber ich mußte schließlich den ganzen Zürchersee entlang nachhause fahren). Und da habe ich ihm vom Lem erzählt, daß nach dem die Hexen wegen der Physik nicht fliegen können. ›Aber nein‹ sagte der Dürrenmatt, ›die Hexen können fliegen, gerade wegen der Physik. Die hat ja überhaupt noch keine brauchbare Gravitationstheorie. Und sehen Sie‹, fuhr er fort, ›auch ich kann fliegen‹, und dann versuchte er aufzustehen. Er ist sehr schnell, sehr gescheit, dabei schaut er immer so verschmitzt vor sich hin, wie ein Achtjähriger, der gerade was Schlimmes angestellt hat. Seltsamerweise habe ich mich ihm gegenüber sehr protective gefühlt – das kommt mir manchmal bei Menschen vor, da habe ich den Eindruck, man muß sie beschützen, nur weiß ich nicht vor was. Immerhin, jetzt ist dieses Semester für mich vorbei, nächste Woche gehts nach Wien, für zwei Wochen. Man will mich überreden, ein Haus hier zu kaufen, für 800 000 Franken – na ja, da werde ich mich vielleicht in Schulden stürzen.

Alles Gute

Paul

[31. Juli 1982]

Lieber Hans Peter – vielen Dank für die Besprechung. So also sieht mein Schatten aus, wenn er auf den Grund einer Latrine fällt (damit beabsichtige ich nicht unhöflich zu sein, denn ich selber bin ja der Latrinengrund für andere). Wie merkwürdig sich die Leute doch einen Menschen vorstellen – etwas BESTIMMTES ist er, profiliert, mit einem Fundament (und das kann sehr verrückt sein). Ich komme mir selber gar nicht so vor, eigentlich ganz gestaltlos stolpere ich dahin und was aus mir wird ist mir selbst jetzt, nahe am 60. Lebensjahr, ganz unbekannt. Sänger kann ich keiner mehr werden, das weiß ich, dazu ist meine Stimme nicht mehr gut genug – auch habe ich sie durch zuviel Schreien verdorben. Aber sonst habe ich das Gefühl, daß ich mein Leben noch gar nicht begonnen habe, denn was ich bis jetzt zusammengeschmiert habe, das zählt überhaupt nicht. So, und jetzt gehts wieder ab nach Wien, auf eine weitere Woche im Hilton, um wieder einmal auf den Spuren des kleinen Pauli Rat und Kraft zu finden. Alles Gute

Paul

[10. August 1982]

Lieber Hans Peter –

Ich war eben zweimal in Wien. Zum erstenmal vor drei Wochen. Es war sehr heiß und alle meine Freunde waren ausgeflogen. Dennoch machte ich einige Spaziergänge im Wienerwald und zwar auf denselben Wegen, auf denen ich vor über 40 Jahren herumgewandert war. Dann fuhr ich zurück nach Meilen. Zum zweitenmal fuhr ich vor einer Woche. Ich traf wieder einmal die Alberts und wir alle hatten lunch mit Otto Molden. Der wollte unbedingt, daß ich nach Alpbach komme und zwar um den Popper zu ehren (es gibt da eine Feier zu seinem 80. Geburtstag) und um mit einem Politiker zusammen in Form eines Vortrags über Alpbach zu reminiszieren. Beides hätte ich gerne getan – aber nocheinmal zu reisen, und auch noch nach Alpbach, wohin die Züge mehr als 5 Stunden brauchen und wo die Zimmer zugig sind, und im Restaurant kann man nur eine Speise wählen, nein, dazu bin ich zu faul. Nun wirst Du mich fragen – wie hätte ich den Popper geehrt? Sehr einfach: ich hätte Dinge erzählt, an die ich mich erinnere, und die mich sehr beeindruckten – seine Frechheit vor allem. Denn bei Popper waren es nicht seine Ideen, die ihn mir interessant erscheinen ließen, sondern die frechen Bemerkungen über Philosophie und andere Dinge, die er von sich gab.

Die Alberts zu treffen war ein Genuß. Wir hatten zweimal lunch, dann nahm ich die Gretl einmal ins Kino mit, zu einem Fantomas (sie ist in den Jean Marais verliebt und mag auch die Geschichten), und ein andermal beide, den Hans und die Gretl zu Polanskis *Chinatown* (zum drittenmal sah ich den Film). Auch saßen wir am Graben herum, tranken Tee und tratschten über alles mögliche. Bei der Heimkehr in mein Hotel – das Hilton, natürlich – traf ich auf einen Freund von mir, einen Physiker, der im Augenblick am Princeton Institute for Advanced Studies ist und sich auf dem Weg nach China befand, zu einer kleinen Konferenz. Er ist einer der wenigen Physiker, die dabei sind, die Quantentheorie mit der Gravitationstheorie zu vereinigen, aber er sieht aus wie ein nervöser graduate Student. Oder, vielmehr, er sah so aus. Diesmal sah er viel weniger nervös aus, denn er hatte eine Dame mit sich, die in Wien die Raumausstellung der Unesco vorbereitete, eine Künstlerin, eben nach drei Jahren wegen Drogenhandel aus dem Gefängnis entlassen. Mit denen saß ich bis über Mitternacht in einem Beisl. Und so weiter. Und nun sitze ich wieder in Meilen und rede mit der Schreibmaschine. Und auf der sag ich Dir also alles Gute

Paul

[19. August 1982]

Nein, der finstere Herr in der Photographie im Molden-Buch ist kein Wissenschaftstheoretiker, sondern ein Physiker, nämlich der berühmte Physiker Alfred Landé und mir gegenüber sitzt der Heinz Post, auch ein Physiker, der in England während des Krieges bei der Spionageabwehr dabei war. Hinter mir, unsichtbar, saß übrigens der Schrödinger und sonst gab es nur Physiker und Historiker der Wissenschaften – mit Wissenschafts*theoretikern* habe ich damals (1957) überhaupt nicht geredet. Das Seminar geleitet habe aber ich (als kleiner Dozent aus Bristol – mein Gott, habe ich da eine Heidenangst gehabt – aber es ging ganz gut, darum der finstere Blick von Herrn Landé, dessen Ideen ich übrigens als einziger gepriesen habe). Herausgeber bin ich übrigens beim Albert schon zum drittenmale – habe ein Buch für den Feigl und ein anderes für den Imre herausgegeben, beidemale aber war ich nur ein figurehead – die harte Arbeit haben die anderen gemacht. Da bist Du schon viel gewissenhafter. So, und jetzt zurück zum Wäschewaschen. Alles Gute

Paul

[Poststempel: Oakland, 19. Februar 1983]

Lieber Hans Peter – also, Hand aufs Herz, ich werde sagen, daß Du inzwischen der Stammesphilosoph der Cheyenne geworden bist, Deine Freundin plus Kinder verlassen hast und daß man Dich selbst aus der Nähe nicht erkennen würde, so sehr hast Du Dich verändert. Heute ist Freitag – morgen beginne ich mit der Übersetzung des Irrationalismusaufsatzes. Den Titel habe ich schon: ›The terrible Heresy of being irrational‹. Science as an art ist fertig übersetzt, ich warte nur noch auf die Wendy O'Flaherty, so daß ich weiß, wohin ich die ganze Chose schicken soll. Der Kraft war ein sehr netter alter Herr, ein eingefleischter Positivist, aber nicht hirnverbrannt, und die Entwicklungen im Wiener Kreis hat er immer mit leichter Ironie verfolgt. Ich erinnere mich noch, wie bei einer Diskussion ein Herr sagte: ›Warum greift der Popper den Carnap so vehement an?‹ und der Kraft antwortete: ›Na ja, dös is ja die Konkurrenz!‹ Der Wittgenstein konnte den Kraft gut leiden, auch wir, die Studenten konnten es, denn obwohl er ein schrecklicher Vorlesender war, war er sehr gut bei der Leitung unserer Diskussionsrunden. Alpbach, das war wirklich ein Traum für Studenten! Als es begann! Als viele dieser Herren noch am Beginn ihrer Karriere waren und die ganze Chose nicht so kommerzialisiert war. Da hast Du wirklich was versäumt! Und das Seminar in Berkeley, das ich erwähne, im vorigen Jahr, das war wirklich eine wunderschöne Diskussionsrunde, etwa 15 Leute, einige Besucher aus der Stadt und mittendrin gab eine Studentin ihre Gründe an, warum sie nicht weiter an der Universität studieren wollte, und wir alle versuchten sie zu überreden, doch zu bleiben. Es gibt doch noch nette Menschen, sogar unter den graduate students in Berkeley. Der Grund, warum ich auf den PSYCHOLOGIE HEUTE-Artikel sauer reagiert habe, war aber der: Ich hab' zuviele unerwünschte Kinder. Als ich mit der Schreiberei begann, so die ersten drei, vier Jahre, schrieb und redete ich viel über die Quantentheorie. Plötzlich bemerkte ich, daß man über mich schrieb, als habe ich ein quantenmechanisches Kind und sei dafür verantwortlich. »Hier, das hast du produziert, und davon bist du der Vater.« Und als ich sagte – aber meine Herren (damals gabs nur Herren in der Branche mit sehr wenigen Ausnahmen) – mich interessieren noch viele andere Dinge, da wollte niemand was davon hören. Dann kam mein Popperkind. Das lief mir überall nach, trotz meiner

Beteuerungen, ich sei gar nicht der Vater und die Blutprobe würde das deutlich zeigen. Jetzt habe ich diesen anarchistischen Bankert am Hals. Der Teufel hole ihn. Der Teufel hole den Anarchismus etc. etc. Mehr und mehr wird mir klar, daß, was ich geschrieben habe, gar nix mit mir selber zu tun hat, das sind so Absonderungen, wie der Schweiß, oder der Urin. Na ja. Mein nächster Bankert wird eben ein Kunstkind sein, aber das wird noch sehr lange dauern. Übrigens – wenn möglich, möchte ich meinen Brief an den Lem gerne noch etwas umschreiben (für Deine Festschrift). Ist das möglich? Aber mach Dir deshalb keine große Mühe. Alles Gute

Paul

[25. April 1983]

Auch der Christian Thomas ist in den USA, was die R. betrifft, also er wird Dich sicher nicht verraten, denn auch er wurde vom Charme der Dame bereits empfindlich gestochen. Daß ich die Wendy O versäumt habe, tut mir nach Deiner Beschreibung sehr leid – jedenfalls schreibe ich ihr sogleich einen Antwortbrief. Die W und T bekommst Du in einigen Tagen, was einen Rezensenten betrifft, ja, da muß ich eben nochmal nachsehen. Der Thomas kennt sicher jemanden. Ja, über das Glück hätte ich auch schreiben sollen, habe aber abgesagt, denn lieber treffe ich es persönlich. Hier ist die Luft außerordentlich klar, ich stehe am Fenster und sehe die schneebedeckten Berge fast zum Greifen nahe, dann gehe ich hinaus in den Liegestuhl und lese einen neuen Jerry Cotton. Am Sonntag sah ich den 5 Stunden langen NAPOLEON von Abel Glance – ganz unglaublich. Da kam mir alles Gerede sehr blöd vor

Paul

[Ende April 1983]

Lieber Hans Peter – eben habe ich ein Transscript eines Interviews bekommen, das ich im letzten Jahr in Paris gegeben habe und das in diesem Feber gesendet worden ist. Es soll auch auf französisch als Buch herauskommen (das Interview habe ich auf englisch gegeben, denn ein Barbar wie ich kann natürlich kein Französisch), es wurde auch so gesendet aber mit französischer Übersetzung. Wenn Dich die Sache amüsiert, kannst Du sie unter Deinen Kräutern und Rüben im *Pflaster* veröffentlichen. Bei uns gabs in der letzten Woche den Golo Mann, der hat geschimpft wie ein Rohrspatz auf den Reagan und seine Leute und der Literatur in der Geschichte das Wort geredet, aber als ich ihm das Beispiel vom Rashomon brachte, wo es für eine Handlung vier verschiedene Standpunkte gibt und der des Richters ist nur einer, da sagte er, na, so ein Agnostizismus sei doch unreal, denn wenn VIELE zum gleichen Ergebnis kämen, da sei doch was dahinter. Na ja. Alles Gute

Paul

[5. Mai 1983]

Also, daß sich der Reidel die Chose nochmals überlegt, das sehe ich schon ein – es werden nämlich in diesen Jahren eine ganze Menge von denkenden Herren 60 Jahre alt, und da gab es eine Festschrift für den Cohen, für den Grünbaum, der Radnitzky hat gerade noch seine Festschrift bekommen, und das sind Leute, die einen guten Ruf haben. Ich aber habe einen schlechten Ruf, mein Auftreten in Reidel-Bänden wurde mehrfach von Rezensenten kritisiert (»unglaublich, daß man einen solchen Menschen in einem solchen Band schreiben läßt«) und vor zwei Monaten erschien, verfaßt von Amerikas Hoimar von Ditfurth (weißt Du, wer das ist? er heißt Martin Gardner), in einer ziemlich weit verbreiteten Zeitschrift ein Artikel mit dem Titel: »The Strange Case of Paul Feyerabend«, in dem es heißt, unter anderem: »To most philosophers Feyerabend is a brilliant but tiresome and repetitious buffoon whose only contribution consists in the ferocity with which he pummels everyone who disagrees with him.« Und für einen solchen Menschen soll's eine Festschrift geben? Gerüchteweise habe ich gehört, daß der Artikel schnell verfaßt und geschrieben wurde, um zu verhindern, daß ich nach New York komme, denn von dort wurde ich, zu meiner großen Überraschung gefragt, ob ich Interesse hätte an einem Albert Schweitzer Chair mit $ 100000 im Jahr und »großer Reputation« (so hat man mir die Sache nahegelegt). Ich hab' gleich abgesagt, denn große Reputation heißt viel Arbeit (erster Grund), und wenn ich in NY bin, könnte ich nicht zwischen San Francisco und Zürich hin- und herpendeln (zweiter Grund) und an beiden Orten ein relativ faules Leben führen. Weil wir schon beim Tratschen sind: habe eben gehört (von einem sehr erstaunten Kollegen), daß bei einer Rezeption in Paris der superfrog Mitterand mich lobend erwähnt hat und befragt, sagte er, er habe meine Schriften gelesen und stimme ganz überein. So – das sind die Neuigkeiten für heute, in unserem Zirkus haben wir heute einen Pianisten, einen sehr bekannten sogar, die Meret Oppenheim wird kommen – auf die freu' ich mich schon, der Golo Mann war da und mit dem Lübbe werde ich mich streiten. Alles Gute

Paul

[11. Mai 1983]

Nicht so einfach, wie Du Dir das vorstellst. Erstens, hätte ich meine Reisen in die Schweiz aufgeben müssen, zweitens hätte ich nach New York umziehen müssen, wo ich doch so schöne Unterkünfte hier in der Schweiz und in den USA habe. Drittens wären mir eine ganze Menge von Leuten im Pelz gesessen mit ›tue dies, tue das‹, während ich hier und dort (Berkeley), von der H. abgesehen, meine Ruhe habe. Drittens wären mit dem Gehalt natürlich auch die Steuern hinaufgegangen und viertens hätten sich die Herren aus NY vielleicht im letzten Augenblick zurückgezogen. Nein, da bleib ich schon lieber hier. Der Thomas Kuhn hat übrigens dasselbe Angebot bekommen, schon vor vier Jahren, und hat es auch abgelehnt und zwar auch, weil er Ruhe haben wollte. Habe eben in der Hitlernummer des *Stern* gelesen, daß Du auf der Bestsellerliste bist, gratuliere! Daß man sich aber mit Deinem Buch »den Arsch wischen kann«, glaube ich nicht, oder gibt es da eine besondere Dünndruckausgabe? Oder der Herr hat einen Marmorarsch (und ein zugehöriges Steingehirn). Verstehen tu ich diese ganze Aufregung noch immer nicht, denn Dein Buch ist ja in einem sehr gelehrten Stil geschrieben und enthält keineswegs die Frechheiten, die bei mir vorkommen. Na ja. Hier ist der Zirkus Knie und ich habe mich schon mit einem Elefanten befreundet. Die sind meine Lieblingsmammals. Alles Gute

Paul

[26. Mai 1983]

Eben habe ich ein Couvert an Dich zugenagelt, da kommt Deine Karte. 17. Juni – hab ich mir notiert (kann aber noch nix versprechen, denn da sitzt eine Malerin in Wien, die ich kenne und so weiter). Was für ein Baby?[9] Wessen? Deines? Der Gretl ihres (und wieder Deines) oder der Gretl ihres und dem Hans seines, oder wer sonst? Du schreibst nur: ›das‹. Hier platzen auch die Kinder überall ins Leben und die Väter laufen im Kreise herum und die Mütter sehen schöner aus und schöner und werden ruhiger und ruhiger. Habe gestern den Hans Weigl im Fernsehen gesehen, zu seinem 75. Geburtstag. Tja, ein Literat hätte ich werden sollen, das ist ein ganz anderes Leben als diese Begriffsscheiße. Er hat mir sehr gut gefallen, ich kannte ihn schon als Student. So, und jetzt gebärdet sich mein Huhn im Topf schon wie wild und ich muß nach dem Rechten sehen.

Paul

31. Mai 1983
diesmal ein Datum,
der lieben Ordnung halber

Lieber Hans Peter

Du hast schon recht – ich bin einer jener emotionalen Menschen, die zuerst handeln (in bescheidenem Maße – das heißt: Briefe schreiben) und dann denken and acting that way I often made a fool of myself. Andrerseits habe ich nicht die Absicht, mich zu verändern und zu verwandeln in einen vorsichtig sich die Wände der Konventionen und der Vernunft entlangtastenden Bewohner des Hauses der Gesellschaft. Der Carlos Saura, dessen Filme ich sehr bewundere, hat einmal gesagt, daß die Leidenschaft allein etwas rechtfertigen könne – und da ist was dahinter, denn die sogenannte Vernunft ist ja nix anderes, als eine eingefrorene Leidenschaft und mir ist eine weiche, also eine flüssige oder eine gasförmige Leidenschaft viel lieber, als eine harte, an der man sich stoßen kann.

Alles Gute

Paul

[9. Juni 1983]

Lieber Hans Peter,

gratuliere zu Deinem neuen Geldonkel. Mehr Ärger als beim Syndikat wirst Du dort sicher nicht haben, aber mehr Geld, und dann kannst Du den Leuten, die Dir lieb sind, mehr schöne Dinge kaufen, Spielzeuge, Kleider, Schallplatten und so weiter und so fort.

›Liebe und Tod‹ als Titel? Na, ich hab's ja schon immer gesagt, Du bist ein ernster Mensch. Mein Titel wäre gewesen, ungefähr, ›Einführung in die Theorie und Praxis der Transzendentalerektion‹.

Hier schimpft man im Augenblick auf mich in den Tageszeitungen: arrogant, maliziös bin ich und vor allem ein Faschist. Das geschah so. Eine Frauenrechtlerin aus Konstanz schickte mir, nicht einen Brief, sondern eine Art Sendschreiben des Inhalts, daß ich doch mehr Frauen in meine Veranstaltungsreihe nehmen sollte. Sie ist so eine Art Führernatur, also eine Natur, die ich nicht schmecken kann. Also schrieb ich ihr zurück, ja, alle Privatwünsche dieser Art nehmen wir sehr ernst, auch die Anhänger Velikovskys hätten uns gebeten, mehr über ihr Thema zu bringen, aber man kann eben nicht immer alle Wünsche erfüllen. Diesen Brief hat sie zusammen mit ihrem Sendschreiben an eine Zürcher Tageszeitung geschickt, wo sich eine andere Dame in einem ›Streiflicht‹ über meine Maliziosität ausließ – offenkundig seien die Velikovskianer völlige Idioten, und wie könne ich es mir einfallen lassen, sie mit einer Bewegung zu vergleichen, die die Hälfte der Menschheit umfaßt?

Demokraten seid ihr keine, schrieb ich zurück, denn die Velikovskianer haben genau dasselbe Recht, gehört zu werden, wie jede andere Gruppe, und wer sagt Euch, daß ihr für die Hälfte der Menschheit sprecht? Das ist eine Bevormundung, für die sich viele Frauen schönstens bedanken werden. Und so nannte mich jetzt jemand einen Faschisten, während die Neue Zürcher Zeitung sich über die freie Weise beklagt, in der in den Veranstaltungen mit so ernsten Dingen, wie mit den Wissenschaften umgegangen wird. Sei froh, daß Du nix mit Universitäten zu tun hast.

Alles Gute

Paul

[14. Juni 1983]

Lieber Hans Peter,

beiliegend ein Brief, den ich an den Erckenbrecht geschrieben habe. Ich tat das, da ich ihm ja jetzt, gegen das Ende der Affaire, einen Brief schulde und in der Hoffnung ihn vielleicht etwas zu beruhigen. Aber natürlich kann die Wirkung auch das gerade Gegenteil sein – vor allem, wenn wir beide (Du und ich) doch jetzt schon als arrogante Faschisten bekannt sind.

Kannst Du mir eine Auskunft geben? Ich bekam eben den Brief einer Dame aus Heidelberg. Sie sprach mit mir ein wenig in Berkeley, schien sehr deprimiert, ist jetzt anscheinend noch deprimierter, beengt fühlt sie sich und zwar nicht einfach von den Wänden der Häuser, sondern überhaupt, und sie sucht nach einem Lehrer des Unsichtbaren (so drückt sie sich aus). Die Beengung, die sie fühlt, fühle auch ich, nur habe ich mich damit abgefunden – so ist eben diese Scheiße, das sogenannte Leben. Weißt Du aber für sie einen ›Lehrer des Unsichtbaren‹, der in der Nähe ist, oder weiter weg? Ich wollte sie nicht zu Dir schicken, denn ich weiß, Du schätzt Deine Ruhe, wie auch ich. Also frage ich jetzt bei Dir an. Ich kann mir schon vorstellen, was sie will, aber ich kenne keinen Menschen, der ein Lehrer darin sein könnte.

In der letzten Woche hab' ich endlich die Meret Oppenheim kennen gelernt – eine wunderbare Frau. Drei Säle der Universität waren voll von Menschen, close circuit TV und alle redeten von DER Kunst, DER Wissenschaft und DEM Volk und da riß mir die Geduld und ich sagte, DIE Kunst DES Volkes sei Dallas, oder Jerry Cotton und daß man erst diese studieren müsse, wenn es einem daran gelegen sei, Kunst und Volk ein wenig näher zu bringen. Und hier habe ich nicht einfach so ins Leere geredet, denn Dallas sehe ich mir regelmäßig an, und Jerry Cotton kann ich fast auswendig.

Am 17. Juni, habe ich eben erfahren, ist in Deutschland Feiertag, das heißt, alle öffentlichen Verkehrsmittel sind bumsvoll, das heißt, ich bleibe zuhause.

Alles Gute

Paul

Lieber Hans Peter – Deinen Wunsch, an einer kleinen Universität ungestört, wenn auch nicht unbezahlt, dahinzuleben, kann ich sehr gut verstehen. Ich bin diesem Problem gleich ein paarmal begegnet. Gleich zu Beginn, nachdem ich ein Jahr in Bristol verbracht hatte, bekam ich eine Einladung nach Cambridge. Ich fühlte mich in Bristol wohl und sagte nein. ›Was, Sie wollen nicht nach Cambridge kommen, nicht nach CAMBRIDGE‹, schrieb Braithwaite, ›überlegen Sie sich das doch noch! Sonst werden Sie es bitter bereuen!‹ Ich habe es nicht bereut und ich bin auch nicht nach Cambridge gegangen. Dann bekam ich eine Einladung als Fellow nach All Souls. Nun, das hätte ein geringres Gehalt bedeutet, aber auch weg von Berkeley, wo ich mich wohl fühlte und so sagte ich wieder nein, obwohl die Reputation von All Souls damals viel besser war, als die von Berkeley (philosophywise). [...] In Berkeley habe ich meine Ruhe, in 27 Jahren dort habe ich nur etwa 5 Dissertationen ›überwacht‹, das heißt, ich habe gelegentlich mit den Schreibern gesprochen und hier in der Schweiz ist es mir *gesetzlich verboten* (und jedem anderen Lehrer in der Abteilung XII, der sozialwissenschaftlichen Abteilung), Dissertationen zu überwachen.

Einige meiner Kollegen bemühen sich, das Verbot aufzuheben – gelingen wird ihnen das vor meinem Retirement wohl nicht, so I am safe. Hier hatten wir in der letzten Woche ein Happening mit 50 Luftballons, indischer Musik, einigen Tauben und Hühnern, alles in meiner Vorlesung..., dafür geht auch meine Reputation Schritt für Schritt herunter. Eine kleine Blütenlese aus den letzten drei Monaten international, wie Du siehst: ›Ein unangenehmer Clown‹ (New York); ›der Held von Aussteigern und Drogensüchtigen‹ (London); ›ein maliziöser und arroganter Faschist‹ (Zürich); ›ein gnadenloser Heuchler‹ (Berlin). Glaubst du, ich habe Dich überholt, oder bist Du noch immer besser oder schlechter – wie mans nimmt!?

Alles Gute

Paul

[12. August 1983]

Tja, um der Schlamperei wegen kann man Euch ja lieben, denn das zeigt, daß Ihr Menschen seid und nicht eine Maschine eben mit dem Namen Karin Kramer.[10] Aber schlampig bin ja auch ich – glaubst Du denn wirklich, daß ich Kopien mache, wenn Ihr keine macht? Die »Eindrücke« lassen sich noch retten – die sind ja schon veröffentlicht und zwar in einem Buch mit dem Titel ›Vom Reich zu Österreich‹. Das französische Interview – tja, da warte einmal, vielleicht schreibe ich Euch ein anderes Interview, aber erst im September und dann auch vielleicht erst im nächsten Jahr. Gestern bin ich übrigens sieben Stunden lang in den Schweizer Bergen und über den Schweizer Straßen herumgefahren, also das läßt sich schon sehen. Auch die Dame, die mit mir war und die mir alles Geschriebene und Gedruckte und Gedachte viel weniger wichtig erscheinen läßt, als es ohnehin schon ist. Du wirst ein Professor, ich höre auf einer zu sein, so ist der Lauf der Welt. Alles Gute, auch ans neue Töchterlein Alisa!

Paul

[18. Juli 1983]

Lieber Hans Peter – congratulation on baby blue zur wachsenden Familie. Das ist ja eine richtige Weiberherrschaft – drei Damen und ein Denker inmitten. Glaubst Du, daß das gut ausgeht? Für den Denker meine ich. Für diesen Pseudodenker, nämlich mich, genügt schon eine Dame, um ganz einzusehen, was er schon lange halb eingesehen hat, daß ein Leben des Geistes eine reine Zeitverschwendung ist, und eine grausame noch dazu. Na ja, mit dem Reidel / Gonzalo conundrum. Mir ist's gleich und ich würde beim Reidel bleiben, weil die Chose eben schon einmal dort ist und mir macht es nichts, wenn die ganze Sache noch 10 Jahre dauert. Aber die anderen Verfasser denken da vielleicht ganz anders. Auf jeden Fall, *wenn* Du die Sache für Gonzalo hinübernimmst, dann laß Dir vom Bob Cohen die allerneueste Version meines Rückblicks, auf englisch ›Farewell to Reason‹ schicken. Alles Gute an Dich und die Dich umgebende Familie

Paul

12. Oktober [1983]

Lieber Hans Peter,

ja, die A. ist in der Tat ein wenig verrückt. Sie ist zwar eine ausgezeichnete Sekretärin und Berichterstatterin (sie war einmal eine Reporterin), aber irgendwo hat sie eine Schraube los. Vor über vier Jahren, als ich noch nicht in Zürich war, hat sie mir ihre Hilfe beim Finden und Einrichten einer Wohnung angeboten, sie hat mir einen Katalog eines Kaufhauses geschickt, einen Grundplan der Wohnung, ich habe gesagt, welche Möbel wohin kommen sollen und als ich angekommen bin, war die Wohnung fix und fertig eingerichtet. Dann begann die Misere. Als sie die Einrichtung der Wohnung vorbereitete, haben wir einander oft Briefe geschrieben, sie beklagte sich über ihren Boss, einen Professor, ich habe sie getröstet etc. Langsam wurden ihre Briefe persönlicher bis ich sie darauf aufmerksam machte. Das hat sie gar nicht freundlich zur Kenntnis genommen. Ganz im Gegenteil, sie hatte die Einstellung, daß sie ein Recht hat, mir mit persönlichen Briefen auf die Nerven zu gehen. Je gröber ich geworden bin (und ich bin sehr grob geworden), desto zudringlicher wurde sie, also dachte ich mir am Ende (und das schrieb ich ihr auch), gut, laß sie Briefe schreiben, lesen werde ich sie nicht, sie wandern gleich in den Mülleimer. Das hat ihre Briefflut nicht gestoppt, aber ich habe seither jeden Brief sogleich in den Mülleimer geworfen. Mitten drinnen schickte sie mir plötzlich alle meine Briefe zurück, jetzt, dachte ich, jetzt werde ich endlich meine Ruhe haben – aber davon ist leider keine Spur. Jeden zweiten Tag bekomme ich einen Brief, oder eine Karte, und die wandern eben gleich ungelesen in den Mülleimer. Vor einem Besuch, glaube ich, brauchst Du aber keine Angst zu haben. Das macht sie nicht. Sie war in den USA, hat mir Karten und Bilder etc. aus allen Orten geschickt, aber in Ruhe hat sie mich gelassen. Sie kommt in jede Vorlesung von mir, verschwindet aber sogleich nach Ende der Vorlesung und belästigt mich persönlich nie. Also, die Briefflut wird weiter anhalten, besuchen wird sie dich wohl kaum.

Der Tom Kuhn war hier, wir haben uns nach vielen Jahren umarmt, er hat mir erzählt von seiner Ehe, von seiner neuen Frau und wie sie sein Leben verändert hat, ich habe ihm erzählt von meinen Ehen und wie meine neue Freundin (drei Monate neu) MEIN Leben verändert hat, und wir waren völlig einer Meinung hinsichtlich der fördernden Wirkung weiblicher Gesellschaft. Meine Freundin kommt vielleicht sogar hier nach Berkeley, ich lerne inzwischen polnisch, denn sie ist Polin. Ich habe Dich auch noch weiter überholt was den Negaruhm betrifft, es gibt hier sogar ein Institut, das Briefe an Leute schickt mit der Bitte, ihm weitere Evidenz meiner geistigen Degeneration zukommen zu lassen. Und wie geht es Dir? Und der ganzen Familie? Und dem akademischen Beruf? Alles Gute

Paul

1. November 1983

Tja, es freut mich, daß wir beide in das wohlorganisierte, gutbezahlte und vor allem stabile Himmelreich des Onkel Siegfried eingegangen sind. Ich weiß, es ist schwer, sich durch einen Streit wie diesen von Menschen zu trennen, die man lange Zeit gekannt hat und mit denen man befreundet war. Aber wie Du mir die Sache schreibst, hat der Rütters Deine Freundschaft schwer in Anspruch genommen, ohne Dir etwas zurückzugeben. Es macht mir nichts aus, für Verlage oder Zeitschriften zu schreiben, wie etwa für das *Pflaster*, oder die *Anachronistischen Hefte*, die von Anfang an sagen, daß sie kein Geld haben und nicht bezahlen können. Aber das *Syndikat* hat sich hier nie ehrlich ausgesprochen – ich bekomme einen Vertrag für den Irrationalismusaufsatz, aber kein Geld, ich bekomme überhaupt keinen Vertrag für den Kunstaufsatz, auch keine Korrekturbögen, ausländische Verlage, die sich fragend an das Syndikat wenden erhalten keine Antwort und so weiter und so fort. Ein Scheißverein ist das, nicht nur organisatorisch, sondern auch charakterlich. Die Neuen Linken in London sind da ganz anders. Auch sie sind ein kleiner Verlag, aber jedes Jahr bekomme ich die Verrechnung und das Geld und über alle Verlagsgeschäfte, die mein Buch betreffen, werde ich genau informiert. Zum Beispiel haben sie mich gefragt, ob ich einer jugoslawischen Übersetzung zustimme, obwohl das Geld im Lande (Jugoslawien) bleiben muß. Also – keine Sorge, schmerzlich ist es schon, wenn man die Leute so lange kennt, aber der Ärger wäre nur noch größer geworden. Und mit dem Onkel Siegfried kann man wenigstens reden.

Inzwischen war ich für zwei Stunden im Bett, denn ich habe wieder einmal meine lieben Schmerzen, der Nachbar probiert sein MG aus, der Teufel hole ihn. Jetzt kommt Deine zweite Postkarte betreffend die Beschimpfung durch Frau I. – lieber Himmel, was für Menschen sind das, die sind wohl verrückt! Auch gleich zwei Telegramme, eines von Dir, eins vom Onkel Siegfried, dieser gegen einen Doppelabdruck argumentierend und mir 7% und DM 5000 Vorauszahlung anbietend. Na ja, morgen werde ich ihn anrufen und auf dem Abdruck in der Eliade-Festschrift bestehen, aber nicht absolut. Warum diese Eile? Die Welt wird wohl noch einige Monate bestehen bleiben! Jetzt erklärt sich auch der Unfug am Telefon – das hat geläutet und geläutet und geläutet! Und da ich den Anruf einer Reparaturwerkstätte erwartet habe, habe ich es sogar einmal beantwortet, aber gleich wieder aufgelegt, als ich eine fremde Stimme hörte. Den Teufel soll holen wer erfunden hat (1) das Telegramm, (2) das Telefon und vor allem, (3) die Zeit und die Idee, daß sie wichtig sei. Zum Teufel auch mit den blöden Moralisten, die nicht einmal aufs Scheißhaus gehen, ohne eine moralische Begründung dafür zu finden und die die Stuhlverstopfung als Unmoral und nicht einfach als unbequem empfinden. Na ja – wir werden sehen. Alles Gute

Paul

PS. Ich hab's ja schon immer gewußt, daß Du ein braver Rationalist bist, nur daß Du eben über Hexen nachdenkst und nicht über den Flug von Enten. Auch ein ernster Mensch bist Du – die Belohnung ist nicht fern, die Belohnung für ernste rationale Menschen, ein Lehrstuhl! Immerhin: gratuliere zum Geld. Für die Ehre werde ich den Mainzern gratulieren (wenn sie nicht am Ende doch noch ein Löchlein im Mantel Deiner Rationalität entdecken!)[11]

[Berkeley, November 1983]

Lieber Hans Peter –

lebst Du noch? Oder hat Dich schon eine Todesbrigade des Syndikats in die Luft gesprengt?
[...]
Hier hat der Regen begonnen. Gestern habe ich ganz allein eine lange Reise mit dem Auto unternommen, einen langen Bergweg entlang und bin fast in den Pazifik abgestürzt. Glücklicherweise bin ich gerade am Abhang hängen geblieben – glücklicherweise, denn Irena, die im Dezember nach Kalifornien kommt, hätte es mir nie verziehen, hätte ich sie so allein gelassen. Bis in die Hölle hätten mich ihre Vorwürfe verfolgt. Und außerdem wäre mir dann das schöne Schauspiel entgangen, das sicher eines Tages eintreten wird, daß Du, behängt mit akademischen Kleidern, einen Ehrendoktor bekommst. Das werde ich mir nicht entgehen lassen. Da werde ich extra hinreisen und im Saalhintergrund einige Stinkbomben loslassen.

So, und jetzt ist es soweit, die lunchtime soap opera ›All my children‹ anzusehen. Eine fürchterliche Intrige hat sich entwickelt... wie geht sie wohl aus?

Alles Gute, an Kind, Begleiterin und Kegel

Paul

Beiliegend: Lisa und ich auf einem Elefanten. Und was tust Du?

P.S. Lese eben Germaine Greer über Frauen als Malerinnen. Ein sehr kluges Buch!

[Berkeley, 15. November 1983]

Lieber H. P. – ich hoffe Du hast mein Telegramm zeitgerecht erhalten und es hat Deiner Sache genützt. Ich hatte keine Ahnung, was die Lage ist nach der Machtübernahme und darum konnte ich nur sagen – druck es im Eliade-Band, außer die Sache ist ganz unmöglich. Daß Onkel Siegfried das als ›druck es im Eliadeband, wenn du willst‹ aufgefaßt hat, überrascht mich gar nicht, wenn ich daran denke, wie schlecht es mit den Lesefähigkeiten von Philosophen, Soziologen und allen möglichen sogenannten ›Denkern‹ steht – man schreibt ein Ding, sie klagen einen an, weil, wie sie sagen, man das Gegenteil schreibt. Inzwischen lese ich mit Genuß allerlei historische Klatschgeschichten, zum Beispiel, daß ein siegreicher römischer Feldherr als Teil der Siegeszeremonie von einem Sklaven geohrfeigt wurde, um seine Bescheidenheit nicht zu sehr zu verlieren. Das wäre ein nützlicher Zusatz bei der Verleihung von Nobelpreisen und ich wäre gerne bereit, selbst die Watschen auszuteilen. Alles Gute

Paul

27. Dezember 1983

Lieber Hans Peter –
eben ist Dein Festband hier eingetroffen[12] – sehr interessant und lehrreich! Natürlich habe ich mir gleich den Lem angeschaut. Ich war überrascht über die Heftigkeit seiner Reaktion und die Dummheit seines Arguments. Aber das ist ja unter Intellektuellen so üblich. Was ich nicht auf mir und allen übrigen Lesern sitzen lasse, sind gewisse Insinuationen, die sich da zwischen den Zeilen herumtreiben – und darum habe ich auch den beiliegenden offenen Brief geschrieben. Kannst Du ihn im *Pflaster* veröffentlichen? Dafür wäre ich Dir sehr dankbar.

Seit ich Grazia kenne und seit ich begonnen habe an eine Familie und sogar an Kinder zu denken – zwei Wochen vor meinem sechzigsten Geburtstag –, fallen viele meiner vergangenen Papiereskapaden in eine gewisse Ordnung. Die meisten Dinge, die ich geschrieben habe, habe ich sofort nach ihrer Abfassung aufgegeben, wie Kinder, die ich zwar geboren habe, mit deren Erziehung ich aber nichts zu tun haben wollte. Und dabei waren einige dieser Kinder gar nicht schlecht und eine etwas verborgene Liebe für die Unterdrückten und Beleidigten zeigt sich in ihnen allen. Aber die mußte erst hervorkommen und die Schale rationalisierenden Witzes durchbrechen um erwachsen zu werden, und das, glaube ich, verdanke ich der Grazia. Die verwendet fast jede Sekunde ihres Lebens auf den Kampf für den Frieden. Ich werde ihr helfen, bei kleinen Dingen etwa, ich werde die Fenster ihrer Wohnung putzen, aber ich werde auch meine Abneigung vor Interviews aufgeben und am Fernsehen erscheinen und dort für eine Philosophie plädieren, die den Kampf für den Frieden erleichtert. Vielleicht schicke ich Dir darüber bald etwas für das *Pflaster*. Habent sua fata homines.

So, und jetzt geht's auf zum Chez Panisse zum Mittagessen und nachmittags zurück an die Schreibmaschine zu einem kleinen Artikelchen: »Knowledge für Survival«.

Laß es Dir gut gehen. Viele Grüße auch an die Familie, die ich hoffentlich doch einmal kennen lernen werde. Vielleicht im nächsten Frühjahr. Vielleicht komme ich dann sogar mit der Grazia. We shall see. Und alles, alles Gute zum Neuen Jahr

Paul

[Berkeley, 13. Februar 1984]

Lieber Hans Peter – na, ich bin schon neugierig, was sich da nach Deinem Vortrag ergeben hat. Hoffentlich waren auch einige Leute von der Presse dabei. Laß mich das Ende wissen. Ich habe in Zürich einen sehr schlechten Vortrag gehalten, auf Fragen des Komitees schmissige Antworten gegeben, aber angenommen haben's mich doch. Deinen Kettenbrief habe ich vermehrt und weiter geschickt. Die Grazia hat das sehr gefreut, denn sie ist die Erfinderin der Kettenbriefe. Hier gibts eine Pasolini-Serie. Was hältst Du von dem Herren? Alles Gute an alle und die Weisheit auch noch vom gar nicht so weisen

Paul

[Berkeley, 1. März 1984]

Lieber H.P. – Du hast richtig gelesen – ich werde an der Kreta-Konferenz teilnehmen. Sie haben mich eingeladen mit der Bemerkung that they would acceede to my most extravagant wishes, so habe ich ihnen gesagt, ja, schickt mir eine Flugkarte für mich und meine Freundin und bezahlt den Aufenthalt für uns beide, dann komme ich. Habe seither nichts von der Bande gehört, außer daß mir andere, wie etwa Du, erzählen, ich sei auf dem Programm. Gratuliere zur lebensspendenden Ablehnung in Mainz. Übrigens, wie hast Du die ganze geheime Geschichte erfahren? Auf ethnologisch-methodische Weise, das heißt durch gossip? Und warum nicht den gossip an die Studenten weitergeben, um so ein bißchen Unruhe zu stiften? Und einen kleinen Artikel in eine Zeitung, um so zu zeigen, wie die objektiven Intellektuellen subjektiv ihren anderen objektiven Intellektuellen helfen. Auf jeden Fall alles Gute für Deine weiteren Abenteuer und auch Grüße an die Familie, die leider noch immer nicht akademisch gewürdigte, von

Paul

[Berkeley, 19. März 1984]

Lieber Hans Peter – schönen Dank für Deine Schlepperdienste. Das wußte ich ja gar nicht. Ich hoffe nur, daß Du dabei reich verdienst und viele hoffnungsvolle Jünglinge dem Hurensohn Irrationalismus zuführst. Danke auch für die Kretische Warnung. Es ist doch gut, daß ich jemanden kenne, der nicht nur die Theorie, sondern auch den Gossip der Erkenntnis aus dem F beherrscht. Also – die sogenannte akademische Welt ist hier sicher nicht sehr subtil – aber die Deutschen scheinen sie an Dummheit weit zu übertreffen. Was wohl sicher mit dem Popper und seiner Vernunftsbande zusammenhängt. Hast Du die Poppersche Rundschrift gesehen? Ein Wochenblättchen, worin immer die neuesten Neuigkeiten vom Meister und der Auswirkung seiner Ideen zu lesen ist. Kommt heraus in Kanada und enthält Berichte wie den, daß ein Theaterstück in Idaho, in dem der Mörder, bevor er seine Freundin umbringt, sich fragt ob sie es wert ist, entschieden Poppersche Züge trägt. Well, das ist alles für heute. Ab Mitte April bin ich wieder in Zürich

Paul

[Mai 1984]

Tröste Dich, lieber Hans Peter, und geh' Deinen Weg und höre auf, Deine Zeit mit Herausgeberdingen zu verschwenden. Dein Bericht überrascht mich nicht (*re* Wendy), was mich überrascht ist, daß die Chose anscheinend Dich überrascht.[13]

Auf Dein Pornobuch freue ich mich schon sehr, schade, daß es nicht auf englisch herauskommt, dann könnten die Grazia und ich das gemeinsam lesen. In Kreta war ich drei Tage, habe dort gehört, wie eine Dame, deren Namen ich vergessen habe, alte Statuen und Ritzungen interpretiert hat, wobei fortwährend vom Matriarchat und einem »supernatural triangle« die Rede war. Da hat mich die Grazia gefragt »What does she mean – supernatural? These are just obscene drawings and these guys were much more relaxed than we are!« Was mich an meine Kinderzeit in Wien erinnert hat... Da sah man auf den Wänden die folgenden Zeichenkombinationen

```
WÄHLT
SOZIALISTISCH!
                    XX
         ^^^
         |||        Fut
```

Lieber Himmel – was wohl die Interpreten der Zukunft *daraus* machen werden!

Du schreibst, der Gonzalo sei Mitherausgeber der englischen ›Versuchungen‹ – aber die kommen doch beim R. S. Cohen heraus! Oder nicht? Dem Cohen hab' ich mindestens drei verbesserte Fassungen meiner Antwort geschickt.

Gelegentlich bekomme ich einen Brief, in dem ein Herr (*nie* eine Dame) mir mitteilt, er sei von Dir an mich verwiesen worden und dann kommt eine Anfrage etc. etc.

Bitte tu' mir dies nicht an! Ansonsten sage ich der H., daß Du in Heidelberg bist und Dich sehnst, sie zu sehen!

Kreta war wunderschön, ein holländisches Fernsehteam hat mich dozierend und Fragen beantwortend in einem Amphitheater gefilmt und dann die Grazia und mich beim Freistilringen im griechischen Gras. Und jetzt bin ich halt wieder in der schönen Schweiz, und die Grazia ist wieder in Berkeley.

Alles Gute – und laß Dich nicht von ehrgeizigen Gernegroßen bescheißen – fuck them, and You go on with your lot

Paul

[Zürich, 24. Mai 1984]

Lieber Hans Peter – nein, die Dame war nicht die Heide Göttner, die war auch da, es war eine Dame mit einem ausländischen Namen, klang bulgarisch, kann mich aber nicht mehr erinnern. Jedenfalls, seit wir ihrer Vorlesung zugehört haben, beginnen die Grazia und ich einen vergnüglichen Abend nur mehr mit der Bemerkung ›lets analyse the supernatural triangle‹. Nach DEINEM Buch werden wir vielleicht ganz anders reden. Ja, die Syndikatsärsche klagen, das wäre schon schön, aber meinen Vertrag habe ich, wie alle Verträge schon längst verloren und ohne den kann ich wohl nichts machen. Übrigens – warum nicht eine Anzeige in eine Zeitung geben, wo man Autoren warnt, sich mit dem Syndikat einzulassen? Oder vielleicht sollte ein Rezensent die Sache einmal erwähnen. Nein, bleibe beim Onkel Siegfried und übernimm nach seiner Abreise den Suhrkamp Verlag. Habe übrigens eben erfahren, daß der Tito Gobbi gestorben ist, einer der größten Opernkünstler aller Zeiten und ein wunderbarer Mensch. Das hat mir einen argen Riß gegeben. Alles Gute

Paul

PS. Habe gestern den *Bender* (Parapsychologie) getroffen – ein *sehr* netter Herr und sehr klug.

Also gratuliere Dir zur Lösung eines wichtigen Problems des himmlisch-legalen Fucks. Den Verkauf wird das nicht beeinträchtigen, nur noch verbessern, denn jedermann wandert gern mit dem wissenden Autor, selbst auch wissend werdend, in schwierigen Geländen. Das *Syndikat* hab' ich bis jetzt noch nicht belangt, hatte keine Zeit, daran zu denken und war übrigens eine Woche lang mit Schmerzen KO. Hier regnet es und ist kalt, und mir fehlt sehr die Hand, die leider in Berkeley ist, die, sei's nun mit der rechten oder der linken Hand das Glied des Gottes usf.[14] Alles Gute an Euch alle

Paul

Lieber Hans Peter –

na ja, die Chose, über die Du schreibst, ist mir nicht neu, nur daß ich viel weniger Energie habe als Du, keine Familie (leider) und finanziell ziemlich gut dastehe – aus reinem Zufall übrigens, mehr Glück als Verstand. Auch bin ich überzeugt, daß Du dies, was ich Dir schreibe, schon weißt, aber mit dem Wissen ist es halt so eine Sache, also, erste Frage: macht es Dir Spaß, was Du tust, wenigstens gelegentlich? Wenn ja, dann laß Dir den Spaß durch side-effects nicht verderben. Zweite Frage: brauchst Du das Geld, das dabei herauskommt? Wenn ja, und die Sache dir NICHT Spaß macht, dann ist dies eben die allgemeine Geldverdienensmisere, bei der es dir noch besser geht als einem Hilfsarbeiter, denn Du kannst Dich zuhause bei Deinen zwei »Weibchen« ärgern (wo ist die dritte, die Große?) und brauchst nicht auf ein Gerüst zu klettern. Fernsehen etc. kann viel Spaß sein. Letzten Freitag war der Hochkeppel hier mit seiner Freundin, einer sehr netten Dame, da sind wir den ganzen Tag in der Stadt herumgewandert, haben auf Kosten des Bayerischen Rundfunks in einem Luxusrestaurant gegessen und dann fragt er »Willst du ein Interview machen« – und ich, in guter Laune, habe zugesagt und von meinen Erlebnissen in den letzten 6 Monaten gesprochen, von der Grazia, wie ich ihr die Fenster gewaschen habe, von den Büchern, die ich gelesen habe, meistens Autobiographien von Filmstars und Opernsängern, auf den Zanussi habe ich geschimpft etc. – es war ein großer Spaß *und es kann ein Spaß* sein, wenn Du es mit einem Freund machst, aufgelockert, und außerdem wirst Du dafür noch bezahlt. Du sagst, daß Du ständig Leben reinpumpst, aber mehr als Du zurückkriegst. Also meine Einstellung ist die: ich erwarte von meiner Pumperei *GAR NIX* außer, ein gutes Gehalt und Royalties. Lebensfreude und -erfüllung such ich ganz anderswo, NIEMALS in Verbindung mit dem Gerede, das ich an der Uni verzapfe und dem Geschreibe, das ich von mir gebe. Das soll im All verpuffen – nicht aber sollen im All verpuffen meine Liebesbriefe, und die *tun* es gewöhnlich auch nicht. Aber selbst da glaub' ich mehr ans Glück, als an den gerechten Austausch und wo käme man auch hin, wollte man die Buchhaltung in der Liebe und selbst in die Fickerei einführen. Ob das alles einen Sinn hat, frag' ich mich auch, und meine Antwort ist: wenn ich so jede zweite Woche etwa eine Stunde lang richtig glücklich bin, dann bin ich zufrieden und mehr verlange ich auch gar nicht. Depressionen sind bei mir an der

Tagesordnung, ja, ich bin baß erstaunt, wenn ein Tag so ganz *ohne* sie vorübergeht. Das sind fast schon Freunde. Aber dann und wann bin ich richtig glücklich und dann sag' ich mir – ja, es lohnt sich doch weiterzuleben, auch wenn gar kein Sinn dahintersteckt, denn vielleicht wiederholt sich der Glücksfall. So – und jetzt muß ich ESSEN. Das Mahl, von mir verfertigt, steht auf dem Tisch. Viel Glück und Grüße an die Dame und die Dämchen und Deine Muse, wo immer sie auch sei

Paul

[Berkeley, 2. Januar 1985]

Also das ist ja interessant – Du sprichst Deinen Leser per Sie an. Mir würde das nie einfallen. Für mich ist der Leser ein Du, nicht ein Bubersches Du, sondern ein Mutzenbachersches Du (diese Dame hast Du ganz vernachlässigt). Das Material, das Du versammelt hast, ist sehr unterhaltsam und interessant und langsam, genießerisch, bewege ich mich von Seite zu Seite, nicht in der richtigen Reihenfolge, sondern bald hierhin, bald dorthin springend. Für die ernsten Herren in ihren bücherbeladenen Büros ist das sicher ein weiterer Beweis Deiner sexuellen Verkommenheit, ich aber wundere mich über die Zahmheit Deiner neueren sexuellen Bilder, wie etwa der Dame auf Seite 110. Die Bärengeschichte ist sehr interessant, vor allem, da die Grazia vor einigen Monaten fortwährend von Bären geträumt hat. Alles Gute zum Neuen Jahr an Dich und die Dich umgebende, sicher sehr geduldige Familie

Paul

[Berkeley, 22. Januar 1985]

Aha, Du möchtest also die eleganten Damen nicht gerne verlieren, die mit Sie angeredet zu werden wünschen, während ich mir meine Leser als Rotzbuben (und Rotzmädels) vorstelle, die immer zueinander per Du sind, und frech, und gar nicht stilbewußt, und auch eine gedruckte Adresse haben sie nicht. Daß sich der Lem ärgert, tut mir leid. Außerdem habe ich gar nicht an ihn gedacht, sondern an jene Leute, die auf appeals wie ›mein Leben – Dein Leben‹ hereinfallen. Deren Fallgeschwindigkeit wollte ich ein ganz klein wenig verzögern. Das *Pflaster* habe ich noch nicht gesehen, das haben die höchstwahrscheinlich per surface mail geschickt, oder nach Zürich. Aber so eilig ist die Sache ja nicht. Außerdem, wieso mag mich der Lem nicht? Der kennt mich ja gar nicht. Oder ist er einer von denen, die jemandes intellektuelle Fürze mit seinem Gesicht verwechseln? Hier haben wir Sonnenschein, warme Tage und, für mich, vor allem: Ruhe. Keine Vorlesungen in Berkeley bis zum August 1986 (sechsundachtzig). Gott, bin ich glücklich. Bist Du's?

Paul

[Berkeley, 19. März 1985]

Lieber Hans Peter – vielen Dank für die Besprechungen; ich wußte gar nicht, daß eine so kleine Schwarte[15] soviel Druckerschwärze nach sich ziehen würde. Nach vier Wochen im Bett (ich bin die Stiegen in meinem Garten heruntergefallen), hinke ich wieder in der Gegend umher, rede mit den Vögeln, kratze den Hunden das Hinterteil und atme die frische Frühlingsluft. Schrecklich, daß ich im April wieder mit der Quatscherei beginnen muß, in Zürich. Aber nur noch einige Jahre und ich ziehe mich mit großem (für meine Verhältnisse) Gehalt zurück. Weißt du, daß der Große Searle im Frühjahr zu Vorlesungen nach Frankfurt kommt – den kennst Du doch sicher, denn Du kennst ja alle Großkopferten nicht nur dem Namen nach, nein gelesen hast Du sie auch noch. Alles Gute – am 31. März reise ich wieder in die Schweiz ab

Paul

[Meilen, 6. April 1985]

Lieber HP – nein die Kopie Deines Briefes an Chicago habe ich nicht, schick sie mir doch, zur Unterhaltung. Die Schikanen der Lady O' haben mich nicht überrascht – so ist das eben, wenn einer (oder eine) schnell berühmt werden will. Philosophie – ja da liest Du eben nicht die rechten Bücher. Der Plato freut mich noch immer sehr, auch der Voltaire und kürzlich habe ich die Autobiographie eines amerikanischen Journalisten gelesen, Russell Baker, der ist ein richtiger Philosoph (obgleich nicht im professionellen Sinn). Den Searle habe ich erwähnt, weil Du ja Leute wie ihn immer sehr ernsthaft zitiert hast. Daß sich der Höbens umgebracht hat, tut mir sehr leid, ich habe nur kurz mit ihm gesprochen, und er gefiel mir sehr gut. Schreibe übrigens bitte dem Lem, er soll aufhören, mir Quälgeister ins Haus zu schicken – da falle ich in Berkeley die Gartenstufen hinunter, verdrehe meinen Fuß und kann noch immer nicht recht gehen, denn schmerzen tut die Chose noch immer. Ich verspreche dem Lem, nichts Wahres mehr über ihn zu schreiben, wenn er mich nur in Ruhe läßt. Und jetzt, alle Gute

Paul

[10. Juni 1985]

Lieber Hans Peter – mit derselben Post geht eine Postkarte ab an H. des Inhalts, daß du sie gerne sehen möchtest. Das habe ich Dir ja versprochen im Falle, daß du noch einmal jemand an mich verweisest. Eben kommt ein Brief und ein Essay eines solchen Herrn bei mir an und nun, da man seine Versprechen halten muß, wirst Du das Vergnügen eines Besuches der Dame haben.

Ich hoffe Ihr seid miteinander glücklich. Alles Gute

Paul

[14. Juni 1985]

Lieber Hans Peter – vielen Dank für die Mitteilung aus der Nachwelt. Gestern schickte mir wer anderer einen Ausschnitt aus einem neuen Lexikon, da steht über mich, daß ich zuerst Popper folgte und dann von ihm abfiel. Das war so die Summe meines Lebens – er folgt einem Esel, er hört auf, ihm zu folgen. Was Wunder, daß ich keine Interviews geben will und nicht auf dem Fernsehschirm erscheinen will, denn da will man mich ja immer im Hinblick auf diese Summe untersuchen und niemand interessiert sich für meinen Stuhlgang, zum Beispiel, der mir doch viel wichtiger ist. Bis Mitte Juli also? Na ja, wir werden sehen. In 10 Tagen kommt die Grazia, meine italienische Freundin, auf ein paar Tage hier vorbei, dann reist sie nach Ecuador und bevor ich mich aufhänge, wird es doch besser sein, den Papa Hans zu besuchen. In Berkeley haben sie bei mir eingebrochen, s' waren aber billige Diebe, sie nahmen zwei alte Schwarzweiß-Fernsehapparate, die ein Edeldieb sich nicht einmal angeschaut hätte, und auch einen Teil meines Textverarbeiters. Aber warum schaff ich mir auch solche Dinge an? Alles Gute und ich hoffe, Du hast viel Freude mit Deiner Anbeterin, der H.

Paul

[17. Juni 1985]

Lieber Hans Peter – nicht VIELE, sondern ALLE Leute sollst Du mir vom Hals halten, auch solche, deren Arbeit den Erkenntnisfortschritt vorantreibt, denn der ist mir nämlich wurscht oder, besser, je geringer er ist, desto größer die Chance, daß sich die Leut' freuen können. Da bin ich ganz auf der Seite des Axel von Ambesser, dessen Autobiographie ich eben mit großem Genuß und mit völliger Zustimmung gelesen habe. Aber solche Bücher sind für den Herrn, den Du mir da aufoktroyiert hast, Bücher mit sieben Siegeln. Übrigens, das mit der H. war ein Witz, denn die würde ich nicht einmal meinem schlimmsten Feind auf den Hals jagen. Ich wollte dir nur ein bißchen Angst machen, als Vergeltung für den Ärger, den des Herren gelehrter Brief mir bereitet hat. Daß *Du* ein reines Interesse an ›der Wissenschaft‹ hast, glaube ich Dir wohl, aber daß Du *mir* ein solches Interesse zumutest, tja, das halte ich für sehr unfreundlich. Alles Gute nevertheless

Paul

[17. August 1985]

Lieber Hans Peter –

[...]

Am 6. September kommt der Unseld mit allen seinen Sklaven nach Zürich, zu einer Seefahrt. Bist Du da dabei? Wenn ich im Lande bin (was noch nicht gewiß ist), werde ich bei dieser Feier erscheinen.

Dem Lem sein Buch ist mir auf den Tisch geflattert mit dem Trialog zwischen Russell, Popper und mir. Na ja. Viel hat der Lem ja nicht in seinem Kopf, viel weniger erscheint daher in diesen fiktiven Köpfen. Was den Popper betrifft hat mich übrigens der Alistair Hannay herumgekriegt und ich schreibe, oder vielmehr habe geschrieben, ein review seines Postscripts. Lieber Himmel, welche Qual!

Gratuliere übrigens zu Deiner Erhebung in den (unteren) Bürgerstand: eine vorgedruckte Rückadresse! Na, soweit werde ich es nie bringen!

Alles Gute an Dich, Freundin, Familie, also vor allem die Töchterlein, die sich ja wohl langsam der Reife nähern. Zeit also, daß ich Euch einmal besuche.

Paul

[Berkeley, 23. Januar 1986]

Lieber Hans Peter – ja an eine Sammlung, wie jene, die Du dem Onkel Siegfried vorgeschlagen hast, habe ich selber schon gedacht und habe dafür sogar schon Material gesammelt und zwar deutsches und englisches, das muß noch übersetzt werden. (Eine lange Chose über den ›Postmodernismus‹.) Eine Einleitung habe ich auch schon geschrieben, fehlen nur noch die Zwischenstücke, denn ich will für jeden Aufsatz und jedes Aufsätzchen eine neue kleine Einleitung schreiben, die die Chose näher erklärt und der Titel wäre etwa: ›Gerichte und Rettungen‹ – ›Rettungen‹, wie beim Lessing, in ›Gerichte‹ ja, wie ›zu Gericht gehen gegen‹. Ich werde das alles in den nächsten Monaten zusammenstellen und Dir dann von Meilen aus schicken, denn hier tue ich was anderes. Auch vom *Pflaster* kommt da was herein. Habe übrigens einen Haufen englischer *Traumzeiten*, sehr schön ausgestattet, in der Buchhandlung hier gesehen, um die Ecke vom Restaurant, das ich wegen der hübschen Kellnerinnen fast jeden Tag besuche. Der Reidel, na ja, das tut mir leid, da werde ich eben mein ›farewell to reason‹ anderswo und ganz allein für sich publizieren. Alles Gute an Dich und die wachsende Familie

Paul

[Meilen, 16. November 1985]

Lieber Janis Marian – Dein Vater muß ja ein richtiger Lustmolch sein, schon wieder hat er Deine Mama geschwängert, und wer weiß was dazwischen so alles geschehen ist. Oder will er sich für sein Alter mit schönen Töchtern umgeben? Na, da hast Du ihm ja einen Strich durch die Rechnung gemacht. Warum, das werde ich Dir erklären, wenn Du größer bist, wenn ich dann überhaupt noch in Europa bin. Jetzt nämlich reise ich gleich in das sonnige Kalifornien ab, in zwei Tagen. Grüß mir auch Deinen Vater schön und sag' ihm, er soll endlich einen ordentlichen Beruf ergreifen, Universitätsprofessor etwa. Alles Gute an Dich und Deine Familie

Onkel Paul

[ca. Mai 1986]

Lieber H. P. – es sieht so aus, als würde ich euch Ende Juni nicht besuchen. Das einzige freie Wochenende, das ich habe (27.–30. Juni), ist jetzt durch einen Besuch in der Schmerzklinik in Basel verstellt, denn ich will sehen, ob ich die Schmerzen, die mir oft zu schaffen machen, anders beseitigen kann als mit Pillen. Und nachher bist Du ja schon fort. Wann reist Du eigentlich ab? Wann kommst Du zurück? Wie wird Onkel Siegfried ohne dich leben können? Und Deine Familie? Werden sie den geliebten Herrn des Hauses wiedererkennen, wenn er abgemagert und wirre Reden führend wieder an der Schwelle seines Hauses auftaucht?[16]

Hier in »meinem« Seminar streiten sich die Leute, berühmte Herren kommen, halten Reden und gehen wieder, und heilfroh werde ich sein, wenn die ganze Chose vorbei ist. Meine zwei Machwerke ›Farewell Reson‹ und ›Stereotypes‹ – zwei Bücher also, verändern sich ständig, aber die Grazia, meine Freundin, sagt, sie würden besser, und das ist ja dann sicher *wahr*. Wenn sie beide fertig sind, schicke ich sie an den Onkel Siegfried in der Hoffnung, daß er nicht gerade einen Carnapianer als Übersetzer bestellt. So, und jetzt, alles Gute und bleib' gesund!

Paul

[Berkeley, 2. Dezember 1986]

Boy, that goes fast – kaum angekommen, schon in den Händen des Herrn! Jetzt muß ich mich mit dem letzten Kapitel beeilen, sonst ist der Rest übersetzt und gedruckt bevor ich es fertig habe. Danke auch für den Hinweis den Seattle betreffend. Ich kenne die Geschichte, habe zwei ganze Bücher über sie in Meilen mit allen Versionen, vom ersten Zeitungsartikel, etwa 30 Jahre nach der Rede (wenn ich mich recht erinnere) bis zur neuesten ökologischen Version. Drum sage ich auch ›in a speech attributed to...‹ oder so ähnlich. Aber Du hast recht; ich soll die Sache deutlicher machen. Also werde ich dem deutschen MS eine Fußnote mit der Literatur hinzufügen, oder einen ganz anderen Text verwenden, etwa den Text aus *Sedna* mit der Mutter als Erde, die man nicht verletzt, beschneidet etc. Cambridge University Press hat noch nichts gesagt, denen wird das wohl zu wenig scholarly sein – aber wir werden sehen. Alles Gute, auch für Weihnachten, falls wir uns bis dahin nicht schreiben.

Paul

29. Dezember 1986

Lieber Hanspeter

Hier ist es sonnig und kalt (für kalifornische Verhältnisse). Nach vielen Jahren habe ich zum erstenmal wieder Weihnachten gefeiert – der Einfluß meiner Freundin. Rechts von mir steht ein kleiner Weihnachtsbaum mit Lichtern, und mit dem zusammen wünsche ich Dir nachträglich alles Gute zu Weihnachten und vorträglich alles Gute zum Neuen Jahr.

Paul

Lieber H. P., vielen Dank, daß Du mich aus dem Suhrkampschen Wissenschaftsprogramm herausmanövriert hast – dieses ist in der Tat eine fade Soße. Ein Bild? Darüber muß ich noch nachdenken. Tut mir leid, daß ich nicht in der Laune war, dem Strasser sein opus zu lesen – aber es hat mich einfach nicht interessiert. Er schreibt gut, hat auch interessante Gedanken für das Leben in einem fernen Land, in dem ich allerdings nicht leben möchte – und das ist eben meine Idiosynkrasie. Bartley? Der kann sehr vicious sein. Er ist jetzt der offizielle Biograph von Sir Karl und von Hayek – der erste verdient ihn (Bartley hat auch eine Bio des Werner Erhard geschrieben), der zweite nicht, denn Hayek ist OK. Alles Gute

Paul

6. Februar 1987

Lieber Hanspeter,
gratuliere zum Skandalpotenzial Deines Monstrums.[17] Ich hatte schon immer den Verdacht, daß Du weder rechts noch links, noch vorne noch hinten, sondern anderswo bist, und daß eines schönen Tages die Identifizierer mit Dir ihre Schwierigkeiten haben würden. Haben Deine Bücher viele Bilder, farbige vielleicht auch? Warum nicht ein Kunstverlag? DuMont etwa? Dann könntest Du auch die Zahl der Bilder vermehren (denk' daran: viele Bilder!). Gombrich schreibt über alle möglichen Dinge, publiziert aber immer in Kunstverlagen – und es wird sich schon herumsprechen, daß es da in Deinen Büchern auch andere Ärgernisse gibt, nicht nur künstlerische. Ich selber schreibe jetzt sehr langsam, denn ich bin faul und schau mir gerne Fernsehen an, meine Schwarte über die ›Konstruktion der Realität‹ mit langen Kapiteln über den Xenophanes, Parmenides, Platon und die anderen Abstrakteure, und vielen Bildern. Das Buch, das jetzt übersetzt wird, ist nur so eine Sammlung von Dingen, die ich unabhängig voneinander geschrieben habe. Da sind schon Andeutungen drinnen, aber das wird alles viel ausführlicher dargestellt werden – oder auch nicht, wenn mir der Atem ausgeht. Lese gerade die Tagebücher vom Cocteau; der ist ein sehr gescheiter und witziger Herr, aber auch er kämpft mit seinem Verhältnis zu seinem ›Werk‹, und das finde ich mehr und mehr unverständlich, diese Identifikation mit den intellektuellen (künstlerischen) etc. Abscheidungen, wohl darum, weil an meinem ›Werk‹ nicht soviel dran ist und weil ich nicht Tag und Nacht an seiner Vervollkommnung arbeite.

Daß der Taubes gestorben ist, tut mir sehr leid. Er war schon ein bißchen verwirrt, aber ich habe ihn viel lieber gehabt als die vielen wohlorganisierten Leute, die in der Welt herumrennen. Am 16. Juni komme ich nach Meilen, auf zwei Monate, well, nicht ganz zwei Monate, denn einen Teil der Zeit werde ich in Italien sein, nach einem Haus suchen, um dort (Gott helfe mir!) mit meiner Freundin eine italienische Familie zu gründen.

Alles Gute!

Paul

[Ende Juni 1987]

Lieber H. P. – was aus der Albert-Festschrift geworden ist, weiß ich nicht. Vor Jahren, scheint es mir, fragte mich ein Herr, ob ich mitmachen würde – seither habe ich nicht mehr den leisesten Furz gehört. Eigentlich schade. Der Hans hätte so ein Papierpräsent verdient. In den letzten Jahren hab' ich für zahlreiche Fest- oder Todesschriften geschrieben: Grover Maxwell; Schmied-Kowarzik (der mein Mittelschullehrer war); Kurt Hübner (mit Ironie, aber die hat er nicht bemerkt, habe übrigens einen glänzenden Verriß seines Mythosbuches gelesen – vergessen von wem); Paul Meehl (alter Freund – hier schrieb ich einen, glaube ich, sehr guten Aufsatz mit dem Titel ›Reality‹); Rudolf Haller (bissig), Brentano (nicht schlecht). Jetzt soll ich eine Kuhn (Thomas) Festschrift herausgeben. Der Sekretär der Internationalen Union für Wissenschaftstheorie wollte eine Festschrift für mich organisieren, aber dies habe ich mir strengstens verbeten. That's just what I need! Also – so bleibst Du doch des Onkels lieber Neffe! Es wäre auch SEHR dumm von ihm gewesen, Dich gehen zu lassen.

Alles Gute

Paul

8. August 1987

Lieber Hans-Peter –

in beiliegendem Brief habe ich dem Radnitzky über meine Italienische Reise berichtet (das dürfte auch Dich interessieren, denn Du willst ja auch nach Italien), seine Rede in Zürich ein wenig kritisiert und ihn zur Albert-Festschrift eingeladen. Nun, hoffentlich wird da was draus. Der Radnitzky ist übrigens ein sehr netter Mensch, sehr tolerant und wenn einige Leute sagen, daß seine Toleranz von Überzeugungslosigkeit herkommt, so würde ich sagen, daß das nicht stimmt, und wenn es stimmte, mir nichts ausmachen würde, denn die (persönliche) Toleranz ziehe [ich] der überzeugten Grobheit noch immer vor. Gestern sah ich den Sohn vom Veit Harlan (›Jud Süß‹) am Fernsehen – da hat er gesagt, er käme über die Nazivergangenheit seines Vaters nicht hinweg. Tja, da hat er eben seinen Vater nicht genügend gern gehabt. Italien war übrigens wunderschön und der Giotto, den ich schon immer aus der Ferne verehrt habe, ist nun mein absoluter Held. Und die Franziskanerkirche in Assisi – unglaublich. Mit geschlossenem Maul, wie zwei kleine Kinder, sind die Grazia und ich darin herumgewandert. Vielleicht werde ich auf meine alten Tage noch Italiener. Der Verkehr in den Städten ist ein Skandal, die Einstellung der Leute gefällt mir.

Alles Gute – und schreib' nicht zuviel!

Paul

[Berkeley, 5. Dezember 1987]

Lieber Hans-Peter – bitte gib mir zwei Wochen Zeit – ich muß mir erst die einzelnen Beiträge anschauen. Natürlich werde ich auch meine Schlußrede noch einmal umschreiben – ich schicke dir dann die ALLERLETZTE Fassung zusammen mit meinen Vorschlägen. Dein Buch ist hier in den Buchhandlungen im Abschnitt *Mittelalter* eingereiht, wo es doch eigentlich nicht hingehört – ich hab' das dem Buchhändler gesagt. Ich hab's noch einmal gelesen und viel besser verstanden (glaube ich) und stimme dir zu, daß Absolutismus und Relativismus nur zwei Seiten derselben miserablen Münze sind.

Alles Gute

Paul

[Zürich, 24. April 1988]

Lieber H. P. – auf zweifache Weise wird versucht, das Wesen des Menschen aufzulösen. Der Elias sagt, daß das, was er für das Natürliche hält, bei uns anständigen Westlern erst im 16. Jahrhundert, bei den Wilden aber nie überwunden wird. Das hast Du sehr schön widerlegt. Auf der anderen Seite behaupten biologische Evolutionisten, daß die Hemmungen, die der Zivilisation zugrunde liegen, sehr stark und sehr detailliert auch im Tierreich vorkommen. Wirst Du dazu auch was sagen? Beim Elias dringt die Natur weit in das Wesen des Menschen ein, bei den Biologen dringt das Wesen des Menschen weit ins Tierreich ein – in beiden Fällen scheint die Rede vom Wesen des Menschen nicht angebracht. Mir gefällt sie – aber wie kann man sie gegen die Biologen verteidigen?

Alles Gute

Paul

20. Januar 1989

Sooner or later the downfall comes for everybody – you get married, you become a professor und alle schlechten Gutachten werden Dich nicht vor einem soliden akademischen Ende beschützen. Hier hielt kürzlich ein Anhänger Ayn Rands eine Rede und nannte mich einen »hoodlum«, und in einem jüngst erschienenen Buch bin ich ein »punk philosopher« – Du siehst, trotz meines Alters bin ich Dir in schlechten Dingen noch immer gewachsen. Was das Alter betrifft, so war ich von der Briefsammlung und Deinem eigenen, wie immer schön geschriebenen Beitrag, sehr überrascht und, wohl weil ich krank und erkältet war, sogar gerührt. Verheiratet bin ich nun auch, seit 2 Wochen und es wäre fast nicht dazu gekommen, denn ich hatte bei meiner letzten Scheidung (1965) einen entscheidenden Schritt übersehen und konnte ihn nicht nachholen, denn die Gesetze hatten sich inzwischen sehr verändert. Es ging aber doch noch gut und so werde ich nach Ende meiner akademischen Laufbahn eine neue Laufbahn als Familienvater beginnen – in Italien. [...]

Alles Gute von einem werdenden Familienvater an einen schon lange etablierten und an die davon profitierende (oder die darunter leidende) Familie

Paul

[30. Mai 1989]

Ja gratuliere zur Aufnahme in den Kreis der wissenschaftlichen Prominenz![18] Da ist ja die Professur sicher nicht mehr ferne! Und eine Festschrift, die ich Dir von Herzen eben so sehr vergönne, wie mir die meine auf die Nerven geht. Eine Antwort schreibe ich schon – es ist ein Dialog zwischen einer Fliege, einem Schaf, einem Rationalisten und mir. Die Autobio ruht im Augenblick, ich lese eine Geschichte des zweiten Weltkriegs zur Orientierung und habe dabei entdeckt, daß ich nie in der Nähe von Kiew war, wie ich dachte, sondern bei Leningrad – so nebelhaft war die Chose. In einem Jahr hoffe ich fertig zu sein – dann bekommts der Suhrkamp als meinen Beitrag zur 50-Jahrfeier der Heimkehr Österreichs ins Reich.

Paul

[6. Juli 1989]

Du Schwindler! Der armen Christiane Geldmacher sagst Du, daß Du nach Indonesien fährst und schiebst sie dann an mich ab. Das nächstemal entlarve ich Dich! Diesmal habe ich mich nur mit meiner atemberaubenden Ehe entschuldigt. Die Arschlöcher, die die Huldigung für den armen Hans vorbereiten, können anscheinend nicht zwischen Freundschaft und Ideologie unterscheiden. Nun, ich werde ihn aber an seinem Geburtstag anrufen, oder ihm ein paper widmen, das ich inzwischen schreibe (beim Grünbaum habe ich es so getan). Zum abschließenden Dialog für meine Festschrift habe ich neben einer Fliege und einem Schaf noch einen Frosch hinzugefügt – es war unbedingt nötig. Alles Gute

Paul

Ha! Die HPD-soap opera continues. Ich werde in drei Wochen in Pension gehen, obwohl ich in Kalifornien unbeschränkt weiter unterrichten könnte (eine Altersgrenze ist durch ein neues Bundesgesetz verboten). Auch wurde ich letztes Jahr zu meinem großen Erstaunen und fast wider meinen Willen gleich zwei Stufen hinaufbefördert. Meine Pension nimmt aber erst nach drei Jahren entsprechend zu. Trotzdem hör' ich schon jetzt auf, (A) um näher bei der Grazia zu sein, (B) aus Angst vor dem Erdbeben und (C) weil's mir reicht. 1955 sagte ich ›nur drei Jahre‹ – nun sinds 35!! Es ist Zeit, ich beginne was anderes.

An einem Konzert mit John Cage sollte ich mitwirken, das wäre schon was, nur ist es nicht zur rechten Zeit. Aber zuerst muß ich noch meine beiden letzten Verbrechen abschließen, das eine ›Conquest of Abundance‹ und das andere ›Killing Time‹ (meine Autobiographie). Beiliegend ein Artikel der Herald Tribune about your favorite anthropologist. You just haven't found the right swindle yet.

Alles Gute

Paul

[Berkeley, 12. Oktober 1989]

Unglaublich! Statt auf farbigen Postkarten schreibst Du auf bleichem Papier, entstellt durch ehrende Beiworte, wie ›Wissenschaftliches Mitglied‹. Mit Dir geht es bergab. Wünsche Dir aber alles Gute beim Rutsch in die Respektabilität. Ich geb noch immer Vorlesungen – hier wurde das Pensionsalter durch Bundesbeschluß auf $+\infty$ hinaufgesetzt – werde aber bald abdanken und mich meiner ersten wirklich glücklichen Ehe widmen (numerisch ist sie die vierte). Im Frühjahr 1990 habe ich das letzte Semester in der Schweiz –

ALLES GUTE

Paul

[Berkeley, 27. Oktober 1989]

Also, ich gratuliere – was Du Dir immer im Grunde Deines Herzens gewünscht, aber auf der Oberfläche Deines Gehirnes nie zugegeben hast, ist eingetreten: you have arrived! Hoffentlich in der Schweiz, denn dort sind die Lehrstunden wenig, aber die Bezahlung viel. Eine Assistentenstelle willst Du mir anbieten? Zu spät! In einem halben Jahr gehe ich in der Schweiz in Pension, in einem ganzen Jahr in Berkeley und dann werde ich Assistent bei der Grazia, die sicher besser kocht als Du. Und in Italien bin ich diesmal schon im Dezember.

Alles Gute

Paul

[Berkeley, 24. November 1989]

Lieber H. P. – sanft bist Du im Grund Deines Gemüts, flirtest aber immer wieder mit der Wildheit! Na ja – wenn sie Dich einsperren, laß mich wissen wo –, und ich besuche Dich.[19] Eine halbe Professur habe auch ich in der Schweiz gehabt – allerdings an der ETH, die in dieser Hinsicht liberaler ist, als die Universität. [...]

Alles Gute

Paul

18. Juli 1990

[...]
Der Ratzinger – die graue Eminenz hinter dem Papst – hat eine lange Rede gehalten und mich darin zitiert – zustimmend natürlich. Das gab Interviews in Italien, auch einen Auftritt im Fernsehen. Unsere italienische Haushälterin, die mich lobt, weil ich meine Socken, Hemden, Unterhosen selber wasche und es mißbilligt, daß ich sie über offene Türen zum Trocknen aufhänge, konnte es nicht glauben, daß dieser merkwürdige Mensch, nämlich ich, von ihrem Lieblingsansager in Rai UNO interviewed wurde. Seitdem bin ich nicht nur mehr der Gemahl meiner Frau, sondern eine unabhängig von ihr Aufmerksamkeit verdienende Entität. Nicht nur Du machst also Fortschritte.

13. März 1991*

Lieber Hans-Peter –
 höchste Zeit, daß Du ein anständiger Mensch wirst![20] Ich bin inzwischen wieder unanständig geworden, ich bin jetzt *überall* ein Pensionist, *wohne* in der Schweiz, nicht mehr in Berkeley und in Rom, wo meine Frau und ich eine Wohnung haben, reise gelegentlich auf Konferenzen (FLORENZ, NEAPEL, LOCARNO, PALERMO, wo Robbe-Grillet meiner Frau nachstieg – dort gab ich übrigens einen Vortrag mit dem Titel »Who needs texts?«, weil ja diese Leute so sehr an Texten kleben) und bereite meinen letzten literarischen Furz vor. Dein Buch vom Suhrkamp habe ich nie bekommen – habe aber bereits begeisterte Rezensionen darüber gelesen. Und wer sagt, daß Du als Professor »fromm« sein mußt? Du hast's jetzt erreicht und kannst jeden (Un)sinn mit gutem Gewissen vortragen – das tun doch Deine Kollegen auch, mit dem Unterschied allerdings, daß man sich an ihren Unsinn *gewöhnt* hat. Jetzt bist *Du* an der Reihe, eine neue Grundlage der Gewöhnung einzuführen und wenn die erst mal da ist, dann hört »objektiv« Dein Niedergang auf und Dein Anstieg beginnt, was immer Du auch »subjektiv« darüber denken mögest.

Alles Gute
auch an die Frau Professor und die Kinder – Professoren
vom Professor im Ruhestand

Paul

* erst heute Deinen Brief erhalten.

[Mitte Aug. 1991]

Lieber HP – erst jetzt? Ich dachte Du seist schon lange Professor. Nun ja – so schlecht ist die Sache auch wieder nicht. Zumindest hast Du jetzt eine Pension, so daß Du selbst dann noch gesichert bist, wenn Du ein Alzheimer-Fall wirst. Daß die Hansische Festschrift ein Alzheimer-Fall *ist*, überrascht mich nicht – aber es ist doch recht traurig. Soviel geht auf der Welt vor –, und diese Herren (und Damen?) bewegen sich nicht von der Stelle. Über hundert Damen und Herren haben sich um die Stelle an der ETH beworben, die nach meiner Pensionierung frei geworden ist, darunter bekannte Namen – sie haben eben gehört, daß man hier mehr Geld kriegt und weniger zu arbeiten braucht (vier Stunden pro Woche reichen aus) als im arbeitsamen Deutschland. Ich selber werde im nächsten Jahr in Trento unterrichten, an jener Universität, aus der vor 20 Jahren die Roten Brigaden hervorgegangen sind – aber das ist lange her. Meine Adresse ist nach wie vor *Meilen, und bleibt es*. Nur bin ich gelegentlich bis zu sechs Wochen anderswo, lasse mir aber die Post nicht nachschicken. Von Deinem Buch bei Suhrkamp fehlt jede Spur. Grazia, meine Frau, ist im Augenblick in Brasilien, in der Umgebung von Fortaleza, in Armenvierteln, um dort die Gesundheitszustände zu eruieren und vielleicht mit Hilfe der Lokalen zu verbessern. Ich schau' mir das Fernsehen an (Dallas ist in den USA zu Ende – läuft aber noch auf FS1 und ARD), geh' ins Kino und bereite einen Vortrag auf einer Konferenz für Quantenmechanik im Oktober vor, in Cesena. Und was machst Du?

Alles Gute

Paul

29. August 1991

Lieber Hans-Peter – also Dein Buch[21] ist, oh Wunder, eben hier angelangt. Also, ich muß schon sagen, das ist ein Narrenhaus – sowohl was die Gebräuche, als auch was die gelehrten Bemerkungen darüber betrifft! (Der *Licht* übrigens, der selber ganz umnebelt scheint, *fehlt* im Bücherverzeichnis – sollte das die Rache einer der Herausgeberinnen beim Suhrkamp sein?) Den Elias stampfst Du ganz schön in die Erde, in der er ja inzwischen auf höhere Bestimmung geendet ist, nur glaube ich nicht, daß die Gegner aufgeben werden – da gibt's ja so viele Möglichkeiten der Umdeutung, Readaption, des Findens tieferer Gleichheit hinter oberflächlicher Verschiedenheit, aber für mich ist die Sache erledigt, in Deinem Sinn. Mit Deinen methodologischen Bemerkungen am Anfang stimme ich völlig überein (Verhältnis des Allgemeinen zum Besonderen, gegen die Relativierung von allem und jedem, die es einem verbietet, von allgemeinen menschlichen Eigenschaften zu sprechen, wo doch niemand noch einen Menschen gefunden hat, dem die Nase aus dem Hintern herauswächst). Ja, mir selber ist dieser weltanschauliche Relativismus schon lange zuwider, dessen Prinzipien man auf den Wänden jedes Universitätsscheißhauses finden kann – Relativität, wenn es sie gibt, muß *empirisch* gezeigt werden, aber um *das* zeigen zu können, muß es Begriffe geben über die Grenze hinweg. Zum Allgemeinen – ich habe eben für eine Agassi-Festschrift ein paperchen geschrieben, *Universals as Tyrants and as Mediators* (– mediators zwischen low level *abstrakt* dargestellten Verhältnissen, not *between* bare individuals). Da ich schon seit langem in der Kunstliteratur herumlese, haben mich Deine Bemerkungen auf Seite 81 f. sehr interessiert, aber im Gegensatz zu anderen Stellen gibst Du hier keine Literatur an. Die These scheint mir sehr plausibel, aber hat wirklich kein Kunsthistoriker darüber geschrieben? Das »inter faeces et urinam nascimur« taucht überall auf – bei Dir ist es dem Hl. Augustin zugeschrieben – aber wo? Nun, ich muß mich beeilen, der Bus geht in ein paar Minuten, also noch mal dankeschön und viel Vergnügen mit den Schwänzen, denn wie Du schreibst, sind die im nächsten Band dran. Und wunderschöne Bilder hast Du!

Alles Gute   *Paul*

14. Dezember 1992

Lieber Hans Peter –

na ja, so ist das eben. Vor einigen Monaten bekam ich einen Brief von einer Dame, die sich beklagt, ich hätte sie 1982 während meiner Vorlesung hypnotisiert und damit ihr Leben ruiniert und eine lange psychiatrische Behandlung notwendig gemacht. Meine Technik, fügte sie hinzu, hätte ich bei der Antinazibekämpfung gelernt. Um mehr darüber zu erfahren, hätte sie an das Simon Wiesenthal-Center geschrieben. Ich weiß nicht, wer die Dame ist und sie hat auch seither nichts von sich hören lassen. Übrigens, beschaffe Dir einen Artikel über Sexual harassement, den die Erica Jong (Fear of Flying) letzte oder vorletzte Woche in der *International Herald Tribune* geschrieben hat anläßlich der Senator Parkwood-Affaire. *Sehr* witzig und vernünftig. Und warum liest Du den kleinen Brief, den Du erhalten hast, nicht in Deiner Klasse vor und lädst ein zur Diskussion? Der Puritanismus stirbt eben nie aus.

Morgen reise ich ab nach Rom, so auf einen Monat. Die Autobiographie liegt in einer ersten Fassung auf Englisch vor. Die muß ich noch umschreiben und dann selber ins Deutsche übersetzen. Das wird noch laaaange dauern.

[...]

Alles Gute – mit oder ohne Hoden[22]

Paul

[12. Februar 1993]

Lieber Hanspeter – mit Interesse habe ich Dein Interview gelesen – *gefühlsmäßig* stimme ich zu –, aber wie steht es mit der Demographie? Das heißt – welche *statistischen* Untersuchungen zeigen, daß die Grausamkeit, Gewalt, sexuelle Folterung etc. *zugenommen* hat? Und dabei müßte man doch fragen – wo? Und in welchen Ländern? Und man müßte die Handlungsweisen, von denen man redet, genau umschreiben. Einer der ersten britischen Statthalter in Irland – ich habe seinen Namen vergessen – hatte den Weg zu seinem Haus mit einer Allee von Stöcken umsäumt, und jeder trug oben einen abgeschnittenen Kopf. Zur selben Zeit war eine Weise des ins Jenseits-Beförderns die, daß man dem Verurteilten sorgsam, unter der Aufsicht eines Arztes, alle Gebeine brach – er mußte nur am Leben bleiben, auf daß er noch das Hängen, oder das Köpfen erfahren konnte. In vielen Zeiten und Ländern finde ich beim Lesen Grausamkeiten, die sich mit den heutigen durchaus vergleichen lassen – und denke an den »aufgeklärten« de Sade*!

Nun, das sind so Einzeleindrücke und die Frage ist, hat sich *perzentuell* in einem gewissen Landstrich eine gewisse Art von Grausamkeit *wirklich vermehrt*, oder haben wir nur diesen *Eindruck*, weil es ja heute viel mehr Menschen gibt (also, bei gleichem Prozentsatz, *zahlenmäßig* viel mehr Grausamkeit) und weil alles sogleich am Bildschirm zu sehen und in der Presse zu lesen ist[+++]. Dabei leugne ich gar nicht, daß ein Eindruck große Wirkungen haben kann. Verzeih mir diese positivistische Frage, die ich auch gar nicht zu einem objektiven Maßstab machen möchte, aber eine Antwort darauf interessiert mich sehr. Was ist die Antwort? (Du argumentierst sozusagen phänomenologisch** – meine Frage ist statistischer Natur. So zu fragen habe ich übrigens von meiner Frau gelernt, die bei Fragen der Zu- oder Abnahme gewisser Krankheiten nicht dem Eindruck vertraut.) Auf den nächsten Band bin ich schon gespannt – schick' ihn nach *Meilen*. Beiliegend eine kleine Bizarrerie mit hinterhältigem Zweck. Im August 1992, glaube ich, war ich auf einer Ästhetik-Konferenz in Hannover, auf der der erste Redner sagte: »Ein Terror geht um im Land – der Terror des Ästhetischen.« Also das hat mir doch gereicht. Meine eigene Rede ist im beiliegenden Artikel ins Englische verwandelt*** – vielleicht amüsiert sie Dich. Jedenfalls würden wir auf

Grund dieser Rede nicht »wissen« (wie Du sagst), daß der Blitz nicht von Zeus kommt. Alles Gute!

Paul

Also fast 50 bist Du schon? Da droht Dir ja wirklich schon die Reife!

+++ Einseitige Berichterstattung
   * dessen Prostituierten nichts zu lachen hatten
  ** wie auch der Freud
 *** Ich habe sie englisch konzipiert aber auf Bitten der Veranstaltungsleiter auf deutsch gehalten.

17. Juni 1993

Lieber Hans Peter,
 eben ist der dritte Band Deiner großen Studie hier eingetroffen, die anscheinend Dein Lebenswerk ist (wie bist Du darauf gekommen, Dich gerade diesem Thema zu widmen?) Ich habe es gestern abend zu lesen begonnen, zuerst die Einleitung, dann die ersten Kapitel. Die Reaktion der Journalisten und Fachleute überrascht mich gar nicht. Es ist ja selten, daß sich in diesen Gruppen, und überhaupt jemand findet, der einfach *lesen* kann – geschweige denn dem Gelesenen einen Sinn abgewinnen. Die Sache wäre nicht der Rede wert und eigentlich ganz amüsant, wäre da nicht der Umstand, daß die gelehrten Herren (und jetzt mehr und mehr auch die gelehrten Damen) Studenten »unter« sich haben, die sie am klaren Denken hindern und überhaupt ruinieren, vor allem bei dem heutigen Massenbetrieb. Das macht mich gelegentlich schon sehr wütend – diese ganze Masse von eingebildeter Dummheit. Wie immer finde ich Deine Darlegung faszinierend, vor allem die Details. Wie immer finde ich es erstaunlich, was die Menschen, in diesem Fall die Frauen, alles tun! Leid tut es mir nur, daß die Chose noch nicht auf englisch vorliegt, ich hätte sie gerne meiner Frau vorgelegt, die kann nämlich nicht deutsch... Wir suchen uns jetzt ein Haus am Genfer See. Es tut mir aber leid, daß wir unsere schöne Wohnung in Rom aufgeben und überhaupt habe ich Italiener lieber als französische Schweizer. Nun ja. Ich selber kann mich für Dein Buch leider nicht mit einer entsprechenden, illustrierten und gut geschriebenen Gegengabe bedanken. [...]
 Und wie ich sehe wirst Du in diesem Jahr 50 Jahre alt – und ein Professor bist Du auch schon für eine ganze Weile. Ich werde im nächsten Jahr 70, und im Januar 1995 feiere ich meinen 50. Geburtstag als Krüppel. Ich kann mir gar nicht mehr vorstellen, wie das ist, »normal« herumzugehen und oft sehe ich mir diese Zweifüßler, meine Mitmenschen, an und frage mich »Wie machen die das, ohne Stock und ganz gerade?«
 Auf jeden Fall, alles Gute, an Dich und die mir noch immer unbekannte Familie –

Paul

Und nochmals vielen Dank für das Buch.

25. Oktober 1993

Lieber Hans-Peter –

gratuliere zum neuen Projekt![23] Nicht jeder Mensch und noch viel weniger jeder akademische Herr bringt es fertig, seine Projekte so radikal zu wechseln. Da bist Du schon ein Unikum! Meine Frau übrigens auch. Die hat einen PhD in Physik, machte dann einen MA in public health und übernimmt jetzt die Abteilung für Social Policy bei der International Conservation Union (INCN) in Gland bei Genf. Das heißt, daß ich so im Laufe der nächsten Jahre in diese Gegend übersiedeln werde. Dann muß ich französisch lernen, denn während sie im Büro sitzt, mache ich die Einkäufe (das habe ich schon in Italien so gemacht). Allerdings ist das *kein* Projektwechsel, denn als Junggeselle habe ich schon immer eingekauft, gekocht, gereinigt. Was ein Projektwechsel werden *könnte*, ist, daß ein Regisseur aus Stuttgart einen meiner Dialoge auf die Bühne des Stadttheaters bringen möchte. Mal sehen. Alles Gute!

Paul

Anmerkungen des Herausgebers

1 »In Defence of Paul Feyerabend«, *Inquiry* 17, 1974.
2 Ich hatte damit begonnen, exotische Vögel zu züchten.
3 *Psychologie heute*, März 1979.
4 Reinhold Messner hatte im *Spiegel* gesagt, daß er auf dem Mount Everest die *Traumzeit* gelesen habe.
5 *Versuchungen. Aufsätze zur Philosophie Paul Feyerabends*, Frankfurt 1980 und 1981.
6 Eine Dame hatte mich versehentlich im Treppenhaus eingeschlossen, wo ich, rauchenderweise, die halbe Nacht verbringen mußte. Am nächsten Morgen fand Feyerabend die Zigarettenasche.
7 Cf. *Versuchungen*, Bd. II, 1981, S. 359.
8 *Psychologie heute*, April 1982.
9 Es handelte sich um die Geburt von Alisa, meiner jüngsten Tochter, die allerdings erst am 14. Juli um 14.14 Uhr stattfand.
10 Ich hatte einen Aufsatz Feyerabends verschlampt, von dem es keine Kopie gab. Später tauchte er wieder auf. Meine Tochter Janina hatte ihn als Kritzelpapier verwendet.
11 Sie entdeckten es.
12 *Der gläserne Zaun*, hg. v. Bernd Wolf & Rolf Gehlen, Frankfurt 1983.
13 Wendy O'Flaherty, mit der ich gemeinsam die englische Version der Eliade-Festschrift herausgeben wollte (bei Chicago University Press), hatte sämtliche Beiträge, die sich *kritisch* mit Eliade auseinandersetzten, aus der amerikanischen Ausgabe eliminiert. Darauf zog ich meine Mitherausgeberschaft zurück. Dies zeitigte einen Verriß der englischen Ausgabe meiner *Traumzeit* durch Wendy in der *New York Review of Books*.
14 Cf. *Sedna oder Die Liebe zum Leben,* Frankfurt 1984, S. 119.
15 Paul Feyerabend: *Wissenschaft als Kunst*, Frankfurt 1985.
16 Ich stand kurz vor der Abreise ins östliche Indonesien.
17 Siegfried Unseld hatte mich um eine Bedenkzeit gebeten, in der er entscheiden wollte, ob meine Kritik an der Eliasschen Zivilisationstheorie bei Suhrkamp erscheinen solle oder nicht.
18 Joachim Nettelbeck hatte mich eingeladen, Fellow am Berliner Wissenschaftskolleg zu werden.
19 Ich war in Begleitung von Janina im Frankfurter Flughafen wegen ›Gefährdung des öffentlichen Luftverkehrs‹ festgenommen worden.

20 Ich hatte einen Ruf an die Universität Bremen erhalten.
21 *Intimität*, Frankfurt 1990.
22 Auf Grund meiner Elias-Kritik und meiner Vorlesungen in Bremen hatte ich mündliche und schriftliche Morddrohungen erhalten, sowie Kastrationsdrohungen radikaler Feministinnen (als Folge meiner »Frauenfeindlichkeit«).
23 Ich hatte Feyerabend von meinem Plan geschrieben, mit meinen Studenten im nordfriesischen Watt nach der im 14. Jahrhundert versunkenen Stadt Rungholt zu suchen. Wir fanden sie tatsächlich, wie es scheint (im Juni 94).

Register

Ackerknecht, Erwin 146, 149, 151
Agassi, Joseph 40, 75, 89, 90, 92, 102, 112f., 125, 153, 155, 157, 161, 279
Arendt, Hanna 143
Albers, Hans 209
Albert, Gretl 123, 124, 132, 144, 160, 162, 179, 218, 227
Albert, Hans 14, 26, 29, 42, 88, 91, 112, 123, 124, 125, 132, 144, 155, 160, 179, 185, 218, 220, 227, 255, 265, 266, 271, 278
Alberti, Leone Battista 190
Ambesser, Axel v. 108, 256
Andersen, Lale 159
Anselm, hl. 118
Apel, Karl-Otto 79
Aristoteles 15, 105, 111, 118, 120, 122, 125, 127, 130, 144, 151, 156, 179, 185, 197, 203
Arp, Hans 27, 40, 42
Augustinus, Aurelius 118, 279
Baker, Russell 253
Bakunin, Michail 138
Bandi, Hans-Georg 77
Bartley, W. W. 10, 11, 12, 263
Basilov, Vladimir 147
Bauer, Eberhard 44
Baxandall, Michael 169
Beethoven, Ludwig van 72
Bender, Hans 10, 246
Benjamin, Walter 184
Bernhard, hl. 151
Bertolucci, Bernardo 25
Beuys, Joseph 85, 142
Bhagwan, S. R. 185, 196, 204
Bharati, Agehananda 147
Bischof, Norbert 205, 212
Bloch, Ernst 132
Boecklin, Arnold 71
Bohm, David 197

Borrini, Grazia 7, 240, 241, 244 ff., 248, 250, 255, 260, 266, 272, 274, 278
Bottomore, T. B. 82
Braithwaite, Richard 231
Brentano, Margherita v. 37, 98, 112, 265
Briessen, Christiane van 75, 81, 82, 83, 88, 124
Brodbeck, May 67
Brouwer, Luitzen 69
Bruno, Giordano 129
Buber, Martin 250
Buber-Agassi, Judith 153, 155
Buntebeck, Eulalia 159
Burkert, Walter 94
Cage, John 272
Capra, Fridtjof 148
Cardanus, Girolamo 32
Carnap, Rudolf 203, 221
Carroll, Lewis 68
Castaneda, Carlos 187, 189, 191 f., 196, 207, 210
Castro, Fidel 118
Cavell, Stanley 67
Chargaff, Erwin 150
Cioran, E. M. 147
Cocteau, Jean 264
Cohen, Robert S. 147, 151, 225, 233, 244
Cohn-Bendit, Daniel 11, 180
Crawford, Joan 205
Crosby, Bing 88
Dagover, Lil 158
Darwin, Charles 187
Deloria, Vine 88, 123, 124, 133
Descartes, René 150, 151
Devereux, Georges 147
Diederich, Werner 133
Dirac, Paul 215
Ditfurth, Hoimar v. 170, 225

Dreyfuss, Hubertus 130
Duchamp, Marcel 12, 13
Duerr, Alisa 232, 286
Duerr, Janina 199, 286
Duerr, Janis 259
Dürrenmatt, Friedrich 170, 208, 212, 216
Edgley, Roy 83
Eigen, Manfred 197
Einstein, Albert 84, 150, 155, 175, 177, 187, 205, 215
Eliade, Mircea 54, 89, 130, 144, 147, 164, 167, 189, 191, 194, 195, 236, 239, 286
Elias, Norbert 90, 268, 279, 286, 287
Erckenbrecht, Ulrich 128, 141, 144, 230
Erhard, Werner 263
Eusebius v. Caesarea 141
Evans-Pritchard, E. E. 10, 11, 17, 18, 24, 26
Fassbinder, Rainer Werner 159
Feigl, Herbert 112, 128, 220
Feuchtwanger, Lion 106, 127
Feuer, Lewis 75
Feyerabend, Barbara 92
Fleischmann, Gerd 158
Fleischmann, Ingeborg 158
Ford, Gerald 67
Foucault, Michel 67
Fouché, Joseph 120
Frei, Bruno 98
Freud, Sigmund 282
Frisch, Max 212
Fuchsberger, Hans-Joachim 178, 212
Gadamer, Hans-Georg 26
Galilei, Galileo 11, 179
Galilei, Vincenzo 190
Gardner, Martin 225
Geldmacher, Christiane 271
Gillray, James 71
Ginzburg, Carlo 171

Giotto di Bondone 266
Glance, Abel 223
Gobbi, Tito 169, 246
Göttner-Abendroth, Heide 246
Goetz, Curt 51
Goll, Claire 127
Gombrich, Ernst 264
Greer, Germaine 238
Grene, Marjorie 75
Groffy, Christoph 136, 157
Gruenbaum, Adolf 55, 225, 271
Gumnior, Helmut 61, 62, 64
Habermas, Jürgen 29, 84, 85, 171, 172, 176, 205, 207, 212
Hacking, Ian 67
Hagen, Nina 107
Haller, Rudolf 265
Handke, Peter 199, 201
Hannay, Alistair 24, 257
Hare, Cyril 128
Harlan, Veit 266
Haydn, Joseph 72
Hayek, F. A. v. 263
Heer, Friedrich 106, 143f.
Heidegger, Martin 26, 130
Henrich, Dieter 15
Herodot 187
Hinkebein, Miss 71
Hitler, Adolf 53, 143
Hochkeppel, Willy 73, 81, 82, 83, 106, 122, 248
Hoebens, Piet Hein 253
Hoijer, Harry 40
Homer 48, 58, 68, 94, 101, 141, 156
Hope, Bob 88
Horton, Robin 44, 47
Horvath, Ödön v. 125
Hoyle, Fred 187
Hübner, Kurt 147, 265
Humboldt, Alexander v. 121
Humboldt, Wilhelm v. 121
Hume, David 150
Huston, John 131
Iles, Frances 130

Jammer, Max 121
Janich, Peter 33
Jantsch, Erich 75, 78, 80, 81, 83, 86, 88, 92, 96, 126, 130, 133, 140, 141, 146, 148f., 154, 164
Jaroschinski, Graf 111
Jogiches, Leo 9
Johnson, Lyndon B. 67
Jong, Erica 280
Jünger, Ernst 81
Juhos, Bela 7
Kambartel, Friedrich 33
Kant, Immanuel 187f.
Kepler, Johannes 40
Kern, J. 49
Keyes, Evelyn 150
Kierkegaard, Søren 130
Kiesewetter, Hubert 14
Kinski, Klaus 212
Kissinger, Henry 186
Kitagawa, Joseph 147
Klages, Ludwig 82
Koertge, Noretta 107
Kolakowski, Leszek 147
Krader, Lawrence 27
Kraft, Victor 7, 221
Kraus, Karl 150
Kreuzer, Franz 134
Kuhn, Thomas 226, 234, 265
Küng, Hans 204
Lakatos, Imre 20, 22, 24, 26, 65, 106, 112, 113, 119, 145, 149, 153, 155, 165, 187, 220
Lamour, Dorothy 88
Landé, Alfred 220
Lanzone, Francesco 72, 97, 118
Lanzone, Modesto 97, 118, 132
Laudan, Larry 75
Leibniz, Gottfried Wilhelm 179
Lem, Stanislaw 155, 214, 216, 222, 240, 251, 253, 257
Lenin, W. I. 9
Lessing, Gotthold Ephraim 258
Leutenegger, Gertrud 210, 212

Lewis, Flossie 79, 84, 133, 147
Licht, Hans 279
Lloyd, G. E. R. 89
Löffler, Lorenz G. 168
London, Jack 127, 128
Lübbe, Herrmann 212, 225
Luxemburg, Rosa 9
Macdonald, John 130
Mach, Ernst 69
Malinowski, Bronislaw 168, 169, 171, 178
Mann, Golo 224, 225
Marais, Jean 218
Margolis, Joseph 156
Marshack, Alexander 20, 48, 49
Marx, Karl 184
Maxwell, Grover 156, 164, 265
Meehl, Paul 265
Melnikow, Ira 207
Mersenne, Marin 120, 150, 151
Messner, Reinhold 68, 286
Miller, Henry 107
Mitterand, François 225
Mitterer, Sepp 215
Mohler, Armin 81, 82
Molden, Otto 218, 220
Montaigne, Michel de 68
Moon, Reverend 34, 168
Mozart, Wolfgang A. 72, 200
Mueller, Marcia 130
Müller, Werner 182, 184
Munévar, Gonzalo 233, 244
Muschg, Adolf 210
Musgrave, Alan 98, 107, 108, 109, 156
Muti, Ornella 185
Naess, Arne 88, 91, 92f., 95, 124, 133
Nenning, Günther 144
Nettelbeck, Joachim 286
Nietzsche, Friedrich 46, 69, 189
Nostradamus, Michel de 184
O'Flaherty, Wendy 221, 223, 244, 253, 286

Oppenheim, Meret 225, 230
Oppitz, Michael 171
Ortiz, Alfonso 124
Parmenides 264
Pasolini, Pier Paolo 241
Pasternak, Guitta Plessis 168
Patterson, Pat 71, 133
Paul VI., Papst 27
Perovich, Anthony 79
Pirandello, Luigi 101, 106
Plato 46, 85, 105, 106, 111, 118, 156, 181, 253, 264
Plotin 49
Pluhar, Erika 178, 180
Polanski, Roman 218
Popper, Karl R. 14, 24, 30, 47, 49, 62, 65, 81, 82, 89, 99, 106, 107, 113, 115, 138, 145, 149, 180, 185, 218, 221, 243, 255, 257, 263
Post, Heinz 220
Prigogine, Ilya 121, 197, 213
Primm-Duerr, Annette 74, 147, 179
Protagoras 150, 187
Proust, Marcel 143, 147
Putnam, Hilary 67, 164
Quine, Willard V. O. 13
Radnitzky, Gerard 141, 145, 155, 168, 225, 266
Rand, Ayn 269
Ratzinger, Joseph 276
Ravetz, Jerry 66
Reagan, Ronald 224
Rendell, Ruth 129, 130
Robbe-Grillet, Alain 277
Rocker, Fermin 138
Rocker, Rudolf 138
Róheim, Geza 11
Rubinstein, Arthur 89
Rütters, Axel 160, 236
Rupert, Pater 200
Russell, Bertrand 10, 156, 257
Sacco, Nicola 138

Sade, D. A. F. de 281
Sagan, Françoise 143
Saura, Carlos 228
Schadewaldt, Wolfgang 61, 62
Schell, Maximilian 25
Schlesier, Karl H. 194, 211
Schmied-Kowarzik, Werner 154, 265
Schmied-Kowarzik, Wolfdietrich 154, 161
Schneebaum, Tobias 45
Schneider, Romy 206
Schnitzler, Arthur 175
Scholem, Gershom 155, 210
Schopenhauer, Arthur 39, 175, 177
Schrödinger, Erwin 220
Searle, John 252, 253
Seattle, Häuptling 261
Sebald, Hans 124
Shaw, G. B. 106
Shibuya, Kenji 71, 133
Snell, Bruno 62
Sokrates 175
Sonnemann, Ulrich 154
Souchy, Augustin 138
Speer, Albert 143
Spinner, Helmut 18, 21, 58, 102f., 107, 112, 120
Spinoza, Baruch de 90, 92
Stählin, F. 44
Stapf, Kurt 88
Stegmüller, Wolfgang 83
Strasser, Peter 119, 120, 263
Strauß, Franz-Josef 130
Ströker, Elisabeth 67
Taubes, Jacob 20, 27, 264
Tesla, Nicola 59
Thal, Regine 210
Thomas v. Aquin 15, 118, 120, 156, 201
Thomas, Christian 204, 223
Topitsch, Ernst 13, 74
Toulmin, Stephen 79

Trotzki, Leo 9
Truesdell, C. 121
Truzzi, Marcello 66
Tugendhat, Ernst 10
Tyler, Phoebe 131
Unseld, Siegfried 27, 62, 70, 79, 95, 97, 98, 110f., 118, 133, 135f., 139, 142, 146, 149, 153ff., 156f., 160, 163, 170f., 205, 207, 208, 210, 212, 216, 236, 239, 246, 257, 258, 260, 286
Vallentin, Maxim 20
Velikowsky, Immanuel 229
Vesalius, Andreas 71
Vetter, Herrmann 80
Vlastos, Gregory 86
Voltaire 66, 68, 72, 253
Wädekin, Martina 69
Waerden, B. L. van der 105
Wagner, Winifred 81
Watkins, J. W. N. 89, 149
Watts, Allan 138
Weigl, Hans 227
Wier, Johannes 32
Wittgenstein, Ludwig 13, 41, 50, 69, 101, 125, 221
Wohlrapp, Harald 74
Wong, Henry 62, 148
Worrall, John 153, 156
Xenophanes 94, 187, 264
Zanussi, Krzystof 248

edition suhrkamp
Eine Auswahl

Abelshauser: Wirtschaftsgeschichte der Bundesrepublik Deutschland 1945-1980. NHB. es 1241

Achebe: Okonkwo oder Das Alte stürzt. es 1138

Adorno: Eingriffe. es 10
- Gesellschaftstheorie und Kulturkritik. es 772
- Kritik. es 469
- Ohne Leitbild. es 201
- Stichworte. es 347

Bachtin: Die Ästhetik des Wortes. es 967

Barthes: Kritik und Wahrheit. es 218
- Leçon/Lektion. es 1030
- Mythen des Alltags. es 92
- Semiologisches Abenteuer. es 1441
- Die Sprache der Mode. es 1318

Beck: Gegengifte. es 1468
- Die Erfindung des Politischen. es 1780
- Risikogesellschaft. es 1365

Becker: Warnung vor dem Schriftsteller. es 1601

Beckett: Endspiel. Fin de Partie. es 96
- Flötentöne. es 1098

Benjamin: Das Kunstwerk im Zeitalter seiner technischen Reproduzierbarkeit. es 28
- Moskauer Tagebuch. es 1020
- Das Passagen-Werk. es 1200
- Versuche über Brecht. es 172

Bernecker: Sozialgeschichte Spaniens im 19. und 20. Jahrhundert. NHB. es 1540

Bernhard: Der deutsche Mittagstisch. es 1480

Biesheuvel: Schrei aus dem Souterrain. es 1179

Bildlichkeit. Hg. von V. Bohn. es 1475

Bleisch: Viertes Deutschland. es 1719

Bloch für Leser der neunziger Jahre. es 1827

Bloch: Abschied von der Utopie? es 1046
- Kampf, nicht Krieg. es 1167

Boal: Theater der Unterdrückten. es 1361

Böhme, G.: Natürliche Natur. es 1680

Böhme, H.: Prolegomena zu einer Sozial- und Wirtschaftsgeschichte Deutschlands im 19. und 20. Jahrhundert. es 253

Bohrer: Die Kritik der Romantik. es 1551
- Der romantische Brief. es 1582

Bond: Gesammelte Stücke. 2 Bde. es 1340

Botzenhart: Reform, Restauration, Krise. NHB. es 1252

Boullosa: Sie sind Kühe, wir sind Schweine. es 1866

Bourdieu: Rede und Antwort. es 1547
- Soziologische Fragen. es 1872

Bovenschen: Die imaginierte Weiblichkeit. es 921

Brandão: Kein Land wie dieses. es 1236

Brasch: Frauen. Krieg. Lustspiel. es 1469
- Lovely Rita. Rotter. Lieber Georg. es 1562

edition suhrkamp
Eine Auswahl

Braun: Böhmen am Meer. es 1784
- Verheerende Folgen mangelnden Anscheins innerbetrieblicher Demokratie. es 1473

Brecht: Der aufhaltsame Aufstieg des Arturo Ui. es 144
- Aufstieg und Fall der Stadt Mahagonny. es 21
- Ausgewählte Gedichte. es 86
- Baal. es 170
- Buckower Elegien. es 1397
- Die Dreigroschenoper. es 229
- Furcht und Elend des Dritten Reiches. es 392
- Die Geschäfte des Herrn Julius Caesar. es 332
- Die Gesichte der Simone Machard. es 369
- Die Gewehre der Frau Carrar. es 219
- Der gute Mensch von Sezuan. es 73
- Die heilige Johanna der Schlachthöfe. es 113
- Herr Puntila und sein Knecht Matti. es 105
- Der kaukasische Kreidekreis. es 31
- Leben des Galilei. es 1
- Leben Eduards des Zweiten von England. es 245
- Mann ist Mann. es 259
- Die Mutter. es 200
- Mutter Courage und ihre Kinder. es 49
- Der Ozeanflug. Die Horatier und die Kuratier. Die Maßnahme. es 222
- Schweyk im zweiten Weltkrieg. es 132
- Die Tage der Commune. es 169
- Trommeln in der Nacht. es 490
- Über Politik auf dem Theater. es 465
- Das Verhör des Lukullus. es 740

Brecht für Leser der neunziger Jahre. Hg. von S. Unseld. es 1826

Brunkhorst: Der Intellektuelle im Land der Mandarine. es 1403

Bubner: Ästhetische Erfahrung. es 1564
- Zwischenrufe. Aus den bewegten Jahren. es 1814

Buch: Der Herbst des großen Kommunikators. es 1344
- Die Nähe und die Ferne. es 1663
- Waldspaziergang. es 1412

Bürger: Theorie der Avantgarde. es 727

Burkhardt: Der Dreißigjährige Krieg 1618-1648. NHB. es 1542

Butler: Das Unbehagen der Geschlechter. es 1722

Celan: Ausgewählte Gedichte. Zwei Reden. es 262

Cortázar: Letzte Runde. es 1140
- Das Observatorium. es 1527
- Reise um den Tag in 80 Welten. es 1045

Dedecius: Poetik der Polen. es 1690

Dekonstruktiver Feminismus. Hg. von B. Vinken. es 1678

Deleuze: Logik des Sinns. es 1707
- Verhandlungen. es 1778

edition suhrkamp
Eine Auswahl

Denken, das an der Zeit ist. Hg. von F. Rötzer. es 1406
Derrida: Das andere Kap. Die aufgeschobene Demokratie. es 1769
– Gesetzeskraft. es 1645
Dieckmann: Glockenläuten und offene Fragen. es 1644
– Vom Einbringen. es 1713
Digitaler Schein. Hg. von F. Rötzer. es 1599
Dinescu: Exil im Pfefferkorn. es 1589
Ditlevsen: Sucht. es 1009
– Wilhelms Zimmer. es 1076
Dorst: Toller. es 294
Drawert: Spiegelland. es 1715
Dröge / Krämer-Badoni: Die Kneipe. es 1380
Duerr: Traumzeit. es 1345
Duras: Eden Cinéma. es 1443
– La Musica Zwei. es 1408
– Sommer 1980. es 1205
– Vera Baxter oder Die Atlantikstrände. es 1389
Eco: Zeichen. es 895
Ehmer: Sozialgeschichte des Alters. NHB. es 1541
Eich: Botschaften des Regens. es 48
Elias: Humana conditio. es 1384
Norbert Elias über sich selbst. es 1590
Engler: Die zivilisatorische Lücke. es 1772
Enzensberger: Blindenschrift. es 217
– Einzelheiten I. es 63
– Einzelheiten II. es 87
– Die Furie des Verschwindens. es 1066
– Landessprache. es 304
– Palaver. es 696
– Das Verhör von Habana. es 553
Eppler: Kavalleriepferde beim Hornsignal. es 1788
Erste Einsichten. Hg. von Ch. Döring und H. Steinert. es 1592
Esser: Gewerkschaften in der Krise. es 1131
Evans: Im Schatten Hitlers? es 1637
Ewald: Der Vorsorgestaat. es 1676
Federman: Surfiction: Der Weg der Literatur. es 1667
Feminismus. Inspektion der Herrenkultur. Hg. von L. F. Pusch. es 1192
Fernández Cubas: Das geschenkte Jahr. es 1549
Feyerabend: Erkenntnis für freie Menschen. es 1011
– Wissenschaft als Kunst. es 1231
Fortschritte der Naturzerstörung. Hg. von R. P. Sieferle. es 1489
Foucault: Psychologie und Geisteskrankheit. es 272
– Raymond Roussel. es 1559
Denken und Existenz bei Michel Foucault. Hg. von W. Schmid. es 1657
Spiele der Wahrheit. Hg. von F. Ewald und B. Waldenfels. es 1640
Frank: Einführung in die frühromantische Ästhetik. es 1536
– Gott im Exil. es 1506
– Der kommende Gott. es 1142

edition suhrkamp
Eine Auswahl

Frank: Motive der Moderne. es 1456
- Die Unhintergehbarkeit von Individualität. es 1377
- Was ist Neostrukturalismus? es 1203

Frevert: Frauen-Geschichte. NHB. es 1284

Frisch: Biedermann und die Brandstifter. es 41
- Die Chinesische Mauer. es 65
- Don Juan oder Die Liebe zur Geometrie. es 4
- Frühe Stücke. es 154
- Graf Öderland. es 32

García Morales: Die Logik des Vampirs. es 1871
- Das Schweigen der Sirenen. es 1647

Gedächtniskunst. Hg. von A. Haverkamp und R. Lachmann. es 1653

Geist gegen den Zeitgeist. Hg. von J. Früchtl und M. Calloni. es 1630

Geyer: Deutsche Rüstungspolitik 1860-1980. NHB. es 1246

Goetz: Festung. 5 Bde. es 1793-1795
- Festung. es 1793
- Krieg. 2 Bde. es 1320
- Kronos. es 1795
- 1989. 3 Bde. es 1794

Goffman: Asyle. es 678

Gorz: Der Verräter. es 988

Goytisolo: Die Quarantäne. es 1874

Grassmuck / Unverzagt: Das Müll-System. es 1652

Gstrein: Anderntags. es 1625
- Einer. es 1483

Habermas: Eine Art Schadensabwicklung. es 1453
- Legitimationsprobleme im Spätkapitalismus. es 623
- Die nachholende Revolution. es 1633
- Die Neue Unübersichtlichkeit. es 1321
- Technik und Wissenschaft als Ideologie. es 287
- Theorie des kommunikativen Handelns. es 1502

Hänny: Zürich, Anfang September. es 1079

Hahn: Unter falschem Namen. es 1723

Handke: Die Innenwelt der Außenwelt der Innenwelt. es 307
- Kaspar. es 322
- Phantasien der Wiederholung. es 1168
- Publikumsbeschimpfung und andere Sprechstücke. es 177

Happel: Grüne Nachmittage. es 1570

Henrich: Konzepte. es 1400
- Nach dem Ende der Teilung. es 1813
- Eine Republik Deutschland. es 1658

Hensel: Im Schlauch. es 1815

Hentschel: Geschichte der deutschen Sozialpolitik 1880-1980. NHB. es 1247

Hettche: Inkubation. es 1787

Die Hexen der Neuzeit. Hg. von C. Honegger. es 743

Hijiya-Kirschnereit: Was heißt: Japanische Literatur verstehen? es 1608

edition suhrkamp
Eine Auswahl

Hodjak: Franz, Geschichtensammler. es 1698
- Siebenbürgische Sprechübung. es 1622

Holbein: Der belauschte Lärm. es 1643
- Ozeanische Sekunde. es 1771
- Samthase und Odradek. es 1575

Huchel: Gedichte. es 1828
Irigaray: Speculum. es 946
Jahoda / Lazarsfeld / Zeisel: Die Arbeitslosen von Marienthal. es 769
Jansen: Reisswolf. es 1693
Jasper: Die gescheiterte Zähmung. NHB. es 1270
Jauß: Literaturgeschichte als Provokation. es 418
Johnson: Begleitumstände. es 1820
- Das dritte Buch über Achim. es 1819
- Der 5. Kanal. es 1336
- Ingrid Babendererde. es 1817
- Jahrestage 1. es 1822
- Jahrestage 2. es 1823
- Jahrestage 3. es 1824
- Jahrestage 4. es 1825
- Mutmassungen über Jakob. es 1818
- Porträts und Erinnerungen. es 1499
- Versuch, einen Vater zu finden. Marthas Ferien. es 1416

Über Uwe Johnson. es 1821
Jones: Frauen, die töten. es 1350
Joyce: Finnegans Wake. es 1524
- Penelope. es 1106

Judentum im deutschen Sprachraum. Hg. von K. E. Grözinger. es 1613
Junior: Jorge, der Brasilianer. es 1571
Kenner: Ulysses. es 1104
Kiesewetter: Industrielle Revolution in Deutschland 1815-1914. NHB. es 1539
Kipphardt: In der Sache J. Robert Oppenheimer. es 64
Kirchhoff: Body-Building. es 1005
Kluge, A.: Gelegenheitsarbeit einer Sklavin. es 733
- Lernprozesse mit tödlichem Ausgang. es 665
- Schlachtbeschreibung. es 1193
Kluge, U.: Die deutsche Revolution 1918/1919. NHB. es 1262
Köhler: Deutsches Roulette. es 1642
Koeppen: Morgenrot. es 1454
Kolbe: Bornholm II. es 1402
- Hineingeboren. es 1110
Konrád: Antipolitik. es 1293
- Die Melancholie der Wiedergeburt. es 1720
- Stimmungsbericht. es 1394
Krechel: Mit dem Körper des Vaters spielen. es 1716
Krippendorff: Politische Interpretationen. es 1576
- Staat und Krieg. es 1305
- »Wie die Großen mit den Menschen spielen.« es 1486
Kristeva: Fremde sind wir uns selbst. es 1604

edition suhrkamp
Eine Auswahl

Kristeva: Geschichten von der Liebe. es 1482
- Die Revolution der poetischen Sprache. es 949

Kritische Theorie und Studentenbewegung. es 1517

Kroetz: Bauern sterben. es 1388
- Bauerntheater. es 1659
- Furcht und Hoffnung der BRD. es 1291
- Mensch Meier. Der stramme Max. Wer durchs Laub geht … es 753
- Nicht Fisch nicht Fleisch. Verfassungsfeinde. Jumbo-Track. es 1094
- Oberösterreich. Dolomitenstadt Lienz. Maria Magdalena. Münchner Kindl. es 707
- Stallerhof. Geisterbahn. Lieber Fritz. Wunschkonzert. es 586

Krynicki: Wunde der Wahrheit. es 1664

Laederach: Fahles Ende kleiner Begierden. es 1075
- Der zweite Sinn. es 1455

Lang / McDannell: Der Himmel. es 1586

Lehnert: Sozialdemokratie zwischen Protestbewegung und Regierungspartei 1848–1983. NHB. es 1248

Lem: Dialoge. es 1013

Lenz, H.: Leben und Schreiben. es 1425

Leroi-Gourhan: Die Religionen der Vorgeschichte. es 1073

Leutenegger: Lebewohl, Gute Reise. es 1001
- Das verlorene Monument. es 1315

Lévi-Strauss: Das Ende des Totemismus. es 128
- Mythos und Bedeutung. es 1027

Die Listen der Mode. Hg. von S. Bovenschen. es 1338

»Literaturentwicklungsprozesse«. Die Zensur der Literatur in der DDR.
Hg. von E. Wichner und H. Wiesner. es 1782

Llamazares: Der gelbe Regen. es 1660

Löwenthal: Mitmachen wollte ich nie. es 1014

Lüderssen: Der Staat geht unter – das Unrecht bleibt? es 1810

Lukács: Gelebtes Denken. es 1088

Maeffert: Bruchstellen. es 1387

de Man: Die Ideologie des Ästhetischen. es 1682

Marcus: Umkehrung der Moral. es 903

Marcuse: Ideen zu einer kritischen Theorie der Gesellschaft. es 300

Maruyama: Denken in Japan. es 1398

Mattenklott: Blindgänger. es 1343

Mayer: Gelebte Literatur. es 1427
- Versuche über die Oper. es 1050

Mayröcker: Magische Blätter. es 1202
- Magische Blätter II. es 1421
- Magische Blätter III. es 1646

Meckel: Von den Luftgeschäften der Poesie. es 1578

edition suhrkamp
Eine Auswahl

Medienmacht im Nord-Süd-Konflikt. Friedensanalysen Bd. 18. es 1166

Menninghaus: Paul Celan. es 1026

Menzel / Senghaas: Europas Entwicklung und die Dritte Welt. es 1393

Millás: Dein verwirrender Name. es 1623

Miłosz: Zeichen im Dunkel. es 995

Mitscherlich: Krankheit als Konflikt. es 164

– Die Unwirtlichkeit unserer Städte. es 123

Mitterauer: Sozialgeschichte der Jugend. NHB. es 1278

Möller: Vernunft und Kritik. NHB. es 1269

Morshäuser: Hauptsache Deutsch. es 1626

Moser: Besuche bei den Brüdern und Schwestern. es 1686

– Eine fast normale Familie. es 1223

– Der Psychoanalytiker als sprechende Attrappe. es 1404

– Romane als Krankengeschichten. es 1304

Muschg: Literatur als Therapie? es 1065

Mythos ohne Illusion. es 1220

Mythos und Moderne. es 1144

Nakane: Die Struktur der japanischen Gesellschaft. es 1204

Negt / Kluge: Geschichte und Eigensinn. es 1700

Ngũgĩ wa Thiong'o: Der gekreuzigte Teufel. es 1199

Nizon: Am Schreiben gehen. es 1328

Nooteboom: Berliner Notizen. es 1639

– Wie wird man Europäer? es 1869

Oehler: Pariser Bilder I (1830-1848). es 725

– Ein Höllensturz der Alten Welt. es 1422

Oppenheim: Husch, husch, der schönste Vokal entleert sich. es 1232

Oz: Politische Essays. es 1876

Paetzke: Andersdenkende in Ungarn. es 1379

Paz: Der menschenfreundliche Menschenfresser. es 1064

– Suche nach einer Mitte. es 1008

– Zwiesprache. es 1290

Petri: Schöner und unerbittlicher Mummenschanz. es 1528

Plenzdorf: Zeit der Wölfe. Ein Tag, länger als das Leben. es 1638

Politik der Armut und die Spaltung des Sozialstaats. Hg. von S. Leibfried und F. Tennstedt. es 1233

Politik ohne Projekt? Hg. von S. Unseld. es 1812

Powell: Edisto. es 1332

– Eine Frau mit Namen Drown. es 1516

Ein Pronomen ist verhaftet verhaftet worden. Hg. von E. Wichner. es 1671

Pusch: Alle Menschen werden Schwestern. es 1565

– Das Deutsche als Männersprache. es 1217

edition suhrkamp
Eine Auswahl

Raimbault: Kinder sprechen vom Tod. es 993
Rakusa: Steppe. es 1634
Reichert: Vielfacher Schriftsinn. es 1525
Ribeiro, D.: Unterentwicklung, Kultur und Zivilisation. es 1018
Ribeiro, J. U.: Sargento Getúlio. es 1183
Rodinson: Die Araber. es 1051
Rohe: Wahlen und Wählertraditionen in Deutschland. es 1544
Rosenboom: Eine teure Freundschaft. es 1607
Rosenlöcher: Die verkauften Pflastersteine. es 1635
– Die Wiederentdeckung des Gehens beim Wandern. es 1685
Roth: Die einzige Geschichte. es 1368
– Das Ganze ein Stück. es 1399
– Krötenbrunnen. es 1319
– Die Wachsamen. es 1614
Rubinstein: Sterben kann man immer noch. es 1433
Rühmkorf: agar agar – zaurzaurim. es 1307
Russell: Probleme der Philosophie. es 207
Schedlinski: die rationen des ja und des nein. es 1606
Schindel: Ein Feuerchen im Hintennach. es 1775
– Geier sind pünktliche Tiere. es 1429
– Im Herzen die Krätze. es 1511
Schleef: Die Bande. es 1127
Schöne Aussichten. Hg. v. Ch. Döring und H. Steinert. es 1593
Schönhoven: Die deutschen Gewerkschaften. NHB. es 1287
Schröder: Die Revolutionen Englands im 17. Jahrhundert. NHB. es 1279
Das Schwinden der Sinne. Hg. von D. Kamper und Ch. Wulf. es 1188
Segbers: Der sowjetische Systemwandel. es 1561
Senghaas: Europa 2000. es 1632
– Friedensprojekt: Europa. es 1717
– Konfliktformationen im internationalen System. es 1509
– Die Zukunft Europas. es 1339
Sieferle: Die Krise der menschlichen Natur. es 1567
Simmel: Schriften zur Philosophie und Soziologie der Geschlechter. es 1333
Sloterdijk: Der Denker auf der Bühne. es 1353
Sloterdijk: Eurotaoismus. es 1450
– Kopernikanische Mobilmachung und ptolemäische Abrüstung. es 1375
– Kritik der zynischen Vernunft. es 1099
– Versprechen auf Deutsch. es 1631
– Weltfremdheit. es 1781
Söllner: Kopfland. Passagen. es 1504
Staritz: Geschichte der DDR 1949-1985. NHB. es 1260
Steinwachs: G-L-Ü-C-K. es 1711
Stichworte zur ›Geistigen Situation der Zeit‹. 2 Bde. Hg. von J. Habermas. es 1000

edition suhrkamp
Eine Auswahl

Streeruwitz: New York. New York. Elysian Park. es 1800
- Waikiki-Beach. Sloane Square. es 1786

Struck: Kindheits Ende. es 1123
- Klassenliebe. es 629

Szondi: Theorie des modernen Dramas. es 27

Techel: Es kündigt sich an. es 1370

Thiemann: Schulszenen. es 1331

Thompson: Die Entstehung der englischen Arbeiterklasse. es 1170

Thränhardt: Geschichte der Bundesrepublik Deutschland. NHB. es 1267

Todorov: Die Eroberung Amerikas. es 1213

Treichel: Liebe Not. es 1373

Tugendhat: Ethik und Politik. es 1714

Vargas Llosa: Gegen Wind und Wetter. es 1513
- La Chunga. es 1555

Vernant: Die Entstehung des griechischen Denkens. es 1150

Veyne: Foucault: Die Revolutionierung der Geschichte. es 1702

Vor der Jahrtausendwende: Berichte zur Lage der Zukunft. Hg. von P. Sloterdijk. es 1550

Walser: Ein fliehendes Pferd. es 1383
- Geständnis auf Raten. es 1374
- Selbstbewußtsein und Ironie. es 1090
- Über Deutschland reden. es 1553
- Wie und wovon handelt Literatur. es 642

Weiss: Abschied von den Eltern. es 85
- Die Ästhetik des Widerstands. es 1501
- Fluchtpunkt. es 125
- Das Gespräch der drei Gehenden. es 7
- Notizbücher 1960-1971. es 1135
- Notizbücher 1971-1980. es 1067
- Rapporte. es 276
- Rapporte 2. es 444
- Rekonvaleszenz. es 1710
- Der Schatten des Körpers des Kutschers. es 53
- Stücke I. es 833
- Stücke II. 2 Bde. es 910
- Verfolgung ... Marat/Sade. es 68

Sinclair (P. Weiss): Der Fremde. es 1007

Die Wiederkehr des Körpers. Hg. von D. Kamper und Ch. Wulf. es 1132

Wippermann: Europäischer Faschismus im Vergleich 1922-1982. NHB. es 1245

Wirz: Sklaverei und kapitalistisches Weltsystem. NHB. es 1256

Wittgenstein: Tractatus logico-philosophicus. es 12

Zoll: Alltagssolidarität und Individualismus. es 1776

Der Zusammenbruch der DDR. Hg. von H. Joas und M. Kohli. es 1777